用于国家职业技能鉴定

国家职业资格培训教程

YONGYU GUOJIA ZHIYE JINENG JIANDING

GUOJIA ZHIYE ZIGE PEIXUN JIAOCHENG

农产品经纪人

（初级）

主　编　刘国栋

副主编　柳　青

编　者　罗　凤　黄　丹　柳　青　李国娟　刘国栋

中国劳动社会保障出版社

图书在版编目(CIP)数据

农产品经纪人：初级／人力资源和社会保障部教材办公室组织编写. —北京：中国劳动社会保障出版社，2016
国家职业资格培训教程
ISBN 978－7－5167－2477－4

Ⅰ. ①农…　Ⅱ. ①人…　Ⅲ. ①农产品-经纪人-技术培训-教材　Ⅳ. ①F323. 7

中国版本图书馆 CIP 数据核字(2016)第 094522 号

中国劳动社会保障出版社出版发行
(北京市惠新东街1号　邮政编码：100029)
*
三河市华骏印务包装有限公司印刷装订　　新华书店经销
787 毫米×1092 毫米　16 开本　18. 5 印张　313 千字
2016 年 5 月第 1 版　　2023 年 8 月第 2 次印刷
定价：45. 00 元

营销中心电话：400-606-6496
出版社网址：http://www.class.com.cn

前　　言

为推动农产品经纪人职业培训和职业技能鉴定工作的开展，在农产品经纪人从业人员中推行国家职业资格证书制度，人力资源和社会保障部教材办公室组织有关专家，以《国家职业技能标准·农产品经纪人》（以下简称《标准》）为依据，编写了农产品经纪人国家职业资格培训系列教程。

农产品经纪人国家职业资格培训系列教程紧贴《标准》要求，内容上体现“以职业活动为导向、以职业能力为核心”的指导思想，突出职业资格培训特色；结构上针对农产品经纪人职业活动领域，按照职业功能模块分级别编写。

农产品经纪人国家职业资格培训系列教程共包括《农产品经纪人（基础知识）》《农产品经纪人（初级）》《农产品经纪人（中级）》《农产品经纪人（高级）》4本。《农产品经纪人（基础知识）》内容涵盖《标准》的“基本要求”，是各级别农产品经纪人均需掌握的基础知识；其他各级别教程的章对应于《标准》的“职业功能”，节对应于《标准》的“工作内容”，节中阐述的内容对应于《标准》的“技能要求”和“相关知识”。

本书是农产品经纪人国家职业资格培训系列教程中的一本，适用于对初级农产品经纪人的职业资格培训，是国家职业技能鉴定推荐辅导用书，也是初级农产品经纪人职业技能鉴定国家题库命题的直接依据。

目　录

CONTENTS　国家职业资格培训教程

第1章 市场信息采集与分析

本章将详细介绍农产品市场信息的概念和特征，以及农产品市场信息的采集方法和流程，指导农产品经纪人采集市场信息，并利用所采集的信息进行市场信息的初步分析。

第1节 市场信息采集

通过本节学习，应能充分了解农产品市场信息的定义、特征，了解农产品市场信息的内容，掌握农产品市场信息采集的原则、途径和方法。

学习目标

1. 了解农产品市场信息的定义。
2. 熟悉农产品市场信息采集的方法。

知识要求

一、农产品市场信息概述

1. 农产品市场信息定义

根据产（生产者）、供（收购商）、销（农产品市场）、消（消费者）环节，农产品市场信息可以归纳为两个方面的信息，一是农产品生产过程中的产地、品种、生产规模、数量、预计供应量、预计价格等供应信息；二是流通过程中的品种、数量、价格等交易信息和未来需求信息。农产品市场信息是农产品产、供、销、消活动中各种知识、消息、数据、情报和资料的总称。

2. 农产品市场信息的特征

农产品市场信息涵盖生产与消费、供给与需求、金融与结算、运输与渠道、保鲜与储藏等诸多环节，还有市场容量、消费需求、社会购买力、消费结构、某产品的市场占有率等方面的特定信息。不论哪一方面内容的市场信息，都具有以下几个基本特征：

（1）时效性

农产品受生产的季节性、保鲜储藏条件的影响，具有较强的时效性，因此，农产品市场的信息也随着季节更新和变化表现出不同的信息价值。

（2）选择性

农产品种类繁多，不同的需求产生不同的信息选择。

（3）复杂性

农产品信息的信源经过的环节多，涉及产地信息、天气自然灾害信息、供应量信息、品种信息、竞争信息等诸多环节，表现出极强的复杂性。

二、农产品市场信息内容

1. 农产品市场供求信息

农产品市场供求信息是指农产品的品种、产地、产量、上市时间、质量等级等信息内容。

2. 农产品的价格信息

农产品的价格信息是指农产品的产地收购价格、订单价格、最低保护价格、产地批发价格、各级农贸市场交易价格、包装价格、运输成本价格等信息。

3. 农产品的渠道信息

农产品的渠道信息是指农产品的乡镇、县市级、地市级、省市级农产品批发市场、农贸市场、大型连锁超市、社区农贸市场、生产者直销等渠道信息。

4. 农产品的竞争信息

农产品的竞争信息是指生产者竞争信息、收购商竞争信息、批零商竞争等信息。

5. 农产品的质量信息

包括农产品的品种、等级、产地、季节、生产标准等质量方面等信息。

三、农产品市场信息的采集

1. 农产品市场信息采集的原则

（1）目的性原则

农产品市场信息的采集是农产品经纪人为了获得有用的信息，指导农民、农民专业合作社、农产品种植（养殖）大户、家庭农场等生产者组织生产，获得较好的收益，同时也为农产品经纪人本人及其所属单位获得盈利。因此，所采集的信息应具备目的性、实用性，否则就失去了价值。

（2）时效性原则

农产品市场信息的采集要把握时效。在农产品生产、销售之前，就需要采集市场需求，了解农产品供求的波动情况。对农产品需求的规律性信息进行判断和分析。在安排生产计划之前所采集的信息是具有时效性的；反之，所收集到的信息成了过期信息，不具备了时效性。

（3）准确性原则

农产品经纪人所收集的信息要力求准确、精确，能够反映当前或阶段性的市场实际情况，防范和减少信息采集所造成决策的重大失误。

（4）针对性原则

采集农产品市场信息要有针对性，要紧紧围绕所要采集的特定产品信息进行调查、采集，以节省采集信息的时间，降低人力、物力消耗。

2. 农产品市场信息采集的途径

一般来说，农产品市场信息的采集有以下途径：

（1）从农产品产地采集市场信息

从产地采集的农产品信息包括：农产品在种植、养殖等生产方面的规模、面积、产量、供应时间等供应信息。

（2）从合作社生产组织采集信息

合作社是农业规模化、标准化生产的基层组织，从合作社生产组织能够快速、及时地采集到农产品规模生产量、供应量、农产品订单等生产供应信息。

（3）从农产品生产资料供应商采集信息

从农产品生产资料供应商处采集信息，尤其是在种子供应商那里能够准确了解到当地农作物种植的主导品种在产量、品质、适应性等方面的信息，以及当地主要农作物品种近年来的动态变化状况。

（4）从农贸市场采集信息

从农贸市场采集信息能够准确地了解到各类农产品在市场上的价格、价格变化、需求量、需求区域、质量要求、包装规格、产品等级等方面的市场需求信息。

（5）从城市农产品批发市场采集信息

能够准确地了解到大宗农产品市场供应的品种、数量、规模、上市时间、全国原产地的供求情况、批发价格的信息。

（6）从国家、行业（专业）、地方级农产品市场信息网上采集信息

互联网的发展方便了人们对各类信息的采集、整理、分析、归纳和传播。农产品市场信息化平台的开发与建设，彻底改变了农产品市场的信息采集途径、传播方式和习惯，是农产品经纪人必须掌握的工作工具和手段。

如中华人民共和国农业部主办的“中国农业信息网”“全国农产品商务信息公共服务平台”等，都是采集农产品市场信息的公众平台（见图1—1、图1—2）。

图1—1　中国农业信息网

图1—2　全国农产品商务信息公共服务平台

（7）从农产品需求加工企业采集

能够采集到农产品加工企业对农产品需求量的直接需求量信息。

3. 农产品市场信息采集的方法

农产品市场信息的采集通常有以下几种方法：

（1）调查法

调查法是指农产品经纪人到农产品生产基地、农贸市场等场所向被调查者直接询问以了解情况、收集资料的调查方法。

（2）观察法

观察法是由农产品经纪人在农产品市场对农产品交易价格、交易量等调查内容直接进行观察记录，取得第一手资料的调查方法。

（3）实践法

实践法是指农产品经纪人为了掌握某些农产品的采购商需求或者消费者需求而直接面对需求方参与购销行为的调研方法。例如，某合作社为了了解采用哪种杂豆类农产品的包装规格销售得最快，最适合哪类消费者，选定在一个特色农产品市场

进行小范围试销。通过一段时间的调查了解，最终得出礼品盒的组合产品包装形式比单一的包装产品更好卖，并以此作为该合作社重点开发的产品包装形式的依据。

（4）信息媒介收集法

信息媒介收集法是从网站、手机微信、报纸、杂志、广告、简报中收集所需要的信息。例如，“二十四节气之菜市场手机软件”是一款手机客户端软件，具备“看行情，比价格，查营养”三大特点，并按照食材、节气、地域进行多种分类，可以轻松地查询到全国 30 多个省的近 400 个菜市场的肉、蛋、菜价，并且能及时更新。

近年来，手机微信平台的开发为大众提供了一种更加快捷、更加便利的信息交流和采集的工具，如“菜贩子（种植户）”，是一种直接掌握种植户农产品供求信息的重要工具。如图 1—3 所示。

图 1—3　农产品市场手机软件

（5）视频媒介收集法

视频媒介收集法是指从广播、电视中有关经济栏目或商品广告节目中获取农产品市场有关的信息。

技能要求

一、农产品市场信息采集的工作准备

信息采集前准备好记事本、笔（最好是碳素笔）2 支、计算器、相机、录

音笔等，有条件的可以用智能手机（具备拍照、计算器、记事本功能）或便携式手持无线农产品价格信息采集器，还要携带名片夹（含名片）、简易公文包等。

二、工作要求

1．根据所要采集的农产品市场信息内容进行设计

采集信息前，需要对所要采集的内容进行设计，以便有针对性地进行信息采集，提高工作效率。如对2015年大王镇小麦种植面积调查表设计见表1—1。

表1—1　　农产品种植信息调查表

2015年大王镇小麦种植面积核定汇总表					
		2014年12月25日		单位：户、亩	
村名	种植户数	种植面积	村名	种植户数	种植面积
东营	30	300	前贾	25	250
西营	20	200	黄琚	35	350
荣庄	30	300	宋琚	45	450
大张淡	20	200	韩琚	65	650
北张淡	40	400	李琚	55	550
东北街	50	500	杨琚	35	350
卧石东	40	400	黄店	45	450
卧石西	40	400	后贾	25	250
军屯	60	600	叶琚	15	150
东卧石	70	700	××集团	1	5 000
西卧石	50	500	××集团	1	3 000
累计	—	—			

根据调查表确定的面积，再结合该镇近年来小麦的平均亩产量，我们就能够测算出该区域的小麦预计产量数据了。

2．设计所要采集的农产品市场信息途径

如通过政府农业部门、统计部门的年度种植安排计划信息来采集，或者通过政府的补贴款统计数据来采集。

3. 确定所要采集农产品市场信息的科学方法

一些农产品市场信息的采集需要一定的方法，这些方法因农产品的产地、品种、质量、等级的不同，差异很大，因此，在采集前需要确定一定的科学方法。例如，我们对盘锦市市场大米品种的调查，可以通过对种植基地的调查，批发市场的调查，零售终端连锁超市几个渠道完成。对种植基地的调查，可以采取现场调查、抽样调查的方式去获取信息；对批发市场的调查由于批发商比较集中，可以采取整体调查的方法；对超市调研的方法可以采取抽样、问卷的形式，向导购员、顾客直接调查了解所需要的信息。

三、工作程序

由于农产品的种类繁多，不同品种所采集工作方法步骤千差万别，所以，一些便携式农产品市场信息采集器的开发，为我国的农产品市场信息采集提供了极大的方便条件。下面介绍一下如何利用“农信采”等工具进行农产品市场信息采集的基本工作程序。

目前，市场上专用的农产品市场信息采集器分为专用采集器和手机采集器两种。“农信采”是一款新型的农产品市场信息采集设备。综合运用 GPS、GPRS、3G、图片分析等现代信息技术，嵌入农业部有关全息市场信息行业标准两个，具有数据采集、图片采集、历史查询、知识库、系统管理五大模块，实现了农产品市场信息采集的简单输入、标准采集、全息信息、数据清洗、实时报送、即时传输等功能。如图 1—4 所示。

步骤 1：准备 1 台手持无线农产品价格信息采集器（或手机），根据采集器所提供的农产品价格信息系统的采集指令，进入用户界面，打开数据库中农产品种类和历史记录的管理数据表。

步骤 2：根据采集器中的种类列表输入所需要采集的品种价格等信息或所需要报送、上传的信息（数字、图片等）。

步骤 3：数据标准采集、实时报送、即时上传。

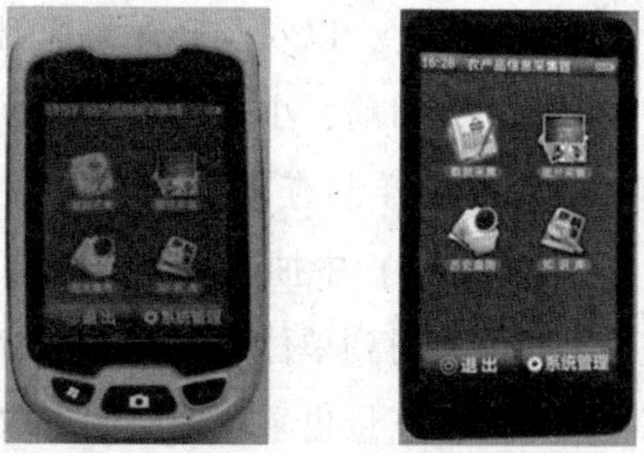

专用“农信采”　　手机“农信采”

图 1—4　便携式农产品市场信息采集器（“农信采”）

第 2 节　市 场 分 析

学习目标

1. 了解所经营农产品的产量。
2. 熟悉所经营农产品的品质。
3. 掌握农产品的市场供求状况。
4. 能写出农产品市场信息分析报告。

知识要求

一、农产品的产量概述

农产品产量：农产品产量是指一定时期（日历年度）内生产的各类农、林、牧、渔产品的实物量。它反映一定时期内各类农产品的总成果，是衡量农业生产规模和水平的最重要的指标，并可反映农业满足生活和生产需求的总供给能力。该指标直接关系到城乡居民生活和国民经济一些行业的发展。主要农产品包括粮食、棉花、蔬菜、水果、油料、畜产品、水产品等。

1. 农产品产量计算方法

在统计方法上，以农业普查为基础，采用抽样调查、重点调查和全面调查相结合的办法取得。目前，小麦、玉米、稻谷、棉花、畜产品、蔬菜、水果等农产品的产量一般采用抽样调查来取得。采集方法上，国家统计局从全国 31 个省（市、区）（不含港澳台）中抽选部分调查县，县抽村，村抽地块，对样本地块在收获季节进行实割实测得到单位面积产量，然后乘以种植面积得到总产量。猪、牛、羊、禽等主要畜产品产量也采取抽样调查取得。油料、烟叶、水果、蔬菜等农产品产量采用全面统计方法进行。

近年来，国家统计局也开始探索使用遥感技术统计农产品产量。林产品、渔业产品由林业部门和农业部门采取全面统计方法取得。

2. 农产品产量的估算与折算

我国统计的粮食作物主要由谷物、薯类和豆类组成，其中谷物包括稻谷、小麦、玉米、谷子、高粱以及其他谷类。除薯类以 5∶1 折算粮食外，粮食产量一律按脱粒后的原粮计算。

（1）蔬菜产量的估算方法

对于测产面积较大的蔬菜作物，由测算人员先目测确定高中低样本，然后从每一样本中选 1 ~ 3 块地，随机抽取地块测产；对上市期集中或一次性采收的蔬菜，如大白菜、萝卜、结球甘蓝等，测产采用全田实割实收或抽样实测的方法确定所测田块产量。对上市期长、连续分批采收的蔬菜，如茄果类、豆类、瓜类等，采用田间抽样测产推定产量法测产。在采收盛期进行一次田间抽样测产，然后以该次所测产量为依据，确定所测田块产量。收获后的蔬菜须经除去杂质（即不能成为商品蔬菜部分和其他杂质）后称蔬菜鲜重计算产量。

（2）果树产量的估算方法

果树产量的测定一般以正在收获的鲜果产量来估算。一般来说，确定鲜果产量的方法有：

1）现场实地调查测产。如果刚好是产果期，可以实地抽样调查，或者设标准株测定。

2）查访过去产量来确定产量。对于项目单位（合作社、农企、农场）的果场，从财务上查出 3 年来投产果树的株数及产量；对农户个人的果林，无财务档案的，只能访问 1 ~ 3 年来的产量情况，也可以查访邻近相似果林的产量，通过对比分析，再确定当年产量，预测未来 3 年的产量。

3）制定不同树种、不同品种果品产量估算表。果树是高投入高产出的作物，果树年龄相同，不同密度果树单株产量不同，以“株”为单位，比以亩为单位来计产估价更适用。当果种、立地条件、集约经营程度、栽培模式相同，编制果树产量表有两种类型，一种是不同年龄果树单株产量表，另一种是不同冠幅面积果树单株产量表。由于经营集约度不同，相同年龄果树出现不同冠幅和不同的产量，因而冠幅与单产，比年龄与单产相关较密切，后一种产量表比较实用。

对于其他农产品的产量测量，农产品经纪人要根据不同的条件和要求，根据国家行业测量标准，采用不同的方法去测算或者到一些专业统计部门、农调队的渠道去搜集。

二、农产品的品质

1. 农产品品质定义

品质就是指农产品的优质程度，不仅包括外观、风味和营养成分，而且还包括加工品质、商业品质等。

2. 农产品品质分类

（1）营养品质

营养品质是指农产品所含的营养成分，如蛋白质、脂肪、淀粉以及各种维生素、矿质元素、微量元素等。营养品质是评价农产品是否优质的物质基础。

（2）加工品质

农产品的加工品质也称为食用品质或适口性。

（3）商品品质

商品品质是指农产品作为商品出售时的形态、色泽、整齐度、容重以及装饰等表观或视觉性状，也包括是否被化学物质所污染。

农产品的营养品质、加工品质、商品品质既相互联系，又独立存在。联系是指一种品质的改善可能有益于另一类品质；独立是指其产生的原因不同，解决途径也不同。

农产品的品质主要取决于农产品种属的遗传因素，同时又随生长环境、管理水平和储藏加工条件而变化。

3. 农产品品质的评价

（1）农产品的感官品质评价

感官品质就是指通过人体的感觉器官能够感受到的品质指标的总和。通

过感官来测定食品的品质主要分为三类，即外观、质地和风味。外观因素包括大小、形状、光泽度、色泽等；质地因素包括软、硬、汁液、口香以及粗、砂等状态的口感和手感等；风味因素包括用舌头感觉到的酸咸苦辣甜和鼻子嗅到的气味。如图 1—5 所示。

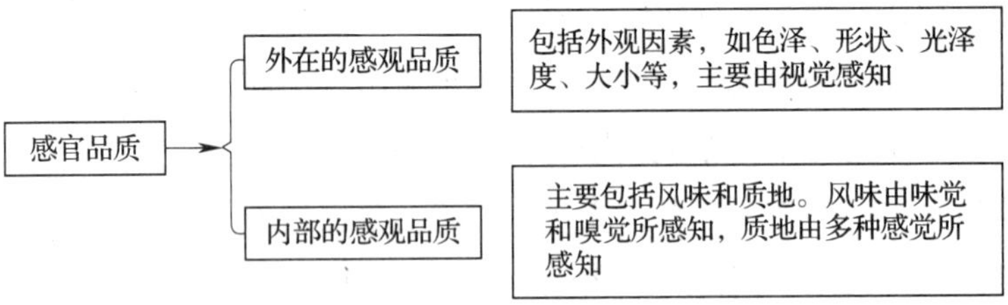

图 1—5　农产品的感官品质

1）农产品的色泽。农产品的色泽是由色素物质构成的。色素物质种类繁多，构成农产品特有的颜色特征。叶绿素是鲜活绿色农产品的代表色素。色泽一般是成熟与败坏的标志，果蔬的大小、色泽可以作为鉴别原料成熟度的依据。

2）农产品的硬度。农产品的硬度可以反映产品的成熟度和储藏效果的好坏。

3）农产品的香感。农产品的香感来自农产品的香气。香气来源于各种微量的挥发性物质，由于挥发性物质的种类和数量不同，使各种农产品有各自特定的香气。

水果一般具有浓郁的天然香气味，其香气成分中以有机酸酯类、醛类、萜类为主。蔬菜的香气不如水果香气浓郁，蔬菜主要含有以含硫化合物、醇、萜烯类为主体的香气成分。

4）农产品的味感。许多农产品具有不同特色的味，其差异决定于呈味物质的种类、数量和比例。这些物质还关系到营养价值、耐储性和加工适性等。我国习惯上把农产品的味道分为甜（sweet）、酸（sour）、苦（bitter）、咸（salty）、辣（hot）、涩（astringent）、鲜（delicious）七种，除咸味外，其余六种均与农产品有关。

（2）农产品的营养品质评价

营养品质是指为人们提供的各种营养成分的组成及含量，是产品食用价值高低的重要评价指标，与人类的健康有密切的关系。主要营养品质指标有碳水化合物、蛋白质、脂类、维生素、矿物质、微量元素、水等。

农产品中碳水化合物的主要种类是可溶性糖、淀粉、纤维素和半纤维素等。脂类化合物是一类重要的营养物质，赋予食品特有的风味，其中的不饱和脂肪酸、磷脂等对人体有保健价值。

1）碳水化合物也即糖类，是多羟醛或多羟酮及其缩聚物和某些衍生物的总称。糖类分为单糖、双糖和多糖三大类。

农产品中常见的单糖有葡萄糖、果糖、甘露糖、半乳糖、木糖等。农产品中双糖以蔗糖最为常见。农产品中常见的多糖有淀粉、纤维素和半纤维素。

淀粉是存在于食物中能被人体利用的多糖中最主要的形式，以淀粉粒的形态存在于农产品细胞内。

大多数水果的淀粉含量较低，有的在成熟后甚至完全消失。蔬菜中，以块根、块茎和豆类含淀粉较多，如藕、马铃薯、芋头、山药等。其淀粉含量与老熟程度成正比。

纤维素（膳食纤维）被营养学界称为“第七营养素”，是一种不能被人体消化的碳水化合物，可分为水溶性纤维与非水溶性纤维两个基本类型。纤维素、半纤维素和木质素是三种常见的非水溶性纤维，存在于植物细胞壁中；而果胶和树胶等属于水溶性纤维，则存在于自然界的非纤维性物质中。

常见食物中的大麦、豆类、胡萝卜、柑橘、亚麻、燕麦和燕麦糠等食物都含有丰富的水溶性纤维。食物中的小麦糠、玉米糠、芹菜、果皮和根茎蔬菜含有较多的非水溶性纤维。膳食纤维在蔬菜水果、粗粮杂粮、豆类及菌藻类食物中含量丰富。

2）蛋白质是一切生命的物质基础，它的功能概括起来主要有三个方面，即人体组织的构成成分、构成体内各种重要物质和供给热量。从营养的角度而言，蛋白质是维持人体生长和提供能量的重要物质。谷类和豆类作物的蛋白质含量较高。核桃、扁桃、巴西梨、鳄梨、榛子、冬菇、紫菜等农产品，蛋白质含量可达11%～23%。

3）脂类是脂肪和类脂的总称，脂肪是脂肪酸与甘油生成的酯；类脂包括磷脂、糖脂、固醇和固醇脂等。

大多数农产品的脂肪含量都很低，但油梨和核桃却极为丰富。粮油籽粒中以油料种子含脂肪最多。油料和豆类种子的脂肪大都分布在子叶中，而谷类粮食中的脂肪则主要分布在糊粉层中，故许多谷类粮食的加工副产品，也是重要的榨油原料。

农产品中普遍存在的类脂物质是磷脂，即脑磷脂和卵磷脂。果实中以核桃含量最高，豆类和油料种子中含量最丰富的是大豆、棉籽和菜籽，各类粮食中则以糙米的含量较高。

4）维生素是一类维持人体健康的不可缺少的低分子有机化合物。对人体正常的生命活动和生理代谢起着重要的作用。其中很大一部分是某些酶的辅酶成分，有的则可能是激素的前体（如维生素D）。当人体缺乏维生素时，会引起物质代谢失调发生一类特殊疾病，称之为“维生素缺乏症”。维生素种类很多，目前了解的30多种中已知有近20种与人体健康和发育有关。

维生素按其溶解性可分为脂溶性维生素和水溶维生素两大类。脂溶性维生素不溶于水，而溶于脂肪及脂肪溶剂，在食物中，常与脂类共同存在。重要的脂溶性维生素有维生素A、维生素D、维生素E和维生素K。重要的水溶性维生素有维生素B_1、维生素B_2、维生素B_5、维生素B_6、维生素B_{12}，维生素C、泛酸、叶酸等。见表1—2。

表1—2　　常见蔬菜每100 g中三种维生素的含量

指标	柿子椒	花菜	苋菜	冬苋菜	菠菜	冬瓜	南瓜	胡萝卜
维生素C（mg）	72	61	47	20	32	18	8	16
胡萝卜素（μg）	340	30	2 100	6 950	487	80	890	4 010
核黄素（mg）	0. 03	0.08	0.21	0.05	0.11	0.01	0.04	0.04

5）农产品中的矿物质是构成人体组织的重要材料，分为常量元素与微量元素两大类。人体中的矿物质盐类和离子具有维持体液一定的渗透压和 pH 值的作用，许多矿物质离子还直接或间接地参与体内的生化反应。农产品中的矿物质含量与水分和有机物质相比，非常之少。但由于它们在农产品中分布极为广泛，故农产品成为人类摄取矿物质的主要来源。

6）农产品中的水分。农产品中的水分以两种状态存在，即自由水和结合水，前者呈游离状态，显示着水的性质，容易蒸发；后者与蛋白质、多糖类、胶体等比较牢固的结合，一般情况下很难分离。

各类粮食在正常情况下一般含有 13% ~14% 的水分，油料一般含有 7% ~8% 的水分，而大多数水果和蔬菜的水分含量都在 80% 以上，故水果和蔬菜也是人类摄取水分的主要来源之一。

此外，水分与农产品的嫩度（tenderness）和新鲜度（freshness）以及与农产品的储藏加工性能均有密切的关系。

（3）农产品的卫生品质评价

卫生品质是指直接关系到人体健康的品质指标的总和。它主要包括产品表面的清洁程度，产品组织中的重金属含量、农药残留量和其他限制性物质的含量等。卫生品质是评价产品食用安全性的决定因素，日益受到人们的重视。

卫生品质还包括无公害农产品、绿色农产品、有机农产品等品质指标方面的要求。

三、农产品市场供求状况

农产品经纪人在经营过程中，除了了解农产品的产量、质量标准外，还应当学习和掌握农产品市场供求的基本知识，了解一般农产品的供求状况，尤其是本区域内常规农产品的近几年的市场供求状况。

1. 农产品市场供给

（1）农产品供给

农产品供给是指农产品生产（经营者）在一定时间、在一定价格条件下，自愿并能够出售的某种商品农产品的数量。

农产品供给来自于生产者，但生产者的生产量并不等于供给量。农产品生产量在市场上销售的部分才构成农产品的供给量。从经济学的角度来讲，农产品供给的形成需要两个必备条件：一是生产者有出售农产品愿望，二是生产者具有供应能力。

我国是一个人口大国，耕地占世界总耕地的 8% ~9%，人口占世界总人口的

19%。从农产品的数量、结构和质量上要满足 13 亿人口的农产品需求，供给量和供应的品种都难以维持供求平衡，这与农产品供应的特殊性有一定的关系。

（2）农产品供给的特殊性

1）农产品生产周期比一般商品生产周期长，周期性供应是一个规律。

2）农产品供给受自然环境（温度、降雨、冰雹、洪涝、干旱等因素）的影响较大。

3）农产品的供给受到政府稳定社会经济的调控程度较大。

4）农产品价格的提高虽然在一定范围之内促进了农产品供给量的增加，但这个范围又是十分有限的。

5）土地是不可替代的基本生产资料，又是稀缺资源，因此，农产品的可供给总量是有限的。

（3）农产品供给函数

农产品在供给上虽然有其上述的特殊性，但农产品的供给还是有其一定的规律性，也就是农产品的供给函数。

如果把影响农产品供给的因素作为自变量，把农产品的供给量作为因变量，那么，就可以用一种函数关系来表达影响因素与供给量之间的关系。若 Q_s = 供给，X = 影响农产品供给量的因素，供给函数即为：

$$Q_s = F(X)$$

假定其他影响因素不变，只考虑农产品供给与价格（P）的关系，则有：$Q = F(P)$；那么，农产品的供给函数中的 P 因素包含：$Q_s = F$（P_1、P_2、P_3……T、N、G、I）

P_1——农产品价格；

P_2——替代品价格；

P_3——互补品价格；

P_4——投入物的价格；

Q——农产品需求量；

Q_1——与 P_1 对应的农产品需求量；

Q_2——与 P_2 对应的农产品需求量；

S——供给曲线；

D——需求曲线；

T——技术状况；

N——自然环境；

G——农户的目标；

I——制度设置。

注：农产品供求章节中的字母代表意义同上标注。

1）农产品供给量的变动。在其他条件不变时，由某商品的价格变动所引起的该商品供给数量的变动，如图 1—6 所示。

当影响农产品供给的其他因素不变时，农产品本身价格的变动而引起的供给量的变动表现为同一条曲线上移动。

2）农产品供给的变动。在某商品价格不变的条件下，由于其他因素变动引起的该商品供给数量的变动（见图 1—7）。

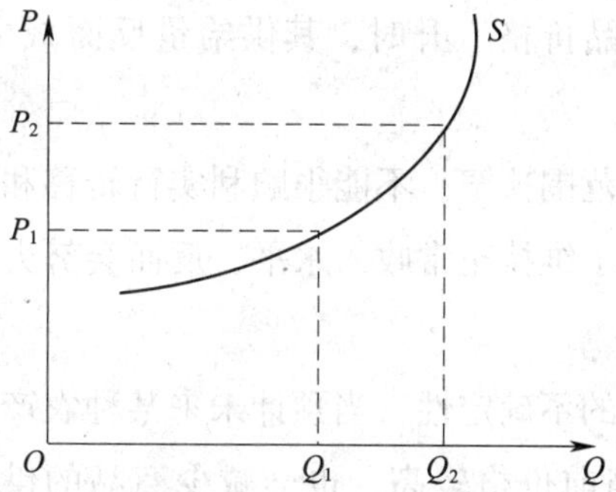

图 1—6　供给量的变动

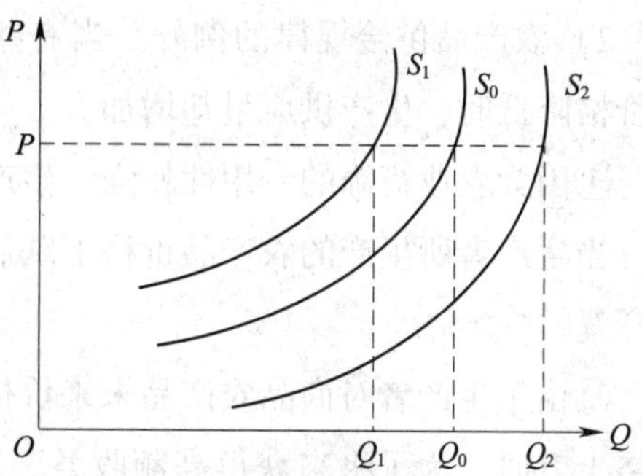

图 1—7　供给的变动

当农产品本身的价格不变时，其他因素的变动所引起的供给量的变动表现为整条供给曲线的平行移动。供给量是供给曲线上的一点，而供给是指不同价格水平时的不同供给量的总和，即整个供给曲线（见图 1—8）。

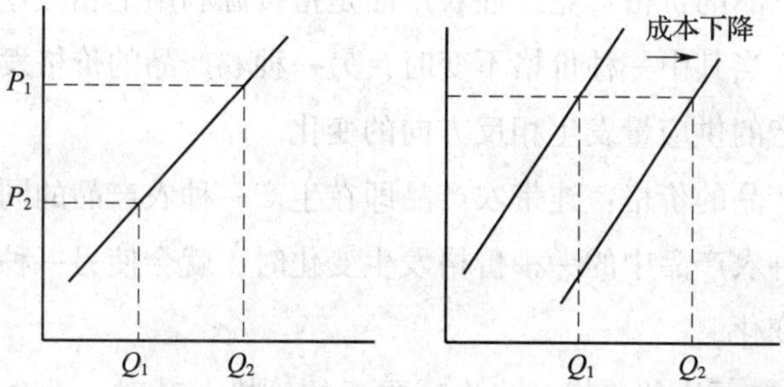

图 1—8　供给量变动与供给变动

（4）农产品的供给规律

农产品供给规律：在其他条件不变的情况下，某种农产品的供给量与其价格呈同方向变化，即在一般情况下，农产品供给量随其价格的上升而增加，随其价格的下降而减少。

1）农产品供给与其价格同向变化的原因。

①当农产品价格上升时，会吸引新的生产者投入某一价格上涨的农产品生产，从而使生产和出售的农产品数量增加。

②当农产品价格上升时，可使原来的生产者增加生产量，提高农产品的供应量。

③农产品供给规律为农产品市场开发提供了一个基本的理论指导，即提高农产品价格，有利于增加农产品生产量和供给量，扩大农产品供给能力。因此，保持一个适当的农产品价格水平，对于调动农业生产者的生产积极性，增加农产品供给，满足社会对农产品的需求是很重要的。

2）农产品供给规律的例外。当有些农产品价格上升时，其供给量反而减少，当价格降低时，生产供应量却增加。

①因为农业资源的专用性较强，生产用途范围狭窄，不能很顺利实行转移和流动。当生产者所生产的农产品价格下跌后，为了维持正常收入水平，反而会努力增加产量。

②由于生产者对商品农产品未来价格预期的不确定性，当预计未来某种农产品价格上升时，为了将来获得高额收益，即使当前价格较高，也会减少商品的供给量；相反，在价格下跌时，若预计未来商品农产品价格继续下跌，则会把商品全部抛售出去，从而增加现时供给量。

（5）农产品供给变动及其影响因素

1）相关农产品的价格。

①竞争性农产品的价格：竞争性农产品是指资源利用上相互竞争的农产品，在特定资源条件下，当其中一种价格不变时，另一种农产品的价格发生变化，就会使前一种农产品生产的供应量发生相反方向的变化。

②连带性农产品的价格：连带农产品即在生产一种农产品的同时，也生产另一种农产品。当两种农产品中的一种价格发生变化时，就会使另一种农产品的供应量发生相同方向的变化。

2）农产品生产要素的价格。当生产要素的价格上升时，就会使农产品的生产成本增加，从而在农产品市场价格不变的情况下，利润下降，供应量减少。当生产要素价格下降量，农产品生产成本下降，在农产品市场价格不变的情况下，利润上升，供应量增加。控制农业生产要素价格上涨是增加农产品供给的重要措施之一。

3）农业资源及其开发利用的技术水平。农业资源从基础条件上决定了农产品生产的可能性，资源条件的优劣也决定了农产品生产的多与少。

农产品的增长可以通过劳动集约、土地集约和资金集约来实现，但劳动、土地和资金是有限的。在资源既定的情况下，若要继续增加农产品供给，就要充分发挥科学技术的作用，提高资源的利用率和生物品种的产出率。

4）农产品生产者数量。一般而言，农业生产者的数量和农产品供给呈正方向的关系。农产品的生产结构影响农产品的供给结构，进而影响农产品的供给数量。

5）农产品的商品化程度。农产品的商品化程度就是农业生产者生产的农产品多大程度上可以出售给消费者。

农产品的商品化率越高，可以出售的农产品就越多，农产品消费市场的可供选择的余地就越大，为市场提供的农产品总量就越多。

6）生产者对农产品未来价格预期。这是影响农产品供给的一个基本因素。就生产决策而言，如果预期未来的价格上升（下降），则增加（减少）生产，从而影响了供给量。就销售决策而言，如果预期未来价格上升，则减少供给量（囤积）；如果未来价格下跌，则抛售，增加供给。

7）其他因素。例如，农产品税收减免（农产品的直接补贴、农产品生产资料的补贴、农业机械补贴、农产品加工贴息等）、产量限制、自然灾害等。

2. 农产品市场需求

（1）农产品需求

农产品需求是指农产品消费者在某一特定时期内，在各种可能的价格水平上愿意购买并且能够购买的某种农产品的数量。

农产品需求不等于需要，需要是一种主观愿望，它不受购买能力的限制。有需要不等于有需求，因为需求要受到购买力的制约，需求是有购买能力做基础且愿意实现的需要。

农产品需求的两个必备条件：一是消费者具有购买欲望；二是消费者在现行价格条件下具有支付能力。

（2）农产品需求函数

农产品需求主要取决于消费者偏好、农产品及其相关产品的价格、消费者收入水平、消费者对未来的预期等多种因素，即农产品需求函数为：

$$Q_D = F（P_1、P_2、P_3、\cdots、P_n）$$

Q_D——需求量；

P_1、P_2、P_3、…、P_n——影响农产品需求的因素。

在其他条件不变的情况下，需求函数为：

$$Q_D = f(P)$$

农产品需求量的变动：是指在其他条件不变的情况下，农产品自身价格的变动所引起的需求量的变动。变动表现为在同一条曲线上的移动（见图 1—9）。

农产品需求的变动：是指在农产品自身价格不变的情况下，其他因素变动所引起的需求量的变动。表现为需求曲线的平行移动（见图 1—10）。

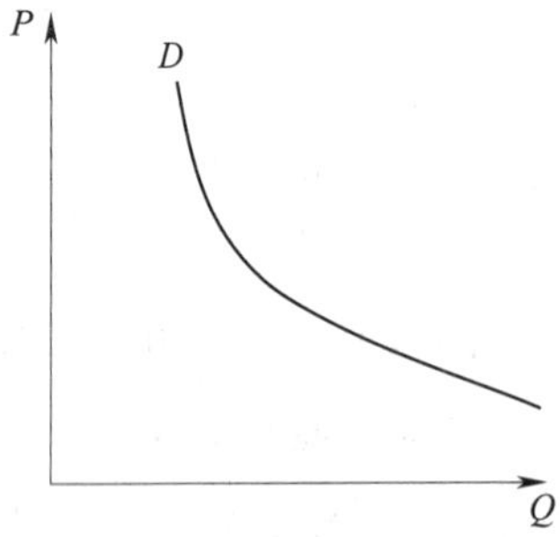

图 1—9　农产品需求量的变动

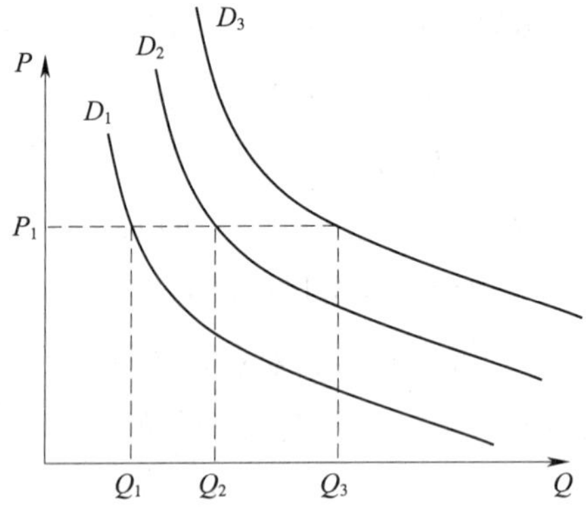

图 1—10　农产品需求的变动

（3）农产品的需求规律

农产品的需求规律：在其他条件不变的情况下，农产品的需求量与其价格之间呈反方向变化，即农产品需求量随其价格的上升而减少，随其价格的下降而增加（见图 1—11）。

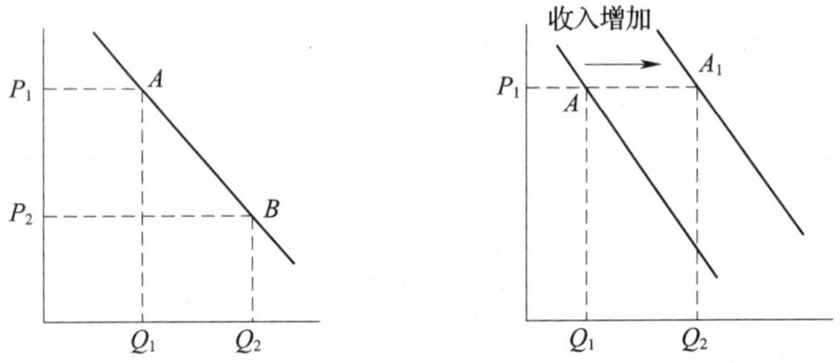

图 1—11　农产品需求量变动与需求变动

（4）影响农产品需求变动的因素

1）消费者的收入水平。收入越高，消费者对一定价格下的某种商品的需求量就越大；相反，收入越低，需求量就越小。

①正常商品：随着收入的增加而增加需求的商品。

②劣等物品：随着收入的增加而减少需求的商品。

③恩格尔定律：19 世纪德国统计学家恩格尔根据统计资料，对消费结构的变化

得出一个规律：一个家庭收入越少，家庭收入中（或总支出中）用来购买食物的支出所占的比例就越大，随着家庭收入的增加，家庭收入中（或总支出中）用来购买食物的支出比例则会下降。推而广之，一个国家越穷，每个国民的平均收入中（或平均支出中）用于购买食物的支出所占比例就越大，随着国家的富裕，这个比例呈下降趋势。

恩格尔定律的公式：

食物支出变动百分比 ÷ 总支出变动百分比 × 100%

= 食物支出对总支出的比率（R_1）

或

食物支出变动百分比 ÷ 收入变动百分比 × 100%

= 食物支出对收入的比率（R_2）

（注：R_2又称为食物支出的收入弹性）。

④恩格尔系数（Engel's Coefficient）：是食品支出总额占个人消费支出总额的比重。恩格尔系数是根据恩格尔定律得出的比例数，是表示生活水平高低的一个指标。其计算公式如下：

恩格尔曲线：

食物支出金额 ÷ 总支出金额 × 100% = 恩格尔系数

恩格尔系数达 59% 以上为贫困，50% ~ 59% 为温饱，40% ~ 50% 为小康，30% ~40% 为富裕，低于 30% 为最富裕。除食物支出外，衣着、住房、日用必需品等的支出也适合恩格尔定律。恩格尔系数是国际上通用的衡量居民生活水平高低的一项重要指标，一般随居民家庭收入和生活水平的提高而下降。据国家统计数字，1978 年我国城镇和农村居民家庭恩格尔系数为 57.5% 和 67.7%，2013 年中国城镇居民和农村居民恩格尔系数为 35.0% 和 37.7%，2014 年我国城镇居民和农村居民的恩格尔系数为 36% 和 40%。

2）其他相关农产品的价格。

①同类农产品的替代品：即在效用上可以相互替代的商品。如市场上羊肉的价格在一定阶段内升高，那么消费者可能会选择购买牛肉来替代羊肉。一种农产品的价格（羊肉 P）与另一种农产品的需求（牛肉 Q）呈同方向变动。

②农产品的互补品：即需要同时使用，互相补充配套，才能发生效用的商品。如咖啡与白糖，一种农产品的价格（咖啡 P）与另一种农产品的需求（白糖 Q）呈反方向变动。

3）中间需求的变化。农产品中间需求是指农业、工业，以及相关产业中，将农产品用作生产资料的市场需求。如用作饲料、食品、纺织、化工、商业等方面的农产品需求量将日益增加，其主要农产品的价格也会相应增加。

4）人口的数量与结构。人口数量的增加与农产品的市场需求呈正比关系；人口结构的变化影响消费需求的变化，如随着城镇人口的增加，畜产品的消费需求会增加；年龄结构变化，导致农产品消费结构的变化，如婴幼儿人群的增加，对鲜奶、奶粉的消费会增加。

5）消费者的偏好和消费观念。消费者中有的喜爱吃肉，而不喜欢奶制品或鸡蛋；有的喜爱吃素菜，而不喜欢吃荤菜；有的喜爱吃瘦肉，而不喜爱吃肥肉。生活在海边的人群喜欢吃海鲜，住在寒冷高原的人群喜欢吃肉制品。

6）消费者的文化习俗。不同地区、不同民族有不同的文化传统、宗教信仰和风俗习惯，它们也会影响产品的消费方式和对各种农产品需求的选择。

7）消费者对未来价格的预期。农产品消费者对未来主要农产品的价格有一定的预期判断，预期未来价格上升，将增加对这种农产品的需求；预期未来价格下降，将减少对这种农产品的需求。

8）政府的消费政策。如果政府出台政策提高农产品的价格，或者因廉政因素，减少农产品的团体采购，则人们会减少对这种农产品的需求；如果政府实行农产品低价政策或补贴，则人们会增加对这种农产品的需求。

3. 农产品供给与需求均衡

（1）农产品供求均衡的形成

1）均衡和市场均衡：均衡是指市场上影响供求的各种力量处于平衡的状态。市场均衡是指市场上供给和需求处于平衡的状态，供给等于需求。

2）均衡价格和均衡数量：均衡价格即供给和需求相等时的价格。均衡价格下的交易量，即为均衡数量。

农产品供求均衡：是指在某种价格条件下，市场上某种农产品的供给量和需求量恰好相等。这时的价格称为均衡价格，其数量称为均衡数量（见图1—12、图1—13）。

供求平衡并非一直保持固定不变的，只要有一个因素变化，就会引起供求双方变化，打破原有的平衡，通过市场自我调控形成新的平衡。

（2）农产品供求均衡的变动

1）供给变化对均衡价格和均衡数量的影响。当需求不变时，均衡价格与均衡数量呈反向关系。

2）需求变化对均衡价格和均衡数量的影响。当供给不变而需求变动时，均衡价格与均衡数量呈同向的关系。

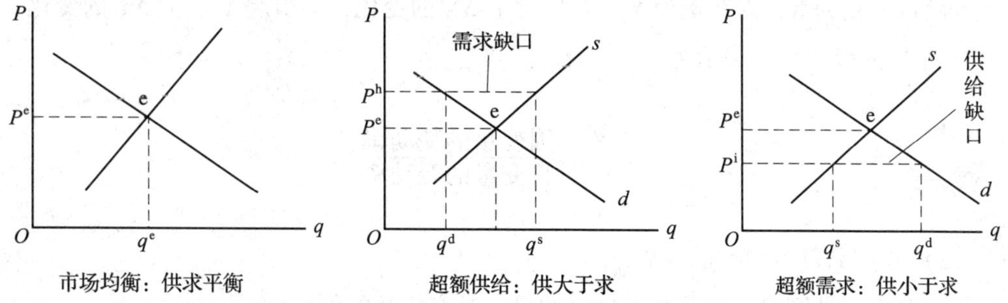

图 1—12　供求均衡的形成

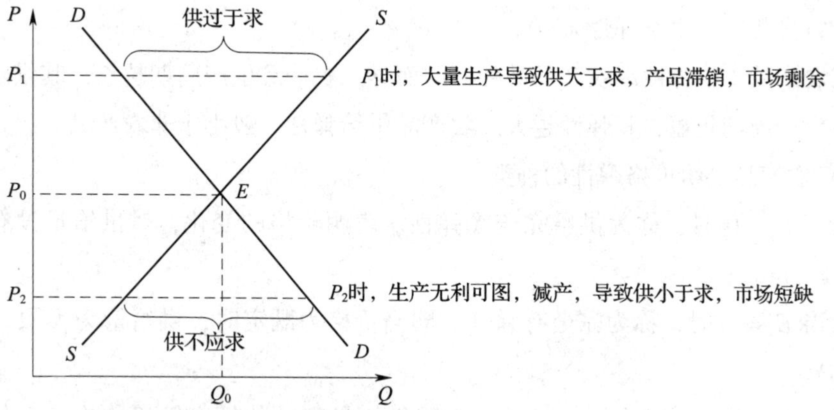

图 1—13　农产品供求平衡图示

3）供给和需求同时变化对均衡价格和均衡数量的影响。供求增加，均衡价格上升；供求减少，均衡价格下降。

（3）供求规律

需求、供给、价格三者之间经常表现为一种规律性的运动，即当需求大于供给时，市场上的价格将上升；反之，当需求小于供给时，价格将下降。这一规律性的现象称为供求规律。供求规律是市场经济的基本规律，反映和决定着市场经济的运行。

4. 农产品供给与需求弹性

弹性（elasticity）：物理学名词，是指一物体对外部力量的反应程度。

（1）农产品供给价格弹性

1）农产品供给价格弹性的概念。农产品供给的价格弹性：供给量变动百分比除以价格变动百分比。

$$供给价格弹性=\frac{供给量变动百分比}{价格变动百分比}$$

设自变量为X，因变量为Y，当X发生ΔX的变化，会引起Y发生ΔY的变化。则Y对X的弹性可以表示为：

$$e=\frac{\frac{\Delta Y}{Y}}{\frac{\Delta X}{X}}=\frac{\text{因变量的变动率}}{\text{自变量的变动率}}$$

2）农产品供给弹性的性质。

①农产品供给弹性是一个无量纲的量，具有广泛的可比性。

②农产品供给弹性一般为正值。供给量和价格成同向变动，供给变动量和价格变动量符号相同，供给弹性 $e>0$。

③农产品供给弹性因农产品品种不同而异。农产品生产周期越长，其供给弹性减小；生产周期越短，其弹性越大。农产品供给弹性一般小于非农产品。

3）农产品供给价格弹性的种类。

①当 $E_s=0$ 时，称为供给完全无弹性。表明价格的变化，对供给量没有影响（见图1—14a）；

②当 $E_s=\infty$ 时，称为完全有弹性。即当价格为既定时，供给量为无限（见图1—14b）。

③当 $E_s=1$ 时，称为同一弹性。表明供给量变动的幅度等于价格变动的幅度（见图1—14c）。

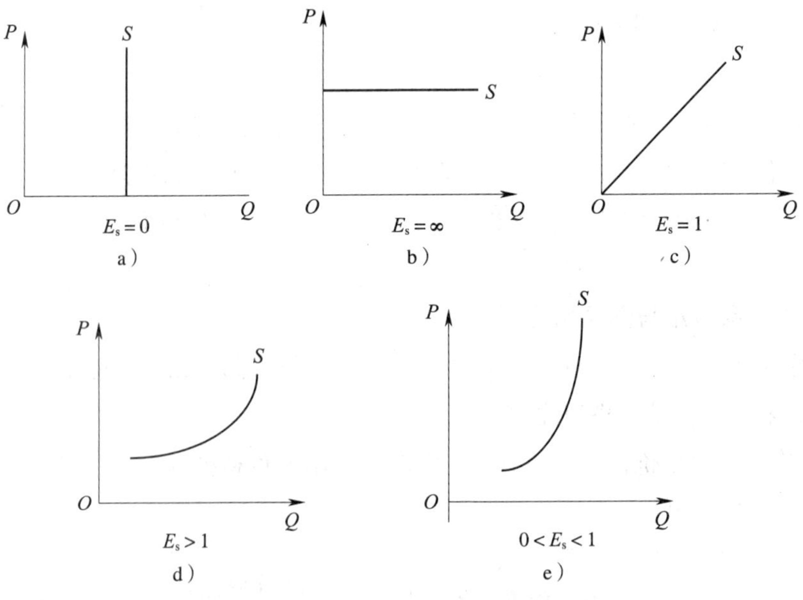

图1—14　农产品供给价格弹性种类

④当 $E_s > 1$ 时，称为供给富有弹性。表明供给量的变化幅度大于价格变化幅度（见图 1—14d）。

⑤当 $0 < E_s < 1$ 时，称为供给缺乏弹性。表明供给量的变化幅度小于价格的变化幅度（见图 1—14e）。

4）影响农产品供给弹性的因素。

①农产品生产周期的长短：如果农产品的生产周期长，价格在生产周期内的变动不足以对农产品的供给量生产影响，因而供给弹性小。若农产品的生产周期短，在价格变动的影响周期内，生产者有足够的时间调整生产规模，改变农产品的供给量，则供给弹性较大。

②农产品生产规模变化的难易程度：如果农产品的生产规模容易改变，则供给弹性大；反之，则小。一般来说，资金密集型或技术密集型农产品，其生产规模改变的难度较大，供给弹性小；劳动密集型农产品的生产规模变动容易，供给弹性则大。

③农产品价格变动的影响期长短：如果农产品价格变动的影响期长，生产者能及时做出生产调整，改变供应量，则供给弹性大；如果价格变动的影响期短，生产者来不及对生产做出调整，则供给弹性小。

④随着农产品产量的增加，其成本增加的程度：如果农产品产量增加的幅度大于成本增加的幅度，则供给弹性大；反之，则供给弹性小。一般来说，因为土地报酬递减规律的存在，随着农业生产规模的扩大，生产成本增加的较快，因此，与工业产品相比，农产品供给弹性较小。

（2）农产品需求价格弹性

1）农产品需求价格弹性的概念。需求价格弹性：需求量变动百分比除以价格变动百分比。

$$\text{需求价格弹性} = \frac{\text{需求量变动百分比}}{\text{价格变动百分比}}$$

设自变量为 P，因变量为 Q，当 P 发生 ΔP 的变化，会引起 Q 发生 ΔQ 的变化。则 Q 对 P 的弹性可以表示为：

$$E_d = -\frac{\Delta Q/Q}{\Delta P/P} = -\frac{\Delta Q}{\Delta P} \times \frac{P}{Q}$$

2）农产品需求弹性的性质。需求弹性是一个无量纲的，这使其具有广泛的可比性。

农产品需求的价格弹性为负值，但在实际运用时，为了方便起见，一般都取其绝对值。

需求弹性因不同的物品而异。

3）农产品需求弹性的种类。

①需求价格完全无弹性。当 $E_d = 0$ 时，称为需求完全无弹性，即无论价格如何变动，需求量都不会变动。如葱、姜等农产品（见图 1—15a）。

②当 $E_d = \infty$ 时，称为完全有弹性或弹性无限。即当价格为一定时，需求量是无限的，此时的需求曲线是一条与横轴平行的线。它表明价格任何微小的变动都会引起需求量的无限大的变化（见图 1—15b）。

③当 $E_d = 1$ 时，称为需求同一弹性。即需求量的变动幅度与价格的变动幅度相同（见图 1—15c）。

④当 $E_d > 1$ 时，称为需求富有弹性。表明需求量的变动幅度大于价格的变动幅度，需求曲线是一条平坦的线（见图 1—15d）。

⑤当 $0 < E_d < 1$ 时，称为需求缺乏弹性。表明需求量的变动幅度小于价格的变动幅度，需求曲线是一条比较陡峭的线（见图 1—15e）。

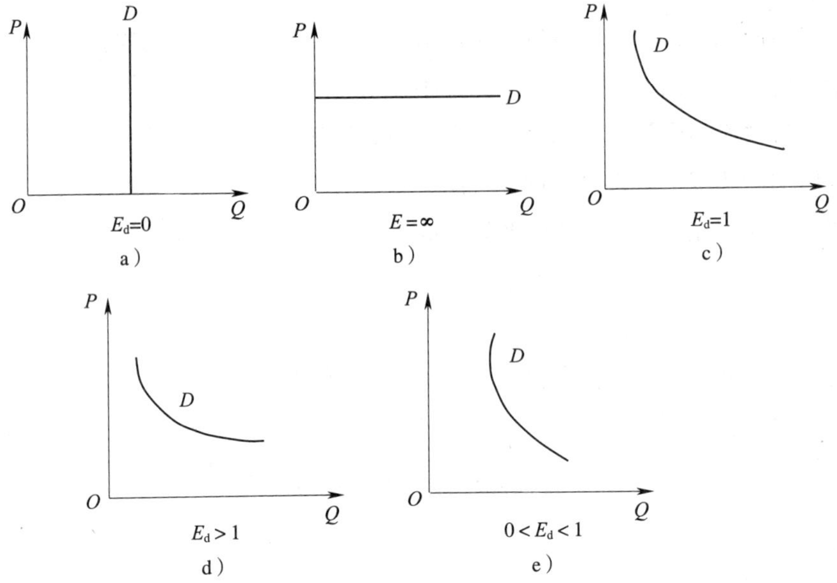

图 1—15　农产品需求价格弹性种类

（3）需求收入弹性与商品的属性

$E_d > 1$ 时，为高档品；

$0 < E_d < 1$ 时，为正常品；

$E_d < 0$ 时，为低档品。

附录：某些商品的需求价格弹性

家具	1.52
汽车	1.14
专业服务	1.09
运输服务	1.03
水、煤气、电	0.92
石油	0.91
饮料	0.78
衣着	0.64
烟草	0.61
银行与保险服务	0.56
书籍，杂志与报纸	0.34
食物	0.12

（4）农业的悖论

大多数农产品的需求都是缺乏弹性的。即使价格大幅度波动，人们对粮食的消费数量一般不会有大的改变，由此产生了所谓“农业的悖论”：

当发生旱涝灾害时，农作物的产量将会下降，从而引起农产品的价格（以及农民的收入）上涨。恶劣的气候不但没有使农民的收入减少，反而改善了农民的收入状况。与此相反，在风调雨顺的年份，虽然农作物的产量显著增加，但由于价格太低，农民的收入反而减少。“谷贱伤农”通常发生在丰收的年份，而很少发生在大灾之年。因此，气候的好坏对农民而言可能还有另一番含义。

技能要求

一、工作名称：农产品市场信息初步分析

农产品市场信息初步采集完成后，农产品经纪人需要对所采集的个别农产品信息、综合农产品信息进行初步分析、筛选和归纳。市场信息的初步分析的基础理论，来自对上述农产品供求知识的掌握和对农产品供求规律的研究。

二、工作准备：农产品市场信息分析工作的准备

记录本、电脑、数据线、所搜集的农产品信息资料。

三、工作程序

农产品市场初步分析的工作流程：

1. 市场信息筛选

将不同渠道获得的同一信息进行比较，或者将同一渠道获得不同的信息加以对照，判明信息的真伪。

2. 市场信息综合

从一两条信息中往往只能看到市场变动的一个侧面，只有对多种信息进行综合分析，才能掌握市场动态。如某经纪人从电视新闻中看到猪肉价格趋升，又从市场调查中得知猪肉价格确实上涨，综合这些信息就可以判断饲料原料价格可能会随之上升。

3. 信息分析

即把收集的信息逐条加以分析，从原始信息中得到真正有利用价值的信息。如某农产品经纪人从新闻报道中得知某地方政府正在加大力度发展设施蔬菜 1 万亩，即可以预测到未来当地会提供 4 万吨蔬菜供应量。

4. 市场信息推理判断

就是从得到的信息中进行推理判断，寻找重要的市场机会。如某农产品经纪人从一次偶然的机会中得知某外贸部门正在某地进行有机茶园的欧盟认证。经分析会有更多的有机茶叶出口商机。借此机会，该经纪人数次与有关外贸部门联系，邀请参观自己创办的有机茶园，争取出口认证许可，并以有机优质茶叶为突破口，终于成为该外贸部门出口有机茶叶的指定供应商，获了得到可观的经济收入。

5. 撰写农产品市场信息报告

农产品经纪人对农产品市场信息的分析根据所要“呈报”的主体不同而有所区分。如农产品市场信息是为了农产品经纪人（农产品经纪人既是农场主，又是经纪人）自己掌握阶段性信息，那么，分析就可以写成动态性的资料；如果农产品市场信息分析需要报给农产品经纪人所属的合作社、农产品生产或经营公司，市场分析则需要写成分析报告书的形式；如果农产品市场信息是为了提供给一些信息机构、平台，那么，分析就需要写成市场信息新闻稿的形式。

市场分析报告属于调查研究报告的文体范畴。“市场分析”是要对企业的市场环境的客观情况去调查分析研究一番，弄清事情发生的时间、地点、背景、过程和结果等。“报告”则是把从市场调查得到的分析结论加以整理，经过分析、综合，阐明它的意义，报告给有关部门和读者。这种文体是农产品经营决策者认识市场、了解市场、掌握市场、收集市场信息的主要工具之一。

一般来说，农产品市场信息分析（报告）的写作包括以下要点：

（1）农产品市场供给分析及市场供给预测

包括现在农产品（单个或多种）市场供给量估计量和预测未来农产品行业市场的供给能力。

（2）农产品市场需求分析及行业市场需求预测

包括现在农产品市场需求量估计和预测未来市场容量及产品竞争能力。通常采用调查分析法、统计分析法和相关分析预测法。

（3）农产品市场需求层次和各类地区市场需求量分析

即根据各农产品市场特点、人口分布、经济收入、消费习惯、行政区划、畅销牌号、生产性消费等，确定不同地区、不同消费者及用户的需要量以及运输和销售费用。

（4）农产品市场竞争格局

包括农产品市场的主要竞争主体分析，各竞争主体在市场上的地位，以及行业采取的主要竞争手段等。

（5）估计农产品的产品生命周期及可销售时间

即预测农产品市场需要的时间，使生产及分配等活动与市场需要量做最适当的配合。通过市场信息分析可确定农产品的未来需求量、品种及持续时间，农产品销路及竞争能力，产品规格品种变化及更新，农产品需求量的地区分布等。

第2章

建立客户与谈判订约

第1节 建 立 客 户

学习单元1 与客户沟通的基本技巧

学习目标

1. 了解建立客户的意义。
2. 熟悉建立客户的方法。
3. 掌握与客户沟通的基本技巧。

知识要求

一、建立客户的意义与相关知识

1. 建立客户的意义

(1) 客户的定义

客户是指通过购买产品或者服务，满足其某种需求的群体，可以是个人、企业，或者是中间服务商。

（2）农产品客户界定

1）农产品消费客户。购买最终农产品或服务的客户，可以是个人、机关、团体、企业单位、社区客户，或者家庭。

2）农产品渠道商、分销商、代销商、B2B 平台。此类客户购买农产品用于销售，或为农产品经纪人提供采购、销售农产品的场地或交易平台的企业。如各级农产品批发市场、农产品批发公司、农产品连锁超市、农产品专卖店、电商平台等。

3）生产型客户。能够直接提供粮食作物、兽禽、水产品、花卉、蔬菜、水果等生产经营者，包括农户、农场主、家庭农场、农民专业合作社联合社、集团公司等。

4）与公司营销有关的新闻媒体公司、广告、银行、政府、保险、科研院所等协助机构可列为特殊类客户。

（3）建立客户的意义

农产品客户的建立具有以下意义。

1）便于组织农产品生产客户为城市消费客户提供所需要的农副产品。

2）便于通过农产品渠道商销售农产品经纪人所代理的农副产品。

2. 客户的情况与来源

（1）农产品客户分布

农产品种类多，数量大，生产者多，涉及的范围非常广泛，而且随着市场经济的发展，农产品细分化的趋势愈加明显。作为农产品的经纪人来讲，应根据自己的实际情况有针对性地掌握自己所经纪的农产品的分布范围、产地、品种类别、等级鉴定、市场价格、总体数量等相关内容，做到心中有数。同时，也应多了解经纪范围之外的农产品情况，抓住机会，拓宽经纪领域。

（2）客户来源

寻找客户是最具挑战性、开拓性和艰巨性的工作。经纪人必须明白，寻找准客户是一项讲究科学性的工作，是有一定的规律可循的，是需要遵循一定的规律，把握科学的准则，使寻找客户的工作科学化、高效化。

1）确定推销对象的范围，包括地理范围和交易对象的范围。

2）树立“随处留心皆客户”强烈意识。作为经纪人，要想在激烈的市场竞争中不断发展壮大自己的客户队伍，提升业绩，就要在平时的“工作时间”特别是在“业余时间”，养成一种随时随地搜寻准客户的习惯，牢固树立随时随地寻找客户的强烈意识。

3）选择合适的途径，多途径寻找客户。对于大多数农产品而言，寻找客户的途径或渠道不止一条，究竟选择何种途径、采用哪些方法更为合适，还应将农产品的特点、推销对象的范围及产品的销售区域结合起来综合考虑。

4）重视老客户。一位成功的农产品经纪人要从保持现有客户、扩充新客户、使销售额越来越多、销售业绩越来越好的角度来思考问题。对于新客户的扩充只是锦上添花，没有老客户做稳固的基础，对新客户的销售也只能是对所失去的老客户的抵补，总的销售量不会增加。

农产品经纪人必须树立的一个观念是：老客户是你最好的客户。经纪人必须遵守的一个准则是：你 80% 的销售业绩来自你 20% 的客户。这 20% 的客户是经纪人长期合作的关系户。如果丧失了这 20% 的关系户，将会丧失 80% 的市场。

二、农产品客户建立的方法

1. 逐户访问法

逐户访问法也称“地毯”式访问法、普遍寻找法、贸然访问法、挨门挨户访问法或走街串巷寻找法，是农产品经纪人在业务范围内或特定地区、特定农产品生产区，用上门探访的形式，对预定的可能成为准客户的单位、组织、家庭乃至个人无一遗漏地进行寻找并确定准客户的方法。

2. 连锁介绍法

连锁介绍法又称客户引荐法或无限连锁法，是指农产品经纪人请求现有客户介绍未来可能的准客户的方法。连锁介绍法在西方被称为是最有效的寻找客户的方法之一，被称为黄金客户开发法。这种方法适合于农产品销售客户的建立。

这种方法要求经纪人设法从自己的每一次推销面谈中，了解到其他更多的新客户的名单，为下一次推销拜访做准备。购买者之间有着相似的购买动机，各个客户之间也有着一定的联系和影响，连锁式介绍法就是据此依靠各位客户之间的社会联系，通过客户之间的连锁介绍，来寻找新客户。介绍内容一般为提供名单及简单情况，介绍方法有口头介绍、写信介绍、电话介绍、名片介绍等。因此，了解和掌握每一个客户的背景情况会随时给经纪人带来新的推销机会。运用这种方法可以不断地向纵深发展，使经纪人的客户群越来越大。此法的关键，是经纪人能否赢得现有客户的信赖。

3. 中心人物法

中心人物法也称名人介绍法、中心辐射法，是指农产品经纪人在某一特定推销范围内发展一些有影响力的中心人物，并在这些中心人物的协助下把该范围内的组织或个人变成准客户的方法，是连锁介绍法的特殊形式。该方法遵循的是“光辉效应法则”，即中心人物的购买与消费行为，就可能在他的崇拜者心目中形成示范作用与先导效应，从而引发崇拜者的购买与消费行为。

4. 个人观察法

个人观察法也称现场观察法，是指农产品经纪人依靠个人的知识、经验，通过对周围环境的直接观察和判断，寻找准客户的方法。个人观察法主要是依据经纪人个人的职业素质和观察能力，通过察言观色，运用逻辑判断和推理来确定准客户，是一种古老且基本的方法。

对农产品经纪人来说，观察法是寻找客户的一种简便、易行、可靠的方法。绝大部分农产品经纪人在许多情况下都要使用个人观察法。不管是在何处与何人交谈，都要随时保持警觉，留意搜集潜在购买者的线索。

5. 委托助手法

委托助手法也称“猎犬法”，就是农产品经纪人雇用他人寻找准客户的一种方法。在西方国家，这种方法运用十分普遍。一些推销员常雇用有关人士来寻找准客户，自己则集中精力从事具体的推销访问工作。这些受雇人员一旦发现准客户，便立即通知推销员，安排推销访问。这些接受雇用的人员被称为推销助手。

委托助手法是依据经济学的最小最大化原则与市场相关性原理。因为委托一些有关行业与外单位的人充当助手，在特定的销售地区与行业内寻找客户及收集情况、传递信息，然后由经纪人去会见与洽谈，这样花费的费用与时间肯定比经纪人亲自外出收集情况更合算些。越是高级的农产品经纪人就越应该委托助手进行销售，农产品经纪人只是接近那些影响大的关键客户，这样可以获得最大的经济效益。此外，行业间与企业间都存在关联性，某一行业或企业生产经营情况的变化，首先会引起与其关系最密切的行业或企业的注意。适当地运用委托推销助手来发掘新客户，拓展市场，是一个行之有效的方法。

6. 广告开拓法

广告开拓又称广告拉引法、广告吸引法，是指农产品经纪人利用各种广告媒介寻找准客户的方法。这种方法依据的是广告学的原理，即利用广告的宣传攻势，把有关产品的信息传递给广大的消费者，刺激或诱导消费者的购买动机和行为，然后经纪人再向被广告宣传所吸引的客户进行一系列的推销活动。

7. 资讯查阅寻找法

资讯查阅寻找法是指农产品经纪人通过收集、整理、查阅各种现有文献资料、网站资料、微博、微信群资料，来寻找准客户的方法。这种方法是利用他人所提供的资料或机构内已经存在的可以为其提供线索的一些资料，这些资料可帮助农产品经纪人较快地了解到大致的市场容量及准客户的分布等情况，然后通过电话拜访、微信交流等方式进行探查，对有机会发展业务关系的客户开展进一步的调研，将调研资料整理成潜在客户资料卡，就形成了一个庞大的客户资源库。

8. 市场咨询法

市场咨询法是指农产品经纪人利用社会上各种专门的行业组织、市场信息协会、联盟等服务部门所提供的信息来寻找准客户的办法。一些组织，特别是行业组织、技术服务组织、咨询单位等，他们手中往往集中了大量的客户资料和资源以及相关行业和市场信息，通过咨询的方式寻找准客户是一个行之有效的方法。

9. 网络搜寻法

网络搜寻法就是经纪人运用各种现代信息技术与互联网通信平台来搜索准客户的方法。它是信息时代的一种非常重要的寻找客户方法。近些年来，随着互联网技术的不断发展与完善，各种形式的电子商务和网络推销也开始盛行起来，市场交易双方都在利用互联网搜寻客户。互联网的普及使得在网上搜索潜在客户变得十分方便，借助互联网的强大搜索引擎，如 Google、Baidu、Yahoo、Sohu、微信群等，可以搜寻到大量的准客户。对于农产品新经纪人来说，网上寻找客户是很好的选择。

通过互联网，农产品经纪人可以获得以下信息：

（1）准客户的基本联系方式（不过你往往不知道那个部门的负责人，这需要电话销售配合）。

（2）准客户公司的介绍，可以了解公司目前的规模和实力。

（3）准客户公司的产品，可以了解产品的技术参数、应用的技术等。

（4）一些行业的专业网站会提供该行业的企业名录。一般会按照区域进行划分，也会提供一些比较详细的信息，例如中国农产品交易网、中国农副产品信息网等这些网站往往会提供比较多的信息。

10. 交易会寻找法

交易会寻找法是指利用各种交易会寻找准客户的方法。国际国内每年都有不少交易会，如广交会、高交会、农产品博览会等。充分利用交易会寻找准客户、与准客户联络感情、沟通了解，是一种很好的获得准客户的方法。参加展览会往往会让经纪人在短时间内接触到大量的潜在客户，而且可以获得相关的关键信息，对于重点意向的客户也可以做重点说明，约好拜访的时间。

11. 电话寻找法

电话寻找法是指农产品经纪人在掌握了准客户的名称和电话号码后，用打电话的方式与准客户联系而寻找准客户的方法。电话最能突破时间与空间的限制，是最经济、最有效率的接触客户的工具。

三、与客户沟通需要掌握的农产品相关知识

从一定意义上来说，农产品的经纪人应该是某一项农产品领域的专业人士，不仅要熟知农产品的基本含义，还要掌握一定的操作技能。比如对某项农产品如何去分辨优劣，怎么鉴定等级，具体的质量要求指标怎么掌握。又如，农产品大多都有保存期限问题，怎样去包装、储藏、运输才可以使农产品保持原样，也是很关键的问题。经纪人应掌握这些问题的处理方式，使自己的经纪工作顺利进行。

技能要求

一、根据经营需要建立客户

农产品的种类繁多，可根据各地区农产品的分布特点、发展趋势、市场上供求关系的变化、农产品的发展前景以及各地方政府的优惠政策等相关因素，结合自己的优势来确定要经营的农产品品种，有目的地寻找经营所需的客户资源。

二、建立客户的准备工作

准备好记事本、笔（最好是碳素笔）、录音笔等，有条件的可以用智能手机（具备拍照、计算器、记事本功能）或便携式手持无线农产品价格信息采集器，同时，还要携带名片夹（含名片）、简易公文包等。

梳理之前掌握的农产品信息，确定要进行联系沟通的客户对象。

三、建立客户的流程（步骤）

1. 根据掌握的客户信息提前对沟通内容进行设计，如绘制表格。

2. 根据自身经营需要寻找客户来源途径，如网络搜索、专业网站查询、农村

合作社组织、展销会等。

3. 确定客户范围和所要采取联系的方式，如电话邀约、直接拜访、发邮件等。

4. 根据与客户的沟通内容及时记录，定期回访。

5. 对客户资料进行管理

（1）对农产品客户进行分类

农产品包括粮食、棉花、蔬菜、水果、油料、畜产品、水产品等。根据所掌握的农产品的市场信息结合自身经营，按照类别对客户资料进行分类记录，以水果为例，可分为消费型客户、功能型客户（渠道商、代理商等）、生产型客户。也可将客户类型定义为大客户、中客户、小客户等几类，以便于对客户的管理。

（2）对农产品客户建立档案（数据库）

客户信息管理是客户资源管理中重要的组成部分，它为客户资源管理提供最基础的信息，为经营决策提供原始数据。客户资料往往是经纪人获得企业的第一手资料。一是企业信息。主要包括客户名称、所属行业、地址、邮编、电话号码、优惠条件、交货地、客户类型、客户性质等。可将客户类型定义为大客户、中客户、小客户，将客户性质分为是否为不良客户、流失客户、风险客户、中等信誉客户、高信誉客户等几类，以便于对客户的管理。二是购买决策人信息。客户对某类企业产品的购买往往是集体决策，生产部门、财务部门、研发部门等有不同程度的参与。购买决策人信息包括决策人的姓名、地址、联络方式等基本信息，同时还包括决策人注重方面（价格、功能、偏好等）。三是联络记录。要详细记载每次与客户联系的地点、时间、方式、费用开支、给予哪些优惠及提供产品和服务的记录，为争取和保持每个客户所做的其他努力和费用等。这些信息的记录都是为了对客户进行进一步联络时更加具有针对性，使专门与客户打交道的部门能够随时得到与客户相关的资料，真实和全方位地了解客户。

（3）对农产品客户的档案（数据库）进行管理

客户档案管理的内容包括客户基础资料、产品结构、市场竞争状况及市场竞争能力、交易状况，结合其资信能力、市场容量、经营业绩、客户组织架构、竞争对手状况等一系列的相关资料，并进行分析、归类、整理、评价，有能力的企业可以建立数学模型、用计算机来进行管理。

四、与客户的沟通技巧

1．与客户沟通的原则

（1）善于倾听的原则

1）与客户沟通时，在讲明己方来意，提出问题后，要多倾听客户的解释、说明与观点，不要自己滔滔不绝，不顾及他人。

2）良好的沟通技巧，不是与客户争辩，而是认真倾听后，再阐述自己的主张，让客户接受自己的观点，了解自己的意图。

（2）顾全客户的原则

1）要想说服客户，就应该顾全客户的面子。对于客户的观点，即使是错误，也不要一语点破。要给客户有下台阶的机会。

2）顾全客户的面子，客户才能会给你面子。

（3）不要太“卖弄”专业术语

1）平时在与一些农户的接触中，农户可能对有些专业术语听不懂，所以在沟通时，一是要简化专业术语，二是要将一些难懂的词语，变成大众易于接受的语言。最好的办法就是用简单的例子来比较，让客户容易了解接受。

2）在与客户沟通时，不要老以为自己高人一等。

（4）维护经纪人代理方的利益

1）维护经纪人代理方的合法利益是每一位经纪人应该做的，在与客户沟通时，不能以损失代理方的利益为代价，博取客户的欢心。

2）更不能以损失经纪人代理方或他人的利益，来换取客户对个人的感谢或谋取私利。

2．与客户沟通的技巧

（1）抓住客户的心

1）摸透对方的心理，是与人良好沟通的前提。只有了解掌握对方心理和需求，才可以在沟通过程中有的放矢。

2）可以适当地投其所好，如果对方能视你为他们的知己，那问题可能会得到较好的解决或起码你已成功一半。

（2）记住客户的名字

1）记住客户的名字，可以让客户感到愉快且能让其有一种受重视的满足感，这在沟通交往中是一项非常有用的法宝。

2）记住客户的名字，比任何亲切的言语起作用，更能打动对方的心。

（3）善于赞赏客户

1）人性最深切的渴望就是拥有他人的赞赏，这就是人类有别于其他动物的地方。

2）经常给客户夸赞一下客户的特长，也许就会改变一个人的一生。

3）用这种办法，可以进一步发挥人的潜能，使客户有被重视的感觉。

（4）学会倾听

1）在沟通中要充分重视“听”的重要性，善于表达出自己的观点与看法，抓住客户的心，使客户接受自己的观点与看法只是沟通成功的一半。那成功的另一半就是善于听客户的倾诉。

2）会不会听是一个人会不会与人沟通，能不能与人达到真正沟通的重要标志，做一名忠实的听众，同时，让客户知道你在听，不管是赞扬还是抱怨，你都得认真对待。

（5）付出真诚与热情

1）人总是以心换心的，你只有对别人真诚，客户才可能对你真诚。

2）在真诚对待客户的同时，还要拥有热情。

（6）选择不同的沟通方式

1）不同的沟通场合需要不同的沟通方式。

2）对不同人也需要采取不同的沟通方法。

（7）培养良好的态度

1）只有你具有良好的态度，才能让客户接受你、了解你。

2）在沟通时，你要像对待朋友一样对待你的客户。

学习单元 2　所经营农产品的相关知识

学习目标

了解所经营农产品的相关知识。

知识要求

一、农产品的相关知识

农产品涉及的范围非常广泛，而且随着市场经济的发展，农产品细分化的趋势愈加明显。作为农产品的经纪人来讲，除了掌握农产品基础知识之外，还应根据自己的实际情况有针对性地掌握自己所经纪的农产品的分布范围、品种类别、等级鉴定、市场价格、总体数量等相关内容，做到心中有数。同时，也应多了解经纪范围之外的农产品情况，抓住机会，拓宽经纪领域。

1. 农产品的附加产品知识

从一定意义上来说，农产品的经纪人应该是某一项农产品领域的专业人士，不仅要熟知农产品的基本知识，还要掌握农产品的保存期限等问题，熟悉怎样去包装、储藏、运输，才能够使农产品通过保鲜技术、运输方法运送到客户手中。经纪人应掌握这些问题的处理方式，使自己的经纪工作顺利进行。

2. 财务会计知识

农产品经纪人在具体的经纪活动中，不仅要核定自己的经营成本、利润等问题，而且还要给交易双方做些涉及农产品成本、利润等的相应的咨询服务，掌握一些财务会计基本知识是必要的。而且，作为经纪人来说，学好会计知识，有助于自己理财能力的提高。

3. 经营管理知识

农产品经纪人虽然提供的是中介服务，但整个经纪活动中蕴含着丰富的经营管理思想。经纪活动不是简单地联系农产品供需双方，而是一系列的经营活动。在这个经营活动中，需要经纪人了解市场需求，掌握农产品的采购、销售的若干方法；能根据实际情况对农产品发展趋势做出合理的判断与预测；对农产品成本做出正确的核算。从经纪人本身的发展着眼，如何运作整个经纪队伍，同样需要经营管理知识的帮助。

4. 经济地理知识

农产品地域性很强，而且我国幅员辽阔，农产品种类丰富多样。作为农产品的经纪人，应该多掌握农产品的分布概况、具体产地、交通状况等基本地理知识。必要的时候，还要对国外相关的农产品分布情况加以了解和熟悉，以扩大经纪空间。

5. 相关法律知识

在农产品的经营过程中，需要用法律、法规来规范、约束市场主体的经济活动。农产品经纪人同样要依法进行活动。精通政策和法律、法规，使自己的中介活动合理、合法，不仅能很好地完成委托人交给的任务，而且也可以运用法律武器保护自己的合法权益。

6. 信息技术应用知识

在信息社会，掌握信息是非常重要的。而能熟练地运用获取信息的工具同样也是很重要。农产品经纪人通常居住乡村，信息传递时常有一定的困难。所以，经纪人必须要克服不利的客观条件，不断学习掌握现代信息技术知识及手段，使自己在最有利的时间内掌握最新的信息。

二、农产品相关知识的掌握

《农产品经纪人（基础知识）》是农产品经纪人掌握农产品相关知识的基础培训教程，是农产品经纪人的入门课程。在掌握基础相关知识的同时，农产品经纪人还要结合自身所经营的农产品，掌握与客户沟通时能够遇到的或者会出现的相关知识。例如，农产品经纪人想要在本区域代理一项大米的业务，那么，他除了需要建立与国内一些大米生产厂家的联系外，还需要掌握我国稻谷的种植分布区域、主产区、稻谷的品种、粳米和籼米、东北大米、泰国大米、南方大米，以及国内大米的市场状况等相关知识。并时刻关注农业部公布的全国主要粮油批发市场的稻米近期、中期、长期的批发价格、货源情况。

三、农产品相关知识的储备

农产品经纪人除了临时掌握所经营的农产品的相关知识外，还要有意识地储备一些日常应用不到的知识，以备工作之需。

四、农产品相关知识的获取途径

1. 网络知识搜索；现代社会互联网络发达，通过电脑、平板电脑、手机等工具上网，浏览政府网站、行业门户网站、企业网站、公共平台，就可以搜集到所需要的农产品相关信息。

2. 通过阅读有关农产品图书资料获取相关知识。

3. 通过与同行业人士交流获得相关知识。

4. 通过参加与农产品相关的论坛、会议、培训获得农产品相关知识。

第 2 节　谈 判 订 约

学习目标

1. 了解谈判与订约的基础知识。
2. 熟悉谈判的技巧。
3. 掌握签约的时机。
4. 能够熟练地进行谈判和签约。

知识要求

一、农产品谈判的内容

1. 农产品的品质、数量、包装

农产品经纪人进行农产品经营活动时，要对自己卖出、买进或中介的产品品质、供求数量、包装规格等提前有个标准，这是与谈判方进行农产品交易合作的基础。

2. 农产品的运输、保险和检验

主要商谈农产品交易过程中所采取的运输方式是自提货，还是委托运输；是汽运、铁路运输，还是空运等形式；是专业冷藏运输，还是一般运输；是委托专业物流配送，还是对方雇用运输车辆运输。

一些特殊贵重的农产品在运输过程中，可能涉及货运保险，要确定由哪方进行保险，是由货运公司与保险公司签订，还是由企业与保险公司签订，这些需要按照行业内的规范去约定。

农产品谈判过程中会涉及农产品检验标准、验收标准，要由双方共同确定一个检验标准，或自行验收或委托农贸市场第三方机构检验，再确定是装货前验收还是到货验收。

3. 价格与结算方式

农产品的价格包括直接接货价格，含运费、装卸费的到货价格，在谈判的过程中，要算好间接成本和利润账，要在保证有盈利、不亏损的原则下进行谈判，最终达成双方都满意的价格。

4. 合同约定的其他条款

农产品经济活动在谈判的过程中还涉及其他条款，如农产品合同的签订。

附件：产品购销合同示范文本

合同编号：

供方（以下简称甲方）：

地址：

需方（以下简称乙方）：

地址：

根据《中华人民共和国合同法》及国家相关法律、法规之规定，甲乙双方本着平等互利的原则，就乙方购买甲方产品一事达成如下协议。

一、产品的名称、规格、数量和价格

产品名称	×××
规格	1 kg/包，20 包/箱
数量	
单价（元）	（以订货单价格签字为准）
总价（元）	

合计人民币金额（大写）：

二、产品质量要求及技术标准

产品质量要求按照____________________标准执行。

三、产品的交货单位、交货方法、运输方式、到货地点、交（提）货期限

1. 产品的交货单位：

2. 交货方法，按下列第（　　）项执行：

（1）甲方送货（国家主管部门规定有送货办法的，按规定的办法执行；没有规定送货办法的，按甲乙协议执行）。

（2）甲方代运（乙方代办运输，应充分考虑甲方的要求，商定合理的运输路线和运输工具）。

（3）乙方自提自运。

3. 运输方式：

4. 到货地点和接货单位（或接货人）：

乙方如要求变更到货地点或接货人，应在合同规定的交货期限前____天通知甲方，以便甲方编排运输计划；必须由乙方派人押送的，应在合同中明确规定；甲、乙双方对产品的运输和装卸，应按有关规定与运输部门办理交换手续，做出记录，双方签字，明确甲、乙方和运输部门的责任。

5. 产品的交（提）货期限：

规定送货或代运的产品的交货日期，以甲方发运产品时承运部门签发的戳记日期为准，当事人另有约定者，从约定；合同规定乙方自提产品的交货日期，以甲方按合同规定通知的提货日期为准。甲方的提货通知中，应给予乙方必要的途中时间，实际交货或提货日期早于或迟于合同规定的日期，应视为提前或逾期交货或提货。

四、货款结算

在双方签订本合同之日起三日内，乙方向甲方下单，并将50%的货款打到甲方指定账户；在交（提）货异议期满后，乙方再将剩余50%的货款打到甲方指定账户。

五、验收及异议期

1. 乙方在验收中，如果发现产品的品种、规格、质量不合规定，应一面妥为保管，一面在十天内向甲方提出书面异议；在托收承付期内，乙方有权拒付不符合同规定部分的货款。

2. 如乙方未按规定期限提出书面异议的，视为所交产品符合合同规定。

3. 乙方因保管不善等造成产品质量下降的，不得提出异议。

4. 甲方在接到需方书面异议后，应在十天内（另有规定或当事人另行商定期限者除外）负责处理，否则，即视为默认甲方提出的异议和处理意见。

六、违约责任

（一）甲方违约责任

1. 甲方不能交货的，应向乙方偿付不能交货部分货款的____%的违约金。

2. 甲方所交产品品种、规格、质量不符合同规定的，如果乙方同意利用，应当按质论价；如果乙方不能利用的，应根据产品的具体情况，由甲方负责包换或包修，并承担修理、调换或退货而支付的实际费用。甲方不能修理或者不能调换的，按不能交货处理。

3. 甲方因产品包装不符合同规定，必须返修或重新包装的，甲方应负责返修或重新包装，并承担支付的费用。乙方不要求返修或重新包装而要求赔偿损失的，甲方应当偿付乙方该不合格包装物低于合格包装物的价值部分。因包装不符合规定造成货物损坏或灭失的，甲方应当负责赔偿。

4. 甲方逾期交货的，应按全部货款金额每日千分之一计算，向乙方偿付逾期交货的违约金，并承担乙方因此所受的损失费用。

5. 甲方提前交货的产品、多交的产品和品种、质量不符合规定的产品，乙方在代保管期内实际支付的保管等费用以及非因乙方保管不善而发生的损失，应当由甲方承担。

6. 产品错发到货地点或接货人的，甲方除应负责运交合同规定的到货地点或接货人外，还应承担乙方因此多支付的一切实际费用和逾期交货的违约金。甲方未经乙方同意，单方面改变运输路线和运输工具的，应当承担由此增加的费用。

7. 甲方提前交货的，乙方接货后，仍可按合同规定的交货时间付款；甲方逾期交货的，甲方应在发货前与乙方协商，乙方仍需要的，甲方应照数补交，并负逾期交货责任；乙方不再需要的，应当在接到甲方通知后十五天内通知甲方，办理解除合同手续，逾期不答复的，视为同意发货。

（二）乙方的违约责任

1. 乙方中途退货，应向乙方偿付退货部分货款____%的违约金。

2. 乙方自提产品未按供方通知的日期或合同规定的日期提货的，应按全部货款金额每日千分之一计算，向甲方偿付逾期提货的违约金，并承担甲方实际支付的代为保管、保养的费用。

3. 乙方逾期付款的，应按全部货款金额每日千分之一计算向甲方偿付逾期付款的违约金。

4. 乙方违反合同规定拒绝接货的，应当承担由此造成的损失和运输部门的罚款。

5. 乙方如错填到货地点或接货人，或对甲方提出错误异议，应承担甲方因此所受的损失。

七、其他事项

1. 本合同自双方签字盖章之日起生效。合同有效期内，除非经过对方同意，或者另有法定理由，任何一方不得变更或解除合同。

2. 合同如有未尽事宜，须经双方共同协商，做出补充规定，补充规定与本合同具有同等效力。双方签订确认的订货单或传真件是本合同的有效组成部分，具体产品以订货单为准，传真件具有同等法律效力。

3. 双方来往函件，按照合同规定的地址以特快专递方式送达对方。如一方地址、电话、传真号码有变更，应在变更后的两日内书面通知对方，否则，应承担相应责任。

4. 本合同正本一式两份，双方各执一份。

甲方：（盖章）	乙方：（盖章）
法定代表人：	法定代表人：
联系地址：	联系地址：
联系电话：	联系电话：
银行账号：	

合同签订日期：　　　　　　　二〇一五年　　月　　日

二、农产品谈判的原则

农产品谈判主要是围绕农产品的收购、储运、销售以及销售代理、信息传递、服务等中介活动为内容进行的谈判，它是商务谈判的一种，理应遵循谈判的基本原则。

谈判原则是指在谈判过程中，谈判双方必须遵守的基本准则和规范。遵循必要的谈判原则，是谈判获得成功的基本保证。充分了解谈判原则，有助于掌握和运用谈判的策略和技巧，保护谈判当事人的权利与利益。

1. 真诚守信原则

真诚守信原则是一个重要谈判原则，它在商务谈判中的价值不可估量，它能使谈判由劣势变成优势，使优势更加发挥作用。

常言道“人事无信难立，买卖无信难成”，谈判各方人员的相互信任感会决定谈判有一个好的发展前途，因为信任感在谈判中是至关重要的。如果双方没有信任感，也就不可能有任何谈判，也不可能达成任何协议。只有出于真诚，双方才会认真对待谈判。

2. 平等自愿原则

平等自由原则要求商务谈判的双方或者多方坚持在地位平等、自愿合作的条件下建立合作关系，并通过平等协商、公平交易来实现双方的权利和义务。农产品谈判的平等是指在谈判中无论各方的经济实力强弱、组织规模大小，其地位是平等的。因此在谈判桌前无论企业大小、强弱、效益如何，都没有高低贵贱之分，相互之间都要平等对待。平等是谈判的基础，平等是衡量谈判成功的最基本的标准。

农产品商务谈判中的自愿是指具有独立行为能力的交易各方出于自身利益目标的追求，能够按照自己的意愿来进行谈判，并做出决定。而非外界压力或者他人的驱使来参加谈判。并且，任何一方都可以在任何时候退出或拒绝进行谈判。自愿是农产品商务谈判各方进行合作的重要前提和保证。

3. 讲求效益原则

讲求效益原则是指人们在农产品谈判中，应当讲求谈判效益，提高谈判效率，降低谈判成本。

4. 互利互惠原则

互利互惠原则是指农产品谈判的各方在利益上不仅考虑己方利益，也要适应对方需要，为对方着想，与之互通有无，最终实现等价交换，互利互惠，使双方都能得到满足。

互利互惠原则是谈判取得成功的重要保证。互利并不意味着一种利益的相等。因为人们在同一件事上很可能有不同的利益，在利益的选择上有多种途径。这就要求谈判者善于发现对方真实的和重要的需要。多考虑对方的合理利益，并善于构思多种方案，把“蛋糕”做大，尽可能给予对方心理和利益上的满足，使双方各取所需，互利双赢。

5. 灵活变通原则

灵活变通原则是指谈判者在把握己方最低利益目标的基础上，为了使谈判协议得以签署而考虑多种途径、多种方法、多种方式灵活地处理。农产品商务谈判具有很强的随机性，因为受到各种因素的制约，其变数很多，所以，只有在谈判中随机应变，灵活应对，加以变通，才能提高谈判成功的概率。这就要求谈判者具有全局、长远的眼光，敏锐的思维，灵活地进行运筹。即善于针对谈判内容的轻重、对象的层次和事先决定“兵力”部署和方案设计，而随时做出必要的改变，以适应形势需要，取得谈判的成功。

6. 遵守法律原则

农产品经济活动的宗旨是合法盈利，为此，任何农产品商务谈判都是在一定的法律约束下进行的，法律规范制约着商务谈判的内容和方法，所以农产品商务谈判还必须遵循守法的原则。

三、农产品谈判的技巧

1. 确定谈判态度

在农产品商业活动中面对的谈判对象多种多样，我们不能拿出同一样的态度对待所有谈判。我们需要根据谈判对象与谈判结果的重要程度来决定谈判时所要采取的态度。

如果谈判对象很重要，比如长期合作的大客户，而此次谈判的内容与结果对双方或己方并非很重要，那么就可以抱有让步的心态进行谈判，即在没有太大损失与影响的情况下满足对方，这样对于以后的合作会更加有力。

2. 充分了解谈判对手

正所谓，知己知彼，百战不殆，在谈判中这一点尤为重要，对对手的了解越多，越能把握谈判的主动权。

了解对手时不仅要了解对方的谈判目的、心里底线等，还要了解对方经营情况、行业情况、谈判人员的性格、对方的文化、习惯与禁忌等。这样便可以避免很多因文化、生活习惯等引发的矛盾，对谈判产生额外的障碍。还有一个非常重要的因素需要了解并掌握，那就是其他竞争对手的情况。比如，一场农产品采购谈判，作为供货商，要了解其他可能和自己谈判的采购商进行合作的供货商的情况，还有其他可能和自己合作的其他采购商的情况，这样就可以适时给出相较其他供货商略微优惠一点的合作方式，那么将很容易达成协议。如果对手提出更加苛刻的要求，我们也就可以把其他采购商的信息拿出来，让对手知道，我们是知道底细的，同时暗示，我们有很多合作的选择。反之，作为采购商，也可以采用同样的反向策略。

3. 准备多套谈判方案

谈判双方最初各自拿出的方案都是对自己非常有利的，而双方又都希望通过谈判获得更多的利益，因此，谈判结果肯定不会是双方最初拿出的那套方案，而是经过双方协商、妥协、变通后的结果。

在双方你推我拉的过程中常常容易迷失了最初的意愿，或被对方带入误区，此时最好的办法就是多准备几套谈判方案，先拿出最有利的方案，没达成协议就拿出其次的方案，还没有达成协议就拿出再次一等的方案，即使不主动拿出这些方案，但是心中可以做到有数，知道向对方的妥协是否偏移了最初自己设定的框架，这样就不会出现谈判结束后，仔细思考才发现，自己的让步已经超过了预计承受的范围。

4. 建立融洽的谈判气氛

在谈判之初，最好先找到一些双方观点一致的地方并表述出来，给对方留下一种彼此更像合作伙伴的潜意识。这样接下来的谈判就容易朝着一个达成共识的方向进展，而不是剑拔弩张的对抗。当遇到僵持时也可以拿出双方的共识来增强彼此的信心，化解分歧。也可以向对方提供一些其感兴趣的商业信息，或对一些不是很重要的问题进行简单的探讨，达成共识后双方的心理就会发生奇妙的改变。

5. 设定好谈判的禁区

谈判是一种很敏感的交流，所以，语言要简练，避免出现不该说的话，但是在艰难的长时间谈判过程中也难免出错，最好的方法就是提前设定好哪些是谈判中的禁语，哪些话题是危险的，哪些行为是不能做的，谈判的心理底线等。这样就可以最大限度地避免在谈判中落入对方设下的陷阱或误区中。

6. 语言表述简练

在农产品商务谈判中忌讳语言松散或像拉家常一样的语言方式，尽可能让自己的语言变得简练，否则，你的关键词语很可能会被淹没在拖拉冗长，毫无意义的语言中。因此，谈判时语言要做到简练，针对性强，争取让对方大脑处在最佳接收信息状态时表述清楚自己的信息，如果要表达的是内容很多的信息，比如合同书、计划书等，那么适合在讲述或者诵读时语气进行高、低、轻、重的变化，比如，重要的地方提高声音，放慢速度，也可以穿插一些问句，引起对方的主动思考，增加注意力。在重要的谈判前应该进行一下模拟演练，训练语言的表述、突发问题的应对等。在谈判中切忌模糊，啰唆的语言，这样不仅无法有效表达自己的意图，更可能使对方产生疑惑、反感情绪。

7. 农产品谈判技巧中的博弈

孙子曰“以迂为直”，克劳塞维斯将军也说过“到达目标的捷径就是那条最曲折的路”，由此可以看出，想达到目的就要迂回前行，否则直接奔向目标，只会引起对方的警觉与对抗。

应该通过引导对方的思想，把对方的思维引导到自己的包围圈中，比如，通过提问的方式，让对方主动替你说出你想听到的答案。反之，越是急切想达到目的，越是可能暴露了自己的意图，被对方所利用。

8. 谈判用耳朵取胜不是嘴巴

在谈判中我们往往容易陷入一个误区，那就是一种主动进攻的思维意识，总是在不停地说，总想把对方的话压下去，总想多灌输给对方一些自己的思想，以为这样可以占据谈判主动，其实不然，在这种竞争性环境中，你说的话越多，对方会越排斥，能入耳的很少，能入心的更少，而且，你的话多了就挤占了总的谈话时间，对方也有一肚子话想说，被压抑下的结果则是很难妥协或达成协议。反之，让对方把想说的都说出来，当其把压抑心底的话都说出来后，就会像一个泄了气的皮球一样，锐气会减退，接下来你再反击，对手已经没有后招了。更为关键的是，善于倾听可以从对方的话语中发现对方的真正意图，甚至是破绽。

9. 控制谈判局势

谈判活动表面看起来没有主持人，实则有一个隐形的主持人存在，不是你就是你的对手。因此，要主动争取把握谈判节奏、方向，甚至是趋势。主持人所应该具备的特质是：语言虽不多，但是招招中的，直击要害，气势虽不凌人，但运筹帷幄，从容不迫，不是用语言把对手逼到悬崖边，而是用语言把对手引领到崖边。并且，想做谈判桌上的主持人就要体现出你的公平，即客观地面对问题，尤其是在谈判开始时尤为重要，慢慢对手会被你潜移默化地引导，局势将向对你有利的一边倾斜。

10. 让步式进攻

在谈判中可以适时向对方提出一两个很高的要求，对方必然无法同意，己方在经历一番讨价还价后可以进行让步，把要求降低或改为其他要求。这些高要求己方本来就没打算会达成协议，即使让步也没损失，但是却可以让对方有一种成就感，觉得自己占得了便宜。这时，己方相较起这种比高要求要低的要求就很容易被对方接受，但切忌提出太离谱、过分的要求，否则对方可能觉得己方没有诚意。

四、客户的心理常识

客户的语言、行为变化过程往往是心理活动的反映，要主动与客户进行交流。交流时要态度诚恳、善于倾听，尽力了解想法、念头的来源，并进行分析，思考解决的办法。即使找不到合适的办法，交流过程也使客户倾吐和释放了想法，增加了对你的信任。

1. 顾客购买心理分析

一般性客户分为以下五类：

（1）豪爽的客户

对待这种客户，要有耐心，温和地与他交谈。直接跟客户说你的产品，介绍产品功能的重点和吸引人的地方。只要交谈得当引起了客户的购买欲，那么剩下就好办了，这种客户只要下定决心就是很爽快的。

（2）有依赖性的客户

他们可能有些胆怯，不能下决心。作为卖家的你态度要温和，富于同情心，站在买家的立场多为他们着想，多提些有益的建议。关键时刻，要想成交，你还得帮他们拿主意。这个时候你的态度一定要坚决。要他感觉到你非常认可这个产品，然后他也会根据你的感受来认可这个产品。

（3）对商品不满的客户

他们对商品怀有抵触心理。对待这种客户要坦率，说话要有见地、简洁。要有礼貌，保持自控能力。尽量多地展示产品的经典功能和新奇的东西。这样可以吸引他们。

（4）有试一试心理的客户

他们吹毛求疵，冷漠，通常寡言少语，对付这样的客户你得有坚韧的毅力，向客户展示你对商品的丰富的专业知识，以此来打动他。

（5）常识性客户

他们一般表现得比较有礼貌、有理智。最有效的方法就是你用理智和友好的态度来对他，翔实地说明产品的性能。通过与客户简单的对话，你要大概能了解或者是能揣测出客户的需求及类型。然后看好并把握好他的弱点，进行沟通，这样做起来就容易多了。

2. 针对不同客户心理，抓住客户的技巧

（1）面对说“太贵了”的客户

在与客户交谈时，我们常常听到客户说你的价格“太贵了”，其实大多数情况下，客户说贵就表示他有点中意这个产品。并不是说这个东西不值这么多钱，只是要付出钱对他来说有点“贵了”，那么这个时候，你千万别说“价格可以商量”之类的话，你应该尽量向客户展示产品的优势。要让客户明白他花这么多钱是“物有所值”。

（2）面对说“我再考虑一下”的客户

当听到说“让我考虑考虑吧，或者是让我考虑下，过几天再来之类的话”也许你认为差不多就要成功了的时候可千万别高兴。尤其是新手卖家，俗话说“打铁要趁热”当他在说出这句话的时候表示他有了拒绝的意思了，或者是有了动摇的想法了，这个时候你就应该主动出击，询问客户真正的想法。

（3）面对犹豫不决的客户

跟犹豫不决的客户做生意，你得花很多的时间，要有足够的耐心。这个时候心态一定要好。因为有些客户缺乏判断力，那么你就得就客户喜欢的那个产品，努力地向他推荐。翔实地说明它的优势。

（4）面对说“以前用过，不好的”客户

采用询问式的方法是和这种客户打交道的最好的方法。若客户说，“你们的产品我以前用过，很差”，此时或许你会反驳客户。激动的还会和客户吵起来。对客户来说，无论他说什么反对意见都没有绝对的恶意的，此时我们就可以询问客户到底是对产品哪些地方有意见或者是有看法。然后再一步一步根据他说的来罗列证据，说服他。对于成见太深的客户，我们只要做到尽力就可以了。

总之跟客户打交道或者是跟客户沟通，没有固定的模式可循。作为农产品经纪人要保持不变的就是自己的心态。诚信可嘉，心态至上，当你的思想或者心态达到一种“无欲无求”的境界的时候你就变得坚不可摧，战无不胜。放在销售上来说就是：不要患得患失，不要害怕失去客户而变得紧张，束缚自己的手脚。在与客户沟通的过程中，讲话要得体，心态要平和。就算你这次做不了这个生意，也没什么大不了，只要你做好了这个客户的服务，那么客户会再回来的，而且会越来越多。

技能要求

一、谈判与订约

1. 谈判

谈判是有关方面就共同关心的问题互相磋商，交换意见，寻求解决的途径和达成协议的过程。谈判有广义与狭义之分。广义的谈判是指除正式场合下的谈判外，一切协商、交涉、商量、磋商等，都可以看作谈判。狭义的谈判仅仅是指正式场合下的谈判。

谈判之所以能够进行，并能够最终达成协议，取决于以下几个方面：一是双方各有尚未满足的需要；二是双方有共同的利益，又有分歧之处；三是双方都有解决问题和分歧的愿望；四是双方能彼此信任到某一程度，愿意采取行动达成协议；五是最后结果能使双方互利互惠。

以上条件为谈判的进行确立了基础，也为双方的合作提供了前提。因此，谈判作为人们为满足各自的某种需要而进行的一种交往活动，在它的发生和发展过程中具有以下几个一般特征：

（1）谈判是一个通过不断调整各自需求，最终使各谈判方的需求相互得以调和、互相接近从而达成一致意见的过程。

（2）谈判具有“合作”与“冲突”的二重性，是“合作”与“冲突”的对立统一。谈判的合作性表现在：通过谈判而达成的协议对双方都有利，各方利益的获得是互为前提的。而谈判的冲突性则表现在：谈判各方希望自己在谈判中获得尽可能多的利益，为此要进行积极的讨价还价。

（3）谈判是为达到“互惠”的目的，但并非绝对均等的情况下，互利互惠、皆大欢喜是谈判的一般结局。那种企图造成所谓一方全赢或全输的谈判，势必导致谈判的失败乃至今后交往的中断。大量实践表明，这不是谈判发展的趋势。谈判的结果应是互惠的，但是这种互惠又不是绝对均等的，有可能一方获利多一些，另一方获利少一些。造成这种谈判结果的主要原因在于：双方的需求有差异，对利益的认识、分析、评价标准也不一致。同时，谈判双方所拥有的实力、地位与谈判的技能也各不相同，因而不可能达到谈判利益的绝对均等。

（4）谈判是“公平”的。尽管谈判的结果不是绝对均等的，而且不论这个结果是多么不均等，但是，谈判作为一种竞技活动，在智力的较量，策略、技巧的运用上，双方是各具自由度的。同时，谈判的双方对谈判结果均具有否决权，因此，可以说谈判是“公平”的。

2. 订约的流程

（1）定下约定。

（2）约定定金。

（3）签订合作意向或合同条款。

二、谈判前的准备工作

农产品商务谈判存在复杂多变的问题，因此，要做好充分的准备。只有做好了充分准备，才能在谈判中随机应变，灵活处理，从而避免谈判中利益冲突的激化。因而要准备的工作也很多，一般包括谈判者自身的分析和谈判对手的分析、谈判班子的组成、精心拟定谈判目标与策略，必要时还要进行事先模拟谈判等。

1. 知己知彼，不打无准备之战

在谈判准备过程中，谈判者要在对自身情况做全面分析的同时，设法全面了解谈判对手的情况。自身分析主要是指进行项目的可行性研究，对对手情况的了解主要包括对手的实力（如资信情况）、习俗、风土人情以及谈判对手的谈判人员状况等。

2. 选择高素质的谈判人员

农产品商务谈判在某种程度上是双方谈判人员的实力较量。谈判的成效如何，往往取决于谈判人员的知识方面和心理方面的素质。此外，作为一个农产品经纪人，还应具备一种充满自信心、具有果断力的心理状态。

在进行谈判时，要选择合适的人选组成谈判团队。谈判团队成员各自的知识结构、角色要具有互补性，从而在解决各种问题时能驾轻就熟，并有助于提高谈判效率，在一定程度上减轻了主谈人员的压力。

3. 拟定谈判目标，明确谈判最终目的

准备工作的一个重要部分就是设定已方让步的限度。商务谈判中经常遇到的问题就是价格问题，这一般也是谈判利益冲突的焦点问题。在谈判前，双方都要确定一个底线，超越这个底线，谈判将无法进行。这个底线的确定必须有一定的合理性和科学性，要建立在调查研究和实际情况的基础之上，如果把目标确定得过高或把价格确定得过低，都会使谈判中出现冲突，最终导致谈判失败。

4. 制定谈判策略

每一次谈判都有其特点，要求有特定的策略和相应战术。在农产品经济活动中，采取一个合理的谈判策略，可以使双方在交易中建立融洽的商业关系，使谈判成功，各方都能受益。但一个纯粹的合作关系也是不切实际的。当对方寻求最大利益时，会采取某些竞争策略。因此，在谈判中采取合作与竞争相结合的策略会促使谈判顺利结束。这就要求在谈判前制定多种策略方案，以便随机应变。

农产品经纪人需要事先计划好，如果必要时可以做出哪些让步。核算成本，并确定怎样让步和何时让步。重要的是在谈判之前要考虑几种可供选择的竞争策略，可以取得额外的让步。

5. 谈判地点的确定

谈判地点的确定不是一件无所谓的事情。在选择谈判地点时通常要考虑：即将展开的谈判中力量的对比，可选择地点的多少和特色，双方的关系，费用等。谈判现场布置的好坏，会直接影响谈判的气氛。一般来说，谈判场地最好能安排两个房间，一间作为主谈室，另一间作为密谈室，有可能的话再配一间休息室。

6. 谈判座位的安排

谈判座位安排是很有讲究的。不同的座位安排对谈判的气氛，对谈判各方在谈判工程中的内部交流与控制都有影响。

三、谈判的一般流程

1. 开局阶段

开局阶段是指谈判双方见面后到进入具体实质性谈判之前的那段时间和经过，主要包括建立谈判气氛、交换意见和陈述方案三个内容。

(1) 建立洽谈气氛策略

谈判内容、形式、地点的不同，其谈判气氛也各不相同，通常商贸谈判的气氛有以下几种情况：

1) 热烈的、积极的、友好的。双方抱着互谅互让，通过共同努力而签订一个皆大欢喜的协议，使双方的需要都能得到满足的态度来参加谈判，使谈判变成轻松愉快的事情。

2）冷淡的、对立的、紧张的。双方抱着寸土不让、寸利必夺、尽可能签订一个使自己的利益最大化的协议的态度来参加谈判，使谈判变成没有硝烟的战争。

3）平静的、严肃的、严谨的。

4）松垮的、慢腾的、持久的。

5）介于上述四种之间的气氛。更多的谈判气氛介于上述四种之间：热烈当中包含着紧张，对立当中存在着友好，严肃当中有着积极。一般来讲，通过谈判气氛，我们可以初步感受到对方谈判人员谈判的气质、个性、对本次谈判的态度以及采取的谈判方针。

谈判气氛是在谈判一开始，由双方谈判人员的相互介绍、寒暄形成的，随着谈判的进展会发生变化，会对谈判的全过程及至谈判的结果产生作用和影响。因此，在开局阶段，谈判人员的任务之一就是要为谈判建立一个合适的气氛，为以后各阶段的谈判打下良好的基础。

（2）交换意见策略

谈判人员在谈判最初的几分钟，通过愉快的、非业务性的话题，建立了谋求一致的谈判气氛，接着双方将就本次谈判交换意见，意味着谈判的正式开始。双方能否很好地交换意见，不仅直接影响到能否继续巩固发展已经建立起来的谈判气氛，还决定着后续谈判能否顺利进行。因此，探讨交换意见策略是十分必要的。

（3）开场陈述方案策略

开场陈述有两个目的：一是陈述各方立场，二是探测对方意图。因此，开场陈述应把握以下几点：陈述的内容、陈述的方式以及对方对建议的反应。开场陈述的内容是指谈判人员要巧妙地应用策略，明白无误地阐述己方的立场和观点。这时，必须把彼此的观点向对方阐明。一般来说开场陈述有以下内容：①己方对问题的理解，即认为这次会谈应涉及的问题；②己方的利益，即希望通过洽谈所取得的利益；③己方的首要利益，即阐明哪些方面对己方来说是至关重要的；④己方可向对方做出让步的事情，己方可以采取何种方式为双方获得共同利益做出贡献；⑤己方的立场，包括双方以前合作的结果，己方在对方所享有的信誉，今后双方合作可能出现的机会和障碍。

2. 实质性阶段

谈判的实质性阶段是指谈判双方依据所提的交易条件进行广泛磋商的阶段。这个阶段是谈判双方开始真正地根据对方在谈判中的所作所为来不断调整各自策略的过程，也是一个信息逐渐公开，筹码不断变化，障碍不断清除，努力走向成交彼岸的过程。

这个过程的实质是通过对交易条件的讨价还价，从分歧、对立、差距到协调一致，包括对谈判双方分歧的分析、施加压力和抵御压力、提出要求与让步、形成僵局和打破僵局等复杂内容，从而决定谈判的速决、拖延或是破裂。因此，这一阶段把握如何，对能否达到预期的目标，取得谈判的成功，起着决定性的作用。

3. 签约阶段

当谈判到了快成交的阶段时，为了使其能圆满结束，选择结束谈判的方式是至关重要的。谈判的结束方式包括每一场谈判的结束方式和整个谈判的结束方式。只是一旦决定结束洽谈，主谈人一定要讲明原因，为继续开谈留有后路。

整个洽谈的结束有两种可能，一种是洽谈破裂，一种是达成协议而成交。当谈判可能破裂时，主谈在把握整个洽谈结束时，要充分注意洽谈的气氛和可能的转机。当对方主谈宣布其最后立场和观点后，己方主谈人应设身处地为对方分析其立场的利弊。并言辞友好、态度诚恳，使对方感到己方的诚意。尽管对方态度坚决，但如果对方十分谨慎的话会进一步考虑的。

一般情况下，应该回避促其退却的语句，比如“行，我们就此结束”“随便你，我们是不会改变立场的”“你不谈，要走，我欢送”等话，这类言辞听起来均带有情绪化的成分，让人接受不了，只能加速关系破裂的进程。相反，应积极分析对方已亮出的观点和立场，应以类似这样的语言：“这是我方的看法，贵方可以三思”“如果贵方还有谈的可能，我们将愿意与贵方继续谈判下去”“我方的大门总是敞开着的，贵方什么时候有新的想法，可以通过某某与我方联系”“贵方目前的态度我方是可以理解的，但请贵方与领导汇报一下，若有什么新的建议，我们将十分乐意听到”等。也可给对方一个释放肝火的机会，或给其一个台阶。经验证明，给对方台阶的做法对于那些以强硬语句相要挟的对手来说，可以网开一面，留个活路，有时复谈也是可能的。相反，如果处理不当，会使假性破裂变成真性破裂。一旦进入真性破裂，关系就会更加紧张进而会影响到未来的交往，再想弥补就十分困难。

当谈判成交时，双方应及时握手以结束谈判。但在握手时，主谈人应对所有的达成一致的问题加以清理，以防止遗漏，为最后的签约做好准备。这时可以讲：“很高兴双方达成协议，使艰苦的洽谈得以结束。让我们双方清理一下已达成的协议，以便形成文字。若有遗漏允许补充”“我们很高兴与贵方达成协议，我们将向上级汇报我们的洽谈结果，若有什么问题再商量，请贵方原谅”。这样讲既能留有余地，又不失礼节。

最后，应将所有谈判的结果形成文字，包括技术附件和合同文本。并约定好签约的时间和方式等具体操作性问题。

四、谈判注意的事项

在谈判的过程中，销售人员要注意以下事项：

1. 营造建设性的谈判氛围的重要性

谈判需要策略，但却不能一味讲策略而忽略了人情。从整体上来讲，农产品经纪人通常要营造亲和的氛围。虽然双方有各自的立场，但良好的关系对于双方的长远发展有着不可忽视的作用。虽然在买方市场的环境下占据一定优势，但不可否认，采购方有时也会面临货源紧张的情况，这时就需要销售方帮忙解决提前发货的问题。由此可见，营造亲和氛围至关重要。

2. 营造建设性氛围的技巧

营造建设性的谈判氛围，需要做到以下几个方面：

（1）微笑

微笑是一种积极的态度，乐观的精神，真诚的微笑能够拉近人与人之间的距离。

（2）倾听

有些农产品经纪人不知道到底是说重要，还是听重要；有些人则质疑，既然自己已经通过多种渠道充分了解了客户的信息，是否还有必要听。实际上，除了表示尊重、把握客户需求、了解信息的作用之外，倾听还起着一个十分显著的作用——使诉说者愉悦。

（3）有效提问

有效提问是农产品经纪人必须掌握的核心技巧。有些农产品经纪人拜访客户时，还没有和客户深入交谈，就开始滔滔不绝地介绍产品，这是一种错误的行为。有经验的农产品经纪人会随时记录客户的不同要求，根据客户的情况设计问题。如果与客户不熟悉，最好的做法是以销售五大要素的信息提问开场，显示自己的专业性，给对方留下好印象。

（4）赞美

开场三句话中要有一句是赞美，这是销售中很重要的一个原则。农产品经纪人要将赞美作为自己的本能，善于观察，发现客户优点，适时称赞。因为客户会在潜意识里把是否赞美他作为一个认同自己观点标尺，而农产品经纪人在对客户的某一优点进行赞美时，客户会认为这是对自己的认同，有助于拉近彼此的关系。

（5）局部认同

当客户提出异议时，绝对不能彻底反驳，而要对对方进行局部认同。

例如，客户提出产品价格过高，销售人员可以回答：“您重视价格，说明您有非常丰富的经验。”这样，就从追求性价比的角度对客户进行了肯定。

（6）守时

守时已经成为职场的重要标识。守时意味着对事情的重视，也代表了对时间的驾驭能力。对于销售人员来说，守时不仅是一种意识，更是一种提前预估风险的能力。例如，安排好时间，尽量规避可能发生的堵车事件；提前分析可能遇到的困难，准备好多种备份方案。

（7）幽默感

适度的幽默感可以化解不必要的尴尬，是调节谈判气氛必不可少的添加剂。

（8）适当退让

“以退为进”是销售人员应该学会的谈判技巧，在谈判中学会适当退让。

3. 谈判礼仪

人与人交往，尤其是与陌生人交往时，行为举止直接体现了人品和素质。销售人员经常与客户打交道，基本的修养礼仪是必备的。

（1）握手

握手的基本要求是力度要轻，方向要正。男士和女士见面时，应该由女士先伸手；领导（尊者）和一般人员见面时，应该由领导先伸手。

（2）递接名片

为了表示尊重，递接名片时都要用双手；接到他人名片之后要轻声念出对方的职位；在整个谈话过程当中，要将名片放在桌面最显著的地方；在谈判结束时，尽量将名片放在自己的上衣口袋里。

（3）迎送

通常情况下，接待和己方最高领导级别对等的领导时，要派一个级别稍低的人员去机场迎接，而不是最高领导亲自接机。在对方到达之后，己方领导需要到办公楼门口迎接。

（4）会议入场

如果是团队间的沟通或者谈判，事先要让一般工作人员准备就绪，再请领导入座。因为如果中途有人入座打断谈话，是非常不礼貌的行为。规模较大的企业或场合通常会设置休息室，可以让领导在工作人员准备会场时在此闲聊，待工作人员准备就绪之后，再请双方领导入座，并鼓掌欢迎。

（5）用餐场合

在用餐场合中，入座顺序恰好与会议入场的入座顺序相反，应该先请领导入座，其他人员才能入座。

（6）服饰

服饰礼仪方面，农产品经纪人在正式场合最好不要穿黑色衬衣或黑色圆领衫，而要选择让人感觉清爽干净的白色或浅色衬衣。此外，穿着服饰正式与否要视场合而定，例如，到粉尘较大、环境欠佳的单位考察时，就不需要穿着正式服装。

（7）礼物

通常情况下，每个单位都会明确规定禁止员工接受贵重物品，并且会对礼品的价值金额上限做限定。因此，农产品经纪人在公开场合最好不要赠送礼品，这也是对对方的一种尊重。

第3章

粮食品级鉴别

学习目标

1. 了解粮食作物品级知识。
2. 熟悉粮食品级划分标准。
3. 掌握粮食品级鉴别质量标准。

知识要求

一、主要粮食作物的生产与分布

1. 稻谷

稻谷是我国主要粮食作物之一。我国种植稻谷有着悠久的历史，是世界上产稻谷最多的国家。稻谷在全国粮食生产量和人民生活消费中均占第一位。稻谷按其对土壤、水分的适应性程度，可分为旱稻和水稻两类。我国主要种植水稻，旱稻种植极少。水稻按其品种不同，可分为籼稻、粳稻和糯稻；按其成熟期可分为早稻、中稻和晚稻。水稻在我国分布很广，除了个别高寒或干旱地区以外，从北纬18.5°的海南岛到北纬52°的黑龙江呼玛县，从东部的台湾到西部的新疆都有分布。水稻的分布广而不均，南方多而集中，北方少而分散。大致分为两大产区。

（1）南方稻谷集中产区

秦岭—淮河以南、青藏高原以东的广大地区，水稻面积占全国的95%左右。按地区差异，又可分为三个区。

1）华南双季籼稻区。包括南岭以南的广东、广西、福建、海南和台湾五省区。该区属于热带和亚热带湿润区，水、热资源丰富，生长期长，复种指数大，是我国以籼稻为主的双季稻产区。海南等低纬度地区有三季稻的栽培。

2）长江流域单、双季稻区。包括南岭以北、秦岭—淮河以南的江苏、浙江、安徽、江西、湖北、湖南、重庆、四川、上海等省市和豫南、陕南等地区。该区地处亚热带，热量比较丰富，土壤肥沃，降水丰沛，河网湖泊密布，灌溉方便，历年来水稻种植面积和产量分别占全国2/3左右，是我国最大的水稻产区。该区以长江三角洲、里下河平原、皖中平原、鄱阳湖平原、赣中丘陵、洞庭湖平原、湘中丘陵、江汉平原以及成都平原等最为集中。长江以南地区大多种植双季稻，长江以北地区大多实行单季稻与其他农作物轮作。籼稻和粳稻均有分布。

3）云贵高原水稻区。本区地形复杂，气候垂直变化显著，水稻品种也有垂直分布的特点，海拔2 000 m左右地区多种植籼稻，1 500 m左右地区是粳、籼稻交错区，1 200 m以下种植籼稻。本区以单季稻为主。

（2）北方稻谷分散区

秦岭—淮河以北的广大地区是属单季粳稻分散区。稻谷播种面积占全国稻谷总播种面积的5%左右。具有大分散、小集中的特点。主要分布在以下三个水源较充足的地区：东北地区水稻主要集中在吉林的延吉、松花江和辽河沿岸；华北地区主要集中于河北、山东、河南三省及安徽北部的河流两岸及低洼地区；西北地区主要分布在汾渭平原、河套平原、银川平原和河西走廊、新疆的一些绿洲地区。

北方分散产区的水稻以一季粳稻为主，稻米质量较好。

2. 小麦

小麦是我国仅次于稻谷的第二大粮食作物。我国也是小麦栽培最古老的国家之一，约有4 500年的历史。小麦是温带性旱地作物，品种较多，耐旱、适应性强，我国大部地区适宜种植小麦，小麦可分为春小麦和冬小麦两大类，我国以冬小麦分布面积最大，占小麦播种面积的80%以上。

（1）春小麦区

我国春小麦占全国小麦总产量的10%以上，主要分布于长城以北，岷山、大雪山以西气候寒冷、无霜期短的地区，小麦只能在春天播种，当年收割，是一年一熟制作物。其中黑龙江、内蒙古、甘肃和新疆为主要产区。

（2）北方冬麦区

分布在长城以南，六盘山以东，秦岭—淮河以北的各省区，包括山东、河南、河北、山西、陕西等省，是我国最大的小麦生产区和消费区。该区小麦的播种面积和产量均占全国的2/3以上，有我国的“麦仓”之称。

（3）南方冬麦区

分布在秦岭—淮河以南、横断山以东地区。安徽、江苏、四川和湖北等省为集中产区，大部分为棉麦和稻麦两熟制。本区居民以稻米为主食，故小麦商品率较高。

3. 玉米

玉米属高产作物，经济价值较高，是我国最主要的杂粮，在粮食作物中产量仅次于水稻、小麦，居第三位。在世界范围内，产量仅次于美国，居第二位。玉米对自然条件要求不严格，在我国分布很广，各地都有分布，其中以吉林、山东、河北、辽宁、四川产量最多。

4. 其他作物

（1）高粱

高粱具有抗旱、耐涝、耐盐碱、适应性强的特性，所以在我国北方干旱地区、涝洼及盐碱地区多有种植。高粱在我国分布很广，以东北平原最为集中，其次为黄河中下游和淮北平原一带。

（2）谷子

谷子是我国传统粮食作物。谷子具有较强的抗旱能力，需水量少，对土壤要求不严格，生长期较短。谷子容易储藏，适宜作储备粮，营养价值较高，主要分布在淮河以北直至黑龙江的克山地区。

二、我国常见粮食作物的品种分类

1. 稻谷

稻谷分为早籼稻谷、晚籼稻谷、粳稻谷、籼糯稻谷、粳糯稻谷五类。

（1）早籼稻谷

生长期较短、收获期较早的籼稻谷，一般米粒腹白较大，角质粒较少。水稻品种之一。稻株比粳稻稍高，分蘖力强，但秆软易倒伏。米粒细长，无黏性。

（2）晚籼稻谷

生长期较长、收获期较晚的籼稻谷，一般米粒腹白较小或无腹白，角质粒较多。

（3）粳稻谷

粳型非糯性稻谷的果实，籽粒一般呈椭圆形，米质黏性较大、胀性较小。

（4）籼糯稻谷

籼型糯性稻的果实，糙米一般呈长椭圆形或细长形，米粒呈乳白色，不透明，也有呈半透明状（俗称阴糯），黏性大。

（5）粳糯稻谷

粳型糯性稻的果实，糙米一般呈椭圆形，米粒呈乳白色，不透明，也有呈半透明状（俗称阴糯），黏性大。

2. 小麦

（1）硬质白

小麦种皮为白色或黄白色的麦粒不低于90%，硬度指数不低于60的小麦。

（2）软质白

小麦种皮为白色或黄白色的麦粒不低于90%，硬度指数不高于45的小麦。

（3）硬质红

小麦种皮为深红色或红褐色的麦粒不低于90%，硬度指数不低于60的小麦。

（4）软质红

小麦种皮为深红色或红褐色的麦粒不低于90%，硬度指数不高于45的小麦。

（5）混合小麦

不符合以上规定的小麦。

3. 大豆

大豆按种皮的颜色和粒形分为五类：

（1）黄大豆

种皮为黄色，脐为黄褐、淡褐或深褐色的籽粒不低于95%的大豆。按粒形又分东北黄大豆和一般黄大豆两类。

（2）青大豆

种皮为绿色的籽粒不低于95%的大豆。按其子叶的颜色分为青皮青仁大豆和青皮黄仁大豆两种。

（3）黑大色

种皮为黑色的籽粒不低于95%的大豆。按其子叶的颜色分为黑皮青仁大豆和黑皮黄仁大豆两种。

（4）其他色大豆

种皮为褐色、棕色、赤色等单一颜色大豆。

（5）混合豆

不符合以上规定的大豆。

4. 玉米

（1）黄玉米

种皮为黄色，或略带红色的籽粒不低于95%的玉米。

(2) 白玉米

种皮为白色，或淡黄色或略带粉红色的籽粒不低于95%的玉米。

(3) 混色玉米

黄白颜色之外的其他颜色玉米。

三、我国常见粮食的规格等级及质量标准

1. 稻谷质量标准

各类稻谷以出糙率为定等指标，3 等为中等（见表 3—1）。

表 3—1　早籼稻谷、晚籼稻谷、籼糯稻谷质量指标

<table>
<tr><th>等级</th><th>出糙率/%</th><th>整精米率/%</th><th>杂质/%</th><th>水分/%</th><th>黄粒米/%</th><th>谷外糙米/%</th><th>互混率/%</th><th>色泽、气味</th></tr>
<tr><td>1</td><td>≥79.0</td><td>≥50.0</td><td rowspan="5">≤1.0</td><td rowspan="5">≤13.5</td><td rowspan="5">≤1.0</td><td rowspan="5">≤2.0</td><td rowspan="5">≤5.0</td><td rowspan="5">正常</td></tr>
<tr><td>2</td><td>≥77.0</td><td>≥47.0</td></tr>
<tr><td>3</td><td>≥75.0</td><td>≥44.0</td></tr>
<tr><td>4</td><td>≥73.0</td><td>≥41.0</td></tr>
<tr><td>5</td><td>≥71.0</td><td>≥38.0</td></tr>
<tr><td>等外</td><td><71.0</td><td>—</td><td></td><td></td><td></td><td colspan="3"></td></tr>
<tr><td colspan="9">注：“—”为不要求</td></tr>
</table>

2. 小麦质量标准（见表 3—2）

表 3—2　小麦质量要求

<table>
<tr><th rowspan="2">等级</th><th rowspan="2">容重/（g/L）</th><th rowspan="2">不完善粒率/%</th><th colspan="2">杂质/%</th><th rowspan="2">水分/%</th><th rowspan="2">色泽、气味</th></tr>
<tr><th>总量</th><th>矿物质</th></tr>
<tr><td>1</td><td>≥790</td><td rowspan="2">≤6.0</td><td rowspan="5">≤1.0</td><td rowspan="5">≤0.5</td><td rowspan="5">≤12.5</td><td rowspan="5">正常</td></tr>
<tr><td>2</td><td>≥770</td></tr>
<tr><td>3</td><td>≥750</td><td rowspan="2">≤8.0</td></tr>
<tr><td>4</td><td>≥730</td></tr>
<tr><td>5</td><td>≥710</td><td>≤10.0</td></tr>
<tr><td>等外</td><td><710</td><td>—</td><td></td><td></td><td></td><td></td></tr>
<tr><td colspan="7">注：“—”为不要求</td></tr>
</table>

3. 大豆质量标准（见表3—3）

表3—3　　大豆质量标准

等级	完善粒率/%	损伤粒率/%		杂质/%	水分/%	色泽、气味
		合计	热损伤粒			
1	≥95.0	≤1.0	≤0.2			
2	≥90.0	≤2.0	≤0.2			
3	≥85.0	≤3.0	≤0.5	≤1.0	≤13.0	正常
4	≥80.0	≤5.0	≤1.0			
5	≥75.5	≤8.0	≤3.0			

4. 玉米质量标准（见表3—4）

表3—4　　玉米质量标准

等级	容重/（g/L）	不完善粒率/%		杂质/%	水分/%	色泽、气味
		总量	生霉粒			
1	≥720	≤4.0				
2	≥685	≤6.0				
3	≥650	≤8.0				
4	≥620	≤10.0	≤2.0	≤12.5	正常	
5	≥590	≤15.0				
等外	<590	—				

注："—"为不要求

技能要求

一、工作名称：主要粮食品级的鉴别

二、工作准备：主要粮食品级鉴别的准备工作

1. 按照抽样标准，选好要检验的主要粮食样品。

2. 掌握所要检验的主要粮食的检验项目和内容。

3. 设计检验的感官检测、其他检测方法。

4. 做好主要粮食的检验工具准备、品级鉴定记录。

三、工作程序：主要粮食品级鉴别的流程

1. 类别和品种的鉴定

一般籼稻较细长，粳稻较短阔；早稻壳色稍深，晚稻壳色稍淡；粳稻花斑较多，糯谷茸毛密长；籼糙组织较疏松，粳糙较坚实；早米腹白粒多、腹白大，晚米腹白较少、腹白也小。

2. 稻谷出糙率的鉴定

主要根据类型、品种、色泽、籽粒大小、饱满程度、成熟程度、皮壳厚薄，不完善粒含量、有无泥芽谷、死青和瘪谷的多少、籽粒软硬、米粒纵沟深浅、腹白大小等因素来判断。一般粒大饱满、壳薄、壳紧包糙米者出糙率较高。

3. 小麦容重的鉴定

主要根据籽粒成熟饱满度、结构紧密度、角质率多少等因素来判断。平时通过仪器对比，用心体会品种和质量不同与容量不同的小麦在手上的感觉，反复锻炼，即可提高鉴定的准确性。

4. 玉米、大豆纯粮率的鉴定

主要根据玉米和大豆杂质、不完善粒（未熟粒、损伤粒等）的多少等因素判断。鉴定时先估测杂质和不完善粒含量，并掌握玉米和大豆的大、中、小粒的粒重，以便估测不完善粒重量，然后再参照纯粮率计算公式，心算纯粮率。

5. 水分的鉴定

均匀取样品少量，放入手掌上，用另一手掌后部用力徐徐研磨，使谷壳脱下，用口吹去谷壳，糙米表面易脱皮、光滑，碎粒少，断口有碎片而锐利的，水分在 12.5% ~13%；如糙米表面毛糙，碎粒多，断口无碎片，光泽不大明显，有少量粉末粒，水分较高，约在 15%；糙米起毛较重者，则水分更高。

6. 杂质和不完善粒的鉴定

（1）手抖法

用手抓起一把谷，轻轻地做斜面抖动，谷粒徐徐下坠，灰杂则积聚在手掌及指缝内。一般杂质在 0.5% 以下的，手掌及指缝内灰杂很少，不明显；1% 左右的，

灰杂较少，稍明显；1%以上的，灰杂稍多，明显。

（2）摇振法

将谷样撮放在小圆形器皿中（选筛底或木盒均可），先用手搅拌翻动，再摇动1 min左右，瘪谷、谷壳、稻芒、植物的根茎叶和未熟、虫蚀、生芽等粮粒大部分积聚在表部中心；灰土、砂石等大部分积聚在底部。先看表部，后看底部，根据查看的结果，来判断杂质及不完善粒的含量多少。

7. 大米综合质量的鉴定

看硬度：表面光亮，整齐均匀，组织密致，硬度好，角质多，刚性高而外观却显柔软，含蛋白质较多，品质较好；米粒瘦少，碎米多，硬度低的则质量欠佳。看腹白：米粒的腹部有一个不透明的白斑，在中心部位叫“心白”，在外腹部叫“外白”。腹白小的蛋白质含量多，则质量为佳。看爆腰：米粒表面出现横裂纹的叫“爆腰米”，裂纹越多，质量越差，做饭时易“夹生”。看新陈：新米色泽新鲜，有清香气味；陈米色泽深暗，表面有粉状物或白纹沟，柔韧性变弱，易碎，黏度降低，食用时，口味淡、香气薄、口感粗糙、饱腹时间短。

8. 大米精度的鉴定

（1）对样法

将检验样品与标准样品同时摊在桌面上，由点到面进行全面比较。先比较粒面留皮面积的大小和多少，再比较背沟留皮线条的粗细和长短程度，以确定其精度。以早籼米为例，一般来说，标一米粒面留皮成小块状，背沟留皮成短线或细线；标二米粒面留皮成块状，背沟留皮成细线；标三米粒面留皮面积大，而且较明显，背沟留皮成粗线。

（2）留胚率参考法

以早籼米为例，一般来说，标一米留胚率在40%左右，大部分籽粒胚眼较浅；标二米留胚率在50%左右，籽粒胚眼均较浅；标三米留胚率在60%左右，籽粒胚眼均浅。但由于各个品种特性不同，也有种种特殊情况，应注意灵活掌握。

9. 大米含碎率的鉴定

用手抓一把大米，散开手掌，再用右手食指将大米从左手掌上一层一层缓慢地扒下，边扒边看；或将米样倒入手心，上下反复抛动，碎米一般聚在下层，根据下层碎米数量，来判断含碎率。这两种方法最好与标准样品同时进行对照鉴定。

10. 大米含谷、含稗、含砂石的鉴定

用手抓一把大米，分别算出其中谷、稗、砂石粒数，再根据“手抓量”乘以一定的乘数，即为 1 kg 含谷、稗、砂石粒数。

11. 糯米和非糯性米的鉴定

籼糯米呈长椭圆形或细长形，粳糯米呈椭圆形，米质均呈乳白色，不透明，也有半透明类似晚籼米的“阴糯”，通常没有腹白，硬质粒少，米饭黏性最大，胀性最小，出饭率最低。籼米呈长椭圆形或细长形，其中早籼灰白无光，米质疏松，腹白大，米饭胀性大，黏性小，出饭率高，食味淡，饭粒松散；晚籼色泽比较明亮，半透明、腹白不甚明显，硬度、黏性中等，出饭率比早籼低，食味较好。粳米呈椭圆形、米质蜡白有光泽，透明或半透明，腹白小，硬度大，米饭黏性大，胀性较小，出饭率低，饭粒柔软香滑，可口耐饥。根据以上特点大致可以区别籼米、粳米、糯米，但糯米中的“阴糯”是否为糯米，可采取加热 80 ~ 100℃烘半小时的办法鉴别，如加热后米粒变成乳白色不透明，则为糯米。

12. 粉状粮食牙碜和面粉质量的鉴定

产生牙碜的主要原因是粉中混有尘土或细砂。鉴定时用门牙压摩粉样，感觉是否牙碜。正常粉状粮食无牙碜感觉，如有，则表示含砂量超过标准。新鲜优质面粉为白色或微黄色，不发暗；劣质面粉呈灰白色或深黄色，发暗，色泽不均匀。如颜色白得出奇，或用手摸捏面粉，有爽滑感觉，很可能添加了增白剂或滑石粉等有害物质。

13. 色泽、气味、口味鉴定

（1）鉴定色泽

将粮样放在手掌上或薄薄匀摊在黑色的样品盘内（或黑纸上），在光线较好的室内（最好采用北向，避开日光直射），仔细察看其颜色，必要时，也可以用新鲜的标准样品加以对照，判断是否正常。

（2）鉴定气味

在开袋口或开仓时，马上用鼻子嗅味；或取少量试样放在手掌中握暖，并用哈气的方法，提高试样温度后立即嗅其气味；或将试样放入盛有 60 ~ 70℃的温水杯中，盖上盖子，浸 2 ~ 3 min 后，把水倾出立即嗅其气味，判断是否正常，有无其他不良气味。

（3）鉴定口味

取少量试样放入口中，慢慢咀嚼辨别滋味；或将试样煮成熟食后再用口细尝，判断是否正常，有无其他恶味及酸霉苦味。在一般情况下，色、气、味的变化是互相制约的，三项中如有两项不够正常，多数情况下，另一项也是不够正常。

四、注意事项

能应用感官、简易工具对抽取的样品进行品种鉴别及定级，误差率不超过规定标准的 40%。

第4章

果蔬及花卉品级鉴别

第1节　果蔬及花卉的品种、质量、等级的一般知识

学习目标

1. 了解果蔬及花卉品种知识。
2. 熟悉果蔬及花卉质量要求。
3. 掌握果蔬及花卉等级分类。

知识要求

一、所经营的水果分类及质量标准

1. 水果分类

水果含有多种营养成分，可以调节体内代谢、预防疾病、增进健康。按照园艺分类法，水果可分为以下几类：

(1) 仁果类

本类水果属于蔷薇科。果实的食用部分为花托、子房形成的果心，所以从植物学上称为假果，例如苹果、梨、海棠、沙果、山楂、木瓜等。其中苹果和梨是北方

的主要果品。

1）苹果。苹果品种有400多个。苹果按收获季节不同，可分为伏苹果、秋苹果，以秋苹果品质最好，耐储藏。伏苹果的主要品种有黄魁、红魁、祝光等。秋苹果的主要品种有红香蕉、红玉、青香蕉、黄香蕉、国光、红富士等。如图4—1所示。

图4—1　苹果

2）梨。梨的种类按果实形态可分为白梨系列、秋梨系列、砂梨系列、西洋梨系列。如图4—2所示。

图4—2　梨

3）山楂。山楂又称山里红，主产区在河南、河北、山东、山西，9月下旬收获，是我国特有的水果。它不但有很高的营养价值，药用价值也很高，其铁和钙的含量特别丰富，钙的含量在各种水果中占第一位，其维生素C的含量比苹果多17倍。山楂的主要品种有大山楂、水山楂、大金星等。如图4—3所示。

4）枇杷。枇杷又称芦橘，主产于我国的浙江、江苏、安徽、江西、湖南、广东等省，一般在5—6月成熟上市，含有较高的营养成分。枇杷的种类主要有草种枇杷、白种枇杷等。如图4—4所示。

图4—3　山楂

图4—4　枇杷

(2) 核果类

本类水果属于蔷薇科。食用部分是中果皮。因其内果皮硬化而成为核，故称为核果。例如桃、李子、杏、梅、樱桃等。

1）桃。桃的品种有 800 多个，如水蜜桃类、蟠桃类、油桃类、硬桃类等。桃一般都皮薄而难与果肉剥离，果肉致密或柔软多汁，但不耐储运。如图 4—5 所示。

2）杏。杏含有较多的蛋白质、钙和磷，胡萝卜素的含量在核果中占首位。常见的品种有兰州大接杏、华县大接杏、大香白杏、沙金红、仰韶黄杏等。如图 4—6 所示。

图 4—5　桃

图 4—6　杏

3）李子。李子的品种有 40 多个。常见的品种有樵李、朱砂红李、玉皇李、西安大黄李、济源黄甘李、绥德转子红李等。如图 4—7 所示。

图 4—7　李子

(3) 坚果类

这类水果的食用部分是种子（种仁）。在食用部分的外面有坚硬的壳，所以又称壳果或干果。例如栗子、核桃、山核桃、榛子、开心果、银杏、香榧等。

(4) 浆果类

果实含有丰富的浆液，故称浆果。例如葡萄、醋栗、树莓、猕猴桃、草莓、番木瓜、石榴、人参果等，其中葡萄是我国北方的主要果品之一。

葡萄：葡萄的产地主要分布在新疆、河北、山东、山西、辽宁、安徽、河南。常见的品种有玫瑰香、马奶子、莎芭珍珠、巨峰、圆白葡萄、龙眼、无核白、紫牛奶、葡萄园皇后等。其中以皮厚而富有蜡质层的品种耐储藏。如图

4—8 所示。

（5）柑橘类

柑橘类包括柑、橘、橙、柚、柠檬五大类。此类果实是由若干枚子房联合发育而成的，其中果皮具有油胞，是其他果实所没有的特征。食用部分为若干枚内果皮发育而成的囊瓣（又称瓣囊或盆囊）和内生汁囊（或称砂囊，由单一细胞发育而成）。

图 4—8　葡萄

常见的品种有早橘、乳橘、蜜橘、红橘、叶糯等。橘类的果实大小不一，呈扁圆形，果皮有橙黄、橙红、朱红，皮薄而宽松，果皮易剥，中络较少。

1）柑类。常见的品种有福建厦门的芦柑、广东湖州的招柑、新会的新会柑、浙江温州的蜜柑等。柑类果实的形状多呈球形，果实个儿比橘类大。果皮橙黄，油胞突起，白皮层比较厚、皮较紧、不如橘类易剥。

2）橙类。主要常见的品种有广东的香水橙、柳橙、新会橙、漳州橙、雪橙、四川锦橙、石棉脐橙、红玉血橙、湖北叶橙、湖南血橙等。橙类果实一般比橘类大，比柑类小，近于球形或卵圆形。果皮包得紧、光滑，难剥离，成熟时呈淡黄色或橙黄色。果肉呈白色或粉红色，种子大而多，极耐藏。

3）柚类。常见的品种有福建的文旦柚、坪山柚，广西的沙田柚，四川的梁山柚，浙江的四季柚，台湾的葡萄柚。果实巨大，皮厚可达 1 cm，油胞大，难剥离，成熟时呈淡黄色或橙黄色。果肉呈白色或粉红色，种子大而多，极耐藏。

（6）什果类

本类水果有枣（在非林产品中介绍）、柿子、无花果。

（7）热带及亚热带水果类

热带和亚热带水果有香蕉、凤梨、龙眼、荔枝、橄榄、杨梅、椰子、番石榴、杨桃等。

1）香蕉。香蕉主产于广东、台湾、福建、广西、云南、四川、贵州等地。常见的品种有香蕉、大蕉、龙牙蕉、西贡蕉等。果实成串，八成熟时果皮为绿色，果肉生硬，不宜立即食用，但耐储藏；成熟后果皮为黄色，果肉软嫩而滑腻，味甘美且芳香，富含淀粉和糖分。如图 4—9 所示。

2）荔枝。荔枝的产地主要分布在广东、福建、广西，四川、台湾、云南亦有少量种植。常见的品种有三月红、糯米枝、黑叶、桂味、元红、兰竹、妃子笑、尚书怀等，成熟的果实皮色为鲜红或紫红，果肉半透明，柔嫩清脆，香浓多汁。如图 4—10 所示。

图 4—9　香蕉

图 4—10　荔枝

3）龙眼。龙眼的产地主要分布在福建、广东、广西、台湾、四川、云南、贵州。常见的品种有早白、中仔、只仔、乌龙岭等。如图 4—11 所示。

图 4—11　龙眼

2. 水果质量标准

我国现行的水果及水果制品的标准有：

（1）国标标准：如《鲜苹果》（GB/T 10651—2008）等。

（2）行业标准：如林业行业标准中的《梨枣》（LY/T 1920—2010），农业行业标准中的《红富士苹果》（NY/T 1075—2006）等。

（3）地方标准：如《北京果品等级　鲜苹果》（DB11/T 599—2008）等。

以上这些标准种类繁多，归口不一，在实践中应根据不同的区域、不同的情况、不同的用户需求去执行不同的标准。

二、所经营的蔬菜分类及质量标准

1. 蔬菜分类

我国栽培蔬菜的常见品种有一百多种，其中主要栽培的有四五十种。在同一种中，有许多变种，每一变种又有不同的类型和品种。由于蔬菜的类型和品种繁多，因此，蔬菜分类的方法也很多。如按植物学特性分类、按食用部分分类、按农业生物学分类、按温度分类、按光照分类、按营养成分分类、按食用方法分类等。根据农产品经纪人实践的实用性和操作性，这里仅介绍农业生物学分类。

农业生物学分类是以蔬菜的农业生物学特性作为依据的分类方法。这种分类比较适合于生产上的要求。可分为以下几类：

（1）根菜类

指以膨大的肉质直根为食用部分的蔬菜。包括萝卜、胡萝卜、大头菜、芜菁、根用甜菜等。这类蔬菜在生长期喜温和冷凉的气候。在生长的第一年形成肉质根，储藏大量的养分，到第二年抽薹开花结实。一般在低温下通过春化阶段，长日照下通过光照阶段。要求轻松深厚的土壤。用种子繁殖。

（2）白菜类

以柔嫩的叶丛、叶球、嫩茎、花球供食用。如白菜（大白菜、小白菜）、甘蓝类（结球甘蓝、球茎甘蓝、花椰菜、抱子甘蓝、青花菜）、芥菜类（榨菜、雪里蕻、结球芥菜）。这类蔬菜生长期间需湿润和凉爽气候及充足的水肥条件。温度过高、气候干燥则生长不良。除采收菜薹及花球外，一般第一年形成叶丛或叶球，第二年抽薹开花结实。栽培上要避免先期抽薹。均用种子繁殖，直播或育苗移栽。

（3）绿叶蔬菜

以幼嫩的叶或嫩茎供食用。如莴苣、芹菜、菠菜、茼蒿、芫荽、苋菜、蕹菜、落葵等。其中多数属于二年生，如莴苣、芹菜、菠菜。也有一年生的，如苋菜、蕹菜。这类蔬菜的共同特点是生长期短，适于密植和间套作，要求极其充足的水分和氮肥。根据对温度的要求不同，又可将它们分为两类：菠菜、芹菜、茼蒿、芫荽等喜冷凉不耐炎热，生长适温为15～20℃，能耐短期霜冻，其中以菠菜耐寒力最强。苋菜、蕹菜、落葵等喜温暖不耐寒，生长适温为25℃左右。喜冷凉的主要作秋冬栽培，也可作早春栽培。

（4）葱蒜类

以鳞茎（叶鞘基部膨大）、假茎（叶鞘）、管状叶或带状叶供食用。如洋葱、大蒜、大葱、香葱、韭菜等。这类蔬菜根系不发达，吸水吸肥能力差，要求肥沃湿润的土壤，一般耐寒。长日条件下形成鳞茎，低温通过春化。可用种子繁殖（洋葱、大葱、韭菜），也可无性繁殖（大蒜、分葱、韭菜）。以秋季及春季为主要栽培季节。

（5）茄果类

指以果实为食用部分的茄科蔬菜，包括番茄、辣椒、茄子等。这类蔬菜要求肥沃的土壤及较高的温度，不耐寒冷，对日照长短要求不严格，但开花期要求充足的光照。采用种子繁殖，一般在冬前或早春利用扩地育苗，待气候温暖后定植于大田。

（6）瓜类

指以果实为食用部分的葫芦科蔬菜。包括南瓜、黄瓜、甜瓜、瓠瓜、冬瓜、丝瓜、苦瓜等。这类蔬菜茎蔓性，雌雄同株而异花。依开花结果习性，有以主蔓结果为主的西葫芦、早黄瓜。有以侧蔓结果早、结果多的甜瓜、瓠瓜，还有主侧蔓几乎能同时结果的冬瓜、丝瓜、苦瓜、西瓜。瓜类蔬菜要求较高的温度及充足的阳光。西瓜、甜瓜、南瓜根系发达，耐旱性强。其他瓜类根系较弱，要求湿润的土壤。生产上，利用摘心、整蔓等措施来调节营养生长与生殖生长的关系。瓜类蔬菜一般采用种子繁殖，直播或育苗移栽。春种夏收，有的采收可延长到秋季，还可夏种秋收。

（7）豆类

指以嫩荚或豆粒供食用的豆科蔬菜。包括菜豆、豇豆、蚕豆、豌豆、扁豆、刀豆等。除了豌豆及蚕豆耐寒力较强能越冬外，其他的都不耐霜冻，须在温暖季节栽培。豆类根瘤具有生物固氮作用，对氮肥的需求量没有叶菜类及根菜类多。种子繁殖，也可育苗移栽。

（8）薯芋类

指以地下块茎或块根供食用的蔬菜，包括茄科的马铃薯、天南星科的芋头、薯蓣科的山药、豆科的豆薯等。这些蔬菜富含淀粉，耐储藏，要求疏松肥沃的土壤。除马铃薯生长期短不耐高温外，其他的生长期都较长，且耐热不耐冻。均用营养体繁殖。

（9）水生蔬菜类

指需生长在沼泽地区的蔬菜。如藕、茭白、慈菇、荸荠、水芹、菱等。这些蔬菜宜在池塘、湖泊或水田中栽培。生长期间喜炎热气候及肥沃土壤。除菱角、芡实以外，其他的一般无性繁殖。

（10）多年生蔬菜类

指一次种植后可采收多年的蔬菜。如金针菜、石刁柏、百合等多年生草本蔬菜及竹笋、香椿等多年生木本蔬菜。此类蔬菜根系发达、抗旱力强，对土壤要求不严格，一般采用无性繁殖，也可用种子繁殖。

（11）食用菌类

食用菌类是指能食用、无毒的草菇、香菇、金针菇、竹荪、猴头、木耳、银耳等。它们不含叶绿素，不能制造有机物质供自身生长。必须从其他生物或遗体、排泄物中吸取现存的养分。培养食用菌需要温暖、湿润肥沃的培养基。常用的培养基有牲畜粪尿、棉籽壳、植物秸秆等。

2. 蔬菜质量标准

蔬菜是城乡居民生活必备的重要农产品。2012 年全国蔬菜种植面积 2 033 万 hm^2（3.05 亿亩），占农业种植总面积的 12.45%；总产量突破 7 亿 t（中华人民共和国国家统计局，2014），占世界蔬菜总产量的 51.89%，居世界第一（联合国粮食与农业组织，2014）。另据海关总署统计，蔬菜已成为中国传统的出口创汇和平衡农产品贸易逆差的重要农产品（中华人民共和国海关总署，2014a，2014b）。

虽然中国蔬菜产量大幅增长、品种日益丰富、质量不断提高、市场体系逐步完善，但在蔬菜商品标准化、等级分类方面仍然存在很大的不足。以商品化处理为例，在发达国家，商场、超市、集贸市场供应的蔬菜几乎 100% 为商品化处理后的产品，而在中国此比例不足 25%（瞿廷广和王庆华，2007）。

在蔬菜等级标准方面，我国目前还没有统一的“一个机构”负责制定农产品的分等分级标准，国家标准化管理委员会、农业部、商务部、林业部等多个部门都参与相关标准的制定工作。而分等分级作为农产品商品化处理的一个重要环节，目前，在中国蔬菜流通、贸易及产地初加工环节并未被给予应有的重视及规范。一些大型的商业连锁超市都在制定自己的蔬菜商品化分类等级验收标准。

（1）我国蔬菜种植与产品标准构成

国家标准文献共享服务平台按照中国标准分类编号一级目录农业、林业类（B）、二级目录经济作物类（B30/39）统计，所有瓜果、蔬菜种植与产品（B31）目录中共收录相关标准 1 243 条，其中国内标准 1 217 条、国际标准 26 条。

国内标准中：地方标准 666 条，占标准总数的 54%；行业标准 439 项，包括农业行业标准（NY）311 项、商品检验行业标准（SN）80 项、商业行业标准（SB）43 项、林业行业标准（LY）4 项及环保行业标准（HJ）1 项，占标准总数的 35%；国家标准（GB）91 项，占标准总数的 7%；其他国家标准 21 条，约占标准总数的 2%。SN、LY 及 HJ 均不含蔬菜分等分级相关标准。

（2）蔬菜分等分级国家标准

蔬菜种植与产品国家标准多为通则类产品，如《蔬菜名称（一）》（GB/T 8854—1988）、《新鲜水果和蔬菜　取样方法》（GB/T 8855—2008）、《良好农业规范　第 5 部分：水果和蔬菜控制点与符合性规范》（GB/T 20014.5—2013）等。唯一的农产品质量分级通则类标准《农产品质量分级导则》（GB/T 30763—2014）归类于农业、林业类（B）的经济作物类（B00/09）农业、林业综合下的标准化、质量管理（B00）目录。

（3）现阶段参考执行的两个行业主要标准

中国蔬菜分等分级农业行业标准类型构成和中国蔬菜分等分级商业行业标准类型构成，见表 4—1、表 4—2。

表 4—1　　中国蔬菜分等分级农业行业标准类型构成

序号	蔬菜类型	蔬菜种类	分级标准数目
1	根菜类	13	1
2	白菜类	6	2
3	甘蓝类	9	2
4	芥菜类	3	1
5	茄果类	9	3
6	豆类	12	2
7	瓜类	20	4
8	葱蒜类	14	4
9	叶菜类	52	4
10	薯芋类	12	3
11	水生蔬菜	11	1
12	多年生蔬菜	20	1
13	芽菜类	12	0
14	野菜类	13	0
15	食用菌	25	4

表 4—2　　中国蔬菜分等分级商业行业标准类型构成

序号	蔬菜类型	蔬菜种类	分级标准数目
1	绿叶菜类	30	1
2	白菜类	17	1
3	根菜类	18	2
4	豆类	16	1
5	瓜类	14	4
6	葱蒜类	12	3
7	茄果类	7	2
8	薯芋类	15	2
9	多年生蔬菜	10	1
10	水生蔬菜	10	1
11	芽菜类	14	0
12	野菜蔬菜	15	0
13	食用菌类	28	0
14	其他类	3	0

农业行业标准侧重于蔬菜生产、收购过程的标准执行，商业行业标准侧重于蔬菜在流通市场批发、零售标准的执行。农产品经纪人作为蔬菜生产、购销的参与者，可以根据国家、地方的蔬菜相关的标准，灵活掌握，参与蔬菜的购销经营活动。

三、所经营的花卉分类及质量标准

我国花卉资源十分丰富，栽培历史悠久，素有“花园之母”之称。近年来，我国花卉业发展尤为迅速，取得了令人瞩目的成就，已成为国民经济建设中的一项新兴产业。花卉产业作为一项占地面积小、科技含量高、经济效益大的优势产业，在城市近郊快速发展起来。它是农业种植结构调整的重要方向，是吸纳农村剩余劳动力、提高农民收入水平的重要手段。

花卉包括鲜切花、盆栽花卉、观叶植物、庭院花卉、绿化苗木、观赏树木、草坪等几大类，它以独特的景观价值成为美化人们生活、绿化环境的重要组成部分。花卉产业除了上述花卉产品直接的生产、加工、运输、销售之外，还包括种子种苗、专用花肥、育花基质、园林机械等辅助产业。

1. 花卉分类

花卉有很多分类方法，我国的林学、农学专业花卉教材中，按生物学特性将花卉分为以下几大类：

（1）草本花卉

1）一年生花卉：在一个生长季中完成生活史的植物。播种、开花、结实、枯死都在一个生长季中完成，一般春天播种，夏秋开花结实，然后枯死。常见的种类：凤仙花、鸡冠花、波斯菊、百日草、半支莲、麦秆菊、万寿菊。如图 4—12、图 4—13 所示。

图 4—12　凤仙花

图 4—13　鸡冠花

2）二年生草花：此类花卉第一年秋季播种，第二年春季开花，夏季种子成熟后枯死，亦为草本植物。它们的生长周期虽不满两年，但跨年度生长。如三色堇、石竹、金盏菊、瓜叶菊、紫罗兰、雏菊、风铃草、矢车菊、花菱草、矮雪轮等。如图 4—14、图 4—15 所示。

图 4—14　紫罗兰

图 4—15　雏菊

3）宿根草花：此类花卉冬季地上部分枯死或留存，根系在土壤中宿存，翌年春暖后重新萌发生长，为多年生草本植物。如菊花、芍药、荷兰菊、蜀葵、耧斗菜、萱草、玉簪、鸢尾、桔梗等。如图4—16、图4—17所示。

图4—16　菊花

图4—17　芍药

4）球根类花卉：此类花卉地下部分肥大呈球状或块状的多年生草本植物。按形态特征可以分为：

①球茎类：地下茎呈球形或扁球形，被革质外皮，内部实心，质地较硬。如唐菖蒲、小苍兰等。

②鳞茎类：地下茎呈鳞片状，外被纸质外皮的为有皮鳞茎，如水仙、朱顶红、郁金香等；在鳞片的外面没有外皮包被的称无皮鳞茎，如百合。

③块茎类：地下茎呈不规则的块状或条状，新芽着生在块茎的芽眼上，须根着生无规律性。如白头翁、马蹄莲、海芋等。

④根茎类：地下茎肥大呈根状，上具明显的节，并有横生分枝，每个分枝的顶端为生长点，须根自节部簇生而出。如美人蕉、玉簪、鸢尾、荷花等。

⑤块根类：主根膨大呈块状，外被革质厚皮，新芽着生在根茎部分，根系从块根的末端生出。如大丽花等。

5）多年生常绿草本观叶花卉：此类草本花卉无明显的休眠期，四季常青，地下为须根系，在北方均为温室栽培花卉。如文竹、吊兰、万年青、君子兰、鸭趾草等。如图4—18、图4—19所示。

6）兰科花卉：指兰科观赏价值高的各种花卉。

①中国兰花：为原产于我国亚热带及暖温带地区的兰属花卉，为草本丛生性植物，属地生类型，如墨兰、建兰、春兰、惠兰、台兰等。

②热带兰类：原产于热带雨林中，植株呈攀缘状，多有气生根，附生在其他物

体上生长，属附生兰类型，其花朵多，花色丰富多彩。如卡特兰、兜兰、石斛兰、贝母兰、蝴蝶兰等。

图 4—18　文竹

图 4—19　万年青

7）水生类花卉：大多属多年生，根系有发达的通气组织，终年生长于水中或在沼泽地。常见的有荷花、睡莲、水葱、菖蒲等。如图 4—20、图 4—21 所示。

图 4—20　荷花

图 4—21　水葱

8）蕨类植物：包括很多种，如铁线蕨、肾蕨、巢蕨、长叶蜈蚣草、卷柏、观音莲座蕨、金毛狗等。可做切花用，也可盆栽或庭院中栽植。如图 4—22、图 4—23 所示。

（2）木本花卉

1）落叶木本花卉。

①落叶灌木类：地上部分无主干和侧生枝，多呈丛状生长。如月季、牡丹、迎春、榆叶梅、贴梗海棠等。

②落叶乔木类：地上部分有明显主干，侧枝从主干上发出，植株直立高大。如桃花、梅花、海棠、石榴、红叶李等。

③落叶藤本类：地上部分不能直立生长，茎蔓多攀缘在其他物体上。如紫藤、葡萄、金银花、木香、凌霄等。

图 4—22　铁线蕨

图 4—23　观音莲座蕨

2）常绿木本花卉。

①常绿亚灌木类。

②常绿灌木类。

③常绿乔木类。

④常绿藤本类。

（3）多浆（肉质）类植物

植株茎叶肥厚，肉质状，茎叶常退化为针刺或羽毛状，外形奇特。常见的有仙人掌科的昙花、蟹爪兰、令箭荷花等，凤梨科的小雀舌兰等。如图 4—24、图 4—25 所示。

图 4—24　昙花

图 4—25　蟹爪兰

2. 花卉质量标准

现阶段我国已经制定和颁布的花卉质量标准有花卉基础标准、产品质量标准、检测技术标准、包装标识标准等。

花卉基础标准只有 1 个，是由国家林业局主持制定的林业行业标准《花卉名称》（LY/T 1576—2000），该标准规定了栽培与野生、木本与草本、藤本与竹类、观花与观叶、观果与观枝等共 4 708 种花卉的名称，包括中文名称、拉丁学名及中文别名。

我国花卉产品质量标准主要分国家标准、行业标准、地方标准和企业标准。

行业标准最早由农业部制定，原国家质量技术监督局于 2000 年 11 月 16 日发布了花卉系列的 7 个国家标准。从 2001 年 4 月 1 日开始实施。标准的标准号和标准名称如下：

《主要花卉产品等级　第 1 部分：鲜切花》(GB/T 18247.1)；

《主要花卉产品等级　第 2 部分：盆花》(GB/T 18247.2)；

《主要花卉产品等级　第 3 部分：盆栽观叶植物》(GB/T 18247.3)；

《主要花卉产品等级　第 4 部分：花卉种子》(GB/T 18247.4)；

《主要花卉产品等级　第 5 部分：花卉种苗》(GB/T 18247.5)；

《主要花卉产品等级　第 6 部分：花卉种球》(GB/T 18247.6)；

《主要花卉产品等级　第 7 部分：草坪》(GB/T 18247.7)。

目前，我国有关花卉质量检测方法标准仅有《林木种子检验规程》(GB 2772—1999)和《主要造林树种苗木质量分级》(GB 6000—1999)，但这两个标准的可操作性不强，对于花卉种子的检测具有极大的局限性。《主要花卉产品等级》第 1、第 2、第 3、第 7 部分也包含有检测方法标准。另外，由上海、昆明、广州 3 家农业部花卉质量监督检验测试中心分别制定的《花卉植物真菌病害检测规程》(NY/T 1281—2007)、《花卉植物病毒检测规程》(NY/T 1491—2007)、《花卉植物寄生线虫检测规程》(NY/T 1280—2007) 是目前唯一针对花卉制定的检测花卉真菌、病毒、线虫的花卉生产方面的检测技术方法标准。①

目前，我国花卉的包装标识标准中，专门的包装标准只有 1 个，即云南省制定的《花卉包装运输用纸箱》(DB53/T 106—2003)，该标准规定了鲜切花、种苗、种条及相关花卉使用的纸箱箱型分类、基本箱型和代号、技术要求、试验方法、检验规则、包装、储存、运输及标志等。其他部分标准中也包含有包装标准，如《主要花卉产品等级》和《石斛兰切花》(NY/T 591—2002) 等 8 个国家标准和农业行业标准。

① 王丽花，黎其万，等. 我国花卉质量标准现状及与国外比对分析，农业质量标准，2008 (2).

第 2 节　果蔬及花卉的鉴别方法及规格质量

学习目标

1. 了解果蔬及花卉的鉴别方法。
2. 熟悉果蔬及花卉的规格质量。
3. 掌握果蔬及花卉的等级分类。

知识要求

一、果蔬质量等级鉴别及规格

1. 主要水果的质量等级鉴别及规格

（1）苹果（见表 4—3）

表 4—3　鲜苹果质量等级要求

项目	等级		
	优等品	一等品	二等品
果形	具有本品种应有的特征	允许果形有轻微缺点	果形有缺点，但仍保持本品的基本特征，不得有畸形果
色泽	红色品种的果面着色比例的具体规定参见 GB/T 10651—2008，其他品种应具有本品种成熟时应有的色泽		
果梗	果梗完整（不包括商品化处理造成的果梗缺省）	果梗完整（不包括商品化处理造成的果梗缺省）	允许果梗有轻微损伤

（2）柑橘

果实达到适当成熟度采摘，成熟状况应与市场要求一致（采摘初期允许果实有绿色面积，甜橙类≤1/3、宽皮柑橘类≤1/2、早熟品种≤7/10），必要时允许脱绿处理；合理采摘，果实完整新鲜；果面洁净；风味正常。见表 4—4。

表 4—4　　柑橘质量等级要求

项目		优等果	一等果	二等果
果形		有该品种典型特征，果形端正、整齐	有该品种典型特征，果形端正、较整齐	有该品种典型特征，无明显畸形果
果面及缺陷		果面洁净，果皮光滑。无雹伤、日灼、干疤；允许单果有极轻微的油斑、网纹、病虫斑、药迹等缺陷。但单果斑点不超过 2 个，小果型品种每个斑点直径 1.0 mm；其他果型品种每个斑点直径 1.5 mm。无水肿果、枯水果和浮皮果	果面洁净，果皮较光滑。允许单果有较轻微的日灼、干疤、油斑、网纹、病虫斑、药迹等缺陷。但单果斑点不超过 4 个，小果型品种每个斑点直径 1.5 mm；其他果型品种每个斑点直径 2.5 mm。无水肿果、枯水果，允许有极轻微浮皮果	果面较光洁。允许单果有轻微的雹伤、日灼、干疤、油斑、网纹、病虫斑、药迹等缺陷。但单果斑点不超过 5 个，小果型品种每个斑点直径 2.0 mm，其他果型品种每个斑点直径 3.0 mm。无水肿果，允许有轻微枯水果、浮皮果
色泽	红皮品种	橙红色或橘红色，着色均匀	浅橙红色或淡红色，着色均匀	淡橙黄色，着色较均匀
	黄皮品种	深橙黄色或橙黄色，着色均匀	淡橙黄色，着色均匀	淡黄色或黄绿色，着色较均匀

（3）葡萄（见表 4—5）

表 4—5　　葡萄质量等级要求

项目	优等品	一等品	二等品
品质基本要求	果穗完整，新鲜洁净，外形美观，无任何病斑或裂口，无异常的外部水分，无异常气味和/或滋味，具有适于市场和储存要求的生理成熟度		
发育状况	具有本品种的典型特征	具有本品种的典型特征	具有本品种的典型特征
果形	具有本品种的典型特征	具有本品种的典型特征	允许果形有轻微缺点
色泽	具有本品种的典型特征		
果粒	果粒粒大而均匀，在主梗上具有均匀排列的间隙，基本上无落粒	粒大而基本均匀，在主梗上具有均匀排列的间隙，落粒不超过 5%	粒大，尚均匀，落粒不超过 10%
果穗	穗重不低于 150 g、中等紧密的果穗至少占 80% 以上，稀疏果穗不超过 10%	穗重最小不低于 100 g、中等紧密的果穗至少占 75% 以上	穗重最小不低于 100 g、中等紧密的果穗至少占 60% 以上

续表

项目	优等品	一等品	二等品
果梗	发育良好且强壮，不干燥发脆，质地木质化，无冻伤、腐烂	发育良好且强壮，不干燥发脆，质地半木质化，无冻伤、发霉	不发软或不干燥、不发脆、呈褐绿色或绿色，无冻伤、霉烂
日灼	不允许	不允许	允许有轻微日灼
转色病	不允许	不允许	不得超过每穗质量（重量）的2%
病虫害	无	无	无

2. 蔬菜的质量等级鉴别及规格

（1）叶菜类

食用器官主要为叶片，如白菜类、甘蓝类、其他绿叶菜类。

绿叶菜：肉质鲜嫩，形态好，色泽正常。无黄叶、无病虫叶、无泥土、无焦叶、无抽薹。

结球叶菜：结球紧实。

花椰菜：形态正常，肉质鲜嫩，不带叶柄，色泽洁白（青绿），无枯蕾、无腐烂。

（2）茄果类

食用器官为果实，主要有茄子、辣椒、西红柿。果实圆整、光洁，成熟适度，无烂果，无病虫害。

（3）瓜类

食用器官为果实。如各种瓜类形状整齐一致，色泽正，果形正常，新鲜，果面清洁。有应有的成熟度，无疤痕，无畸形，无病虫，无烂瓜，无机械伤。无异味、冷害、冻害。规格：同规格的样品其整齐应≥90%。

（4）根菜类

食用器官为地下膨大的根。如萝卜、胡萝卜、大头菜、芜菁甘蓝。色泽鲜嫩，大小均匀，捆扎成把，不带须根，肉质松脆，不抽薹，不糠心，不带黄叶、枯叶和烂叶。

（5）薯芋类

食用器官为地下肥大的块根、块茎。如马铃薯、芋、姜、豆薯等。马铃薯：薯块肥大而匀称，皮脆薄而干净，不带毛根和泥土；无干疤和糙皮，无病斑，无虫咬和机械外伤，不萎蔫、不变软，无发酵酒精气味，薯块不发芽、不变绿。

（6）葱蒜类

如大葱、大蒜、洋葱、韭菜等。叶色青绿，无枯尖和干枯霉烂的叶鞘，不湿水，葱株均匀，完整而不折断，扎成捆，干净无泥，不夹杂异物，无斑点叶及枯霉叶。

（7）豆类

如豇豆、四季豆、毛豆、扁豆、豌豆、刀豆等。有食荚类、食豆仁类。

（8）水生蔬菜类

生长在水中，如茭白、藕、荸荠、慈菇。

（9）多年生菜类

如黄花菜、竹笋等。黄花菜的色泽以金黄色为佳，深黄略带微红次之，色泽萎黄带褐色者更次。黄花菜以条粗壮肥嫩的为佳，如果条短瘦弱者为次。

（10）芽苗菜类

如绿豆芽、黄豆芽、花生芽等。

良质豆芽颜色洁白，根部显白色或淡褐色，头部显淡黄色，色泽鲜艳而有光泽。

3. 花卉的质量等级鉴别及规格

我国的花卉品种繁多，质量等级标准不一。仅以“鲜切花的等级”鉴定为例，结合农业部鲜切花的行业标准，来介绍一下花卉的质量等级鉴别方法及规格，其他花卉的等级鉴别可以参考上述花卉的相关标准来进行。

（1）鲜切花质量等级划分公共标准（见表 4—6）

表 4—6　　鲜切花质量等级划分公共标准

项目＼级别	一级品	二级品	三级品
整体效果	整体感、新鲜程度很好，成熟度高，具有该品种特性	整体感、新鲜程度好，成熟度较高，具有该品种特性	整体感、新鲜程度较好，成熟度一般，基本保持该品种特性
病虫害及缺损情况	无病虫害、折损、擦伤、压伤、冷害、水渍、药害、灼伤、斑点、褐色	无病虫害、折损、擦伤、压伤、冷害、水渍、药害、灼伤、斑点、褐色	有不明显的病害斑迹或微小的虫孔，有轻微折损、擦伤、压伤、冷害、水渍、药害、灼伤、斑点或褐色

（2）月季鲜切花质量等级标准（见表 4—7）

表 4—7　　月季鲜切花质量等级划分标准（蔷薇科　蔷薇属）

项目＼级别	一级品	二级品	三级品
花	花色纯正、鲜艳，具有光泽、无变色、焦边；花形完整，花朵饱满，外层花瓣整齐，无损伤	花色鲜艳，无变色、焦边；花形完整，花朵饱满，外层花瓣较整齐，无损伤	花色良好，略有变色、焦边；花形完整，外层花瓣略有损伤
花茎	质地强健，挺直、有韧性、粗细均匀，无弯颈 长度： 大花品种：≥80 cm 中花品种：≥55 cm 小花品种：≥40 cm	质地较强健，挺直，粗细较均匀，无弯颈 长度： 大花品种：65 ~ 80 cm 中花品种：45 ~ 54 cm 小花品种：35 ~ 39 cm	质地较强健，略有弯曲，粗细不均，无弯颈 长度： 大花品种：50 ~ 64 cm 中花品种：35 ~ 44 cm 小花品种：25 ~ 34 cm
叶	叶片大小均匀，分布均匀；叶色鲜绿有光泽，无褪绿；叶面清洁、平展	叶片大小均匀，分布均匀；叶色鲜绿，无褪绿；叶面清洁、平展	叶片分布较均匀；叶片略有褪色；叶面略有污物
采收时期	花蕾有 1 ~ 2 片萼片向外反卷至水平时		
装箱容量	每 20 支捆为一扎，每扎中切花最长与最短的差别不超过 1 cm	每 20 支捆为一扎，每扎中切花最长与最短的差别不超过 3 cm	每 20 支捆为一扎，每扎中切花最长与最短的差别不超过 5 cm

注：形态特征为灌木，枝具皮刺。叶互生，奇数羽状复叶（小叶 5 ~ 7 枚）；花单生新梢顶部；花瓣多数，花色繁多，主要有白、黄、粉、红、橘红等色；花型丰富

（3）唐菖蒲鲜切花质量等级划分标准（见表 4—8）

表 4—8　　唐菖蒲鲜切花质量等级划分标准

项目＼级别	一级品	二级品	三级品
花	花色纯正、鲜艳，具有光泽；花形完整；花序丰满 小花数量： 大花品种：≥20 朵 小花品种：≥14 朵	花色鲜艳，无褪色；花形完整，花序丰满 小花数量： 大花品种：16～19 朵 小花品种：10～13 朵	花色一般，略有褪色；花序较丰满 小花数量： 大花品种：12～15 朵 小花品种：6～9 朵
花茎	挺直、粗壮，有韧性，粗细均匀 长度： 大花品种：≥120 cm 小花品种：≥100 cm	挺直、粗壮，有韧性，粗细均匀 长度： 大花品种：100～119 cm 小花品种：80～99 cm	略有弯曲，较细弱，粗细不均 长度： 大花品种：80～99 cm 小花品种：60～79 cm
叶	叶片厚实，叶色鲜绿有光泽，无褪绿，无干尖；叶面清洁、平展	叶色鲜绿，无褪绿，略有干尖；叶面清洁、平展	叶片略有褪色、干尖；叶面略有污物
采收时期	花序基部向上 1～5 个花蕾显色		
装箱容量	依品种不同每 10 支或 20 支捆为一扎，每扎中切花最长与最短的差别不超过 1 cm	依品种不同每 10 支或 20 支捆为一扎，每扎中切花最长与最短的差别不超过 3 cm	依品种不同每 10 支或 20 支捆为一扎，每扎中切花最长与最短的差别不超过 5 cm

注：形态特征为多年生球根花卉，球茎扁圆形。叶二列状迭生，剑形，绿色。花茎自叶丛中抽出，穗状花序，着花 8～24 朵。两列着生，小花偏漏斗状，花色丰富，有白、粉、黄、橙、红、紫、蓝等色，深浅不一或具复色及斑点、条纹等。依花朵大小常分为大花品种和小花品种两类

（4）香石竹鲜切花质量等级划分标准（见表 4—9）

表 4—9　　香石竹鲜切花质量等级划分标准

项目＼级别	一级品	二级品	三级品
花	花色纯正、鲜艳，具有光泽；花形完整，花朵饱满，外层花瓣整齐 最小花径： 大花品种：5.0 cm 紧实 6.2 cm 较紧实 多头品种：2.0 cm 紧实 花蕾数目： 大花品种：1 朵 多头品种：≥7 朵	花色鲜艳，具有光泽，花形完整，花朵饱满，外层花瓣较整齐 最小花径： 大花品种：4.4 cm 紧实 5.6 cm 较紧实 多头品种：1.5 cm 紧实 花蕾数目： 大花品种：1 朵 多头品种：4～6 朵	花色一般，花形完整，花朵较饱满 最小花径： 大花品种：4 cm 紧实 5.2 cm 较紧实 多头品种：1.0 cm 紧实 花蕾数目： 大花品种：1 朵 多头品种：3 朵
花茎	挺直、强健、有韧性，粗细均匀 长度： 大花品种≥80 cm 多头品种≥60 cm	挺直，较强健，粗细较均匀 长度： 大花品种：65～79 cm 多头品种：50～59 cm	略有弯曲，较细弱，粗细不均 长度： 大花品种：55～64 cm 多头品种：40～49 cm
叶	叶片排列整齐，分布均匀；叶色鲜绿有光泽，无褪绿、无干尖；叶面清洁	叶片排列整齐，分布均匀；叶色鲜绿，无褪绿、无干尖；叶面清洁	叶片排列较整齐，叶片略有褪色、干尖；叶面略有污物
采收时期	花朵中间露出花瓣		
装箱容量	每次 20 支捆为一扎，每扎中切花最长与最短的差别不超过 1 cm	每 20 支捆为一扎，每扎中切花最长与最短的差别不超过 3 cm	每 20 支捆为一扎，每扎中切花最长与最短的差别不超过 5 cm

注：形态特征：多年生草本，茎直立。节间膨大，叶线状披针形，对生，基部抱茎，全株被白粉呈灰绿色。花单生，具香味；花冠石竹型，花萼长筒形，花瓣多数，扇面形，基部呈长爪状。花有粉色、红色、黄色、紫色等。盛开时花径在 6 cm 以上

(5) 东方型百合切花质量等级划分标准（见表 4—10）

表 4—10　　东方型百合切花质量等级划分标准

级别 项目	一级品	二级品	三级品
花	花色纯正、鲜艳，具有光泽；花形完整均匀 花蕾数目≥7 朵	花色良好；花形完整 花蕾数目≥5 朵	花色一般；花形完整 花蕾数目≥3 朵
花茎	挺直、强健、有韧性，粗细均匀一致 长度≥80 cm	挺直、强健，有韧性，粗细均匀 长度：70～90 cm	略有弯曲，较细弱，粗细不均 长度：50～69 cm
叶	亮绿、有光泽、完好整齐	亮绿、有光泽、较完好整齐	褪色
采收时期	基部第一朵花蕾完全显色但未开放		
装箱容量	每 10 支捆为一扎，每扎中切花最长与最短的差别不超过 1 cm	每 10 支捆为一扎，每扎中切花最长与最短的差别不超过 3 cm	每 10 支捆为一扎，每扎中切花最长与最短的差别不超过 5 cm

注：形态特征：多年生球花卉，地下鳞茎肥大，地上茎直立。叶宽披针形，排列疏散。花数朵排列成总状花序，花朵多侧向开放，花蕾多数，花被版 6，雄蕊 6，具芳香气味

技能要求

一、工作名称：果蔬及花卉的品级鉴别

二、工作准备：果蔬及花卉品级鉴别前的准备工作

1. 按照抽样标准，选好要检验的果蔬、花卉样品。
2. 掌握所要检验的果蔬、花卉的检验项目和内容。
3. 设计检验的感官检测、其他检测方法。
4. 做好果蔬、花卉的检验工具准备、品级鉴定记录。

三、工作程序：果蔬及花卉品级鉴别的流程

由于果蔬、花卉的品种繁多，不能每项都列明鉴别流程，我们每类项选择一种常见的品种进行举例。

1．北京产红富士鲜苹果的鉴别流程

执行标准：《北京果品等级　鲜苹果》（DB11/T 599—2008）。

（1）苹果抽样

1）选择同一产地、同一采收时间、同一品种、相同等级的红富士苹果产品作为一个检验批次。

2）检验样本。按照 GB/T 8855—2008 执行。

3）对需要采购的红富士苹果随机抽取样品进行鉴别。

（2）外观等级鉴定

红富士鲜苹果果实的外观等级应符合《北京果品等级　鲜苹果》（DB11/T 599—2008）标准中表 1 的规定。

对于不符合外观等级的应由苹果供应单位进行重新挑选，按等级分类包装。

（3）重量等级鉴定

主要品种的单果重等级要求（见表 4—11）。

表 4—11　主要品种的单果重等级要求

品种	果实硬度（kgf）≥	特级			一级			二级		
		单果重（g）≥	可容固性物（%）≥	色泽（着色面积≥）	单果重（g）≥	可容固性物（%）≥	色泽（着色面积≥）	单果重（g）≥	可容固性物（%）≥	色泽（着色面积≥）
富士系	7.0	325	14.5	红色 95%	275	14.0	红色 80%	225	13.5	红色 65%

特级苹果：300 g≤单果重≤325 g。

一级苹果：275 g≤单果重＜300 g。

二级苹果：225 g≤单果重＜275 g。

对于符合哪级重量等级标准的，划分为哪级标准，收购或者销售时可以根据双方的要求，提前进行分级工作，然后再鉴别。

（4）理化检验

理化检验指标包括可溶性固形物测定、总酸的测定、固酸比、维生素、粗纤维、矿物质、糖分、可食率测定等指标。

《北京果品等级　鲜苹果》DB11/T 599—2008 标准的理化指标检验仅有可溶性固形物、果实硬度两项。

1）果实可溶性固形物的测量。可溶性固形物是食品行业一个常用的技术参数。可溶性固形物是指液体或流体食品中所有溶解于水的化合物的总称。包括糖、酸、维生素、矿物质等。

可溶性固形物可以采用手持式折光仪进行测量，该仪器是一种通过测定糖的水溶液的折光率来测定其浓度的仪器。手持式折光仪具有测量迅速、操作简便、体积小、质量轻、便于携带等特点，已被广泛地应用于工业、农业、食品、饮料加工业等行业。如图 4—26 所示。

测量步骤：

①材料及仪器。红富士苹果 10 个，手持式折光仪（手持式糖度计）、研钵、滴管、滤纸、擦镜纸、蒸馏水。

②样品制备。取一定量（5.0 g）果实样品（可食部分或果肉部分）放入研钵中磨碎后，经过离心（4 000 r/min，10 min）或过滤后取汁液测定。

③调零。打开手持式折光仪棱镜盖板，用擦镜纸或柔软绒布轻轻擦净折光镜面，滴几滴蒸馏水于折光镜镜面上，合上盖板，将仪器对向光线，由目镜观察，转动棱镜旋钮，使视野分成明暗两部分。并用专用螺丝刀旋动补偿器旋钮，使视野为黑白两色，同时使明暗分界线与标尺上的“0”位重合。然后打开盖板，擦干。

④测定。用滴管吸取样品液，滴加在检测镜上，合上盖板。注意盖板时要防止产生气泡。将折光仪持平对向光源，调节目镜视度圈，使视野黑白分界线清晰可见，读取刻度尺读数，即为样品液中可溶性固形物的含量，以质量分数（%）表示。重复测定三次，计算平均值和标准偏差。

2）果实硬度测量。果实的硬度一般以“kgf”表示。将苹果放在托盘上，只需按下测量键，就可以自动完成一次测量。测量结束后，输出最大值作为测量结果，在液晶屏上显示果重和硬度。如果连接电脑，可以下载从果实表面到行程结束过程中的全部硬度数据，形成从果实表面到行程结束的硬度曲线。如图 4—27 所示。

图 4—26　可溶性固形物折光仪

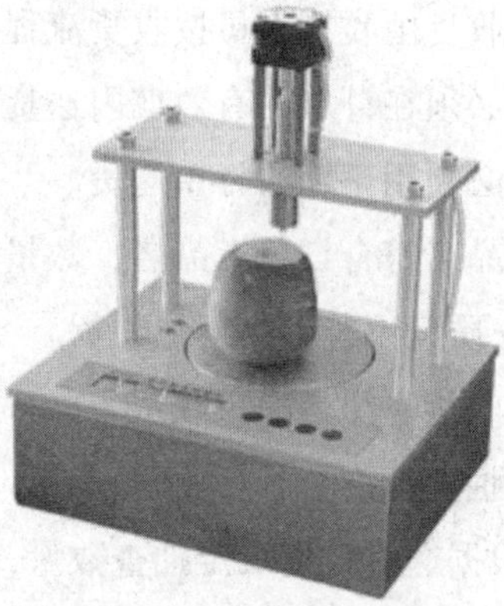

图 4—27　果实硬度电子测量仪

（5）卫生指标检测

包括污染物、农药残留量等，分别按照规定的相应检验方法和标准执行。

（6）检验规则

1）组批规则。同一生产单位、同品种、同等级、同一储运条件、同一包装日期的产品作为一个检验批次。

2）型式检验。型式检验是对产品进行全面考核，即对本标准规定的全部要求（指标）进行检验。有下列情形之一者，应进行型式检验：

①前后两次检验，结果差异较大。

②因人为或自然因素使生产或储藏环境发生较大变化。

③国家质量监督机构或主管部门提出型式检验要求。

（7）交收检验

每批产品交收前，生产单位都应进行交收检验，其内容包括感官、净含量、包装、标志的检验。

（8）判定规则

根据有关标准判断产品的合格率，对检验不合格的产品，允许生产单位进行整改后申请复检。

（9）注意事项

1）能合理取样。

2）能应用感官、简易工具对抽取的样品进行品种鉴别及定级，误差率不超过不同产品有关部门规定的标准。

2. 蔬菜的鉴别流程

（1）蔬菜验收制度

1）收货由收货人员按收货流程执行。

2）必须在订单的有效期内送货。

3）必须用正确的订单送货。

4）品名符合订单上品名，数量符合订货的数量，质量必须符合质检标准、订单标准，质量不符者，拒绝收货。

5）收货一律是净重收货。

6）抽查标准

①根据送货数量决定抽查数量，见表4—12。

②应从上面、中间、底部3个点抽查样品（中间是重点）。

表 4—12　　不同送货数量的抽查率

单位数目	箱抽查率
1～10 件	抽查 30%，至少 3 件是合格的，如果不合格将 100% 抽查
11～50 件	抽查 20%，至少 3 件是合格的，如果不合格将 100% 抽查
50 件以上	抽查 10%，至少 3 件是合格的，如果不合格将 100% 抽查
	单位（件）＝箱、筐、袋子、盒子

7）主要通过商品的外观、颜色、气味等判断品质是否优良，商品的整齐度、清洁度、成熟度至关重要，收货后需要保鲜的要及时入保鲜库。

（2）蔬菜验收标准

1）蔬菜质量标准要求

①合格的质量：无病虫害、生理病害及污染，可通过视觉判断和实验分析等手段来确认。

②外观质量：指颜色、大小、形状、外表、整齐度等，可通过视觉、触觉来进行判断。

③口感质量：指新鲜、成熟度、多汁性、酸甜度、软硬度等，可通过视觉、味觉、触觉等进行判断。

④洁净质量：指商品清洁的程度。

2）蔬菜验收的标准

①根茎类：无虫咬、发芽、发霉现象（如土豆）。

②叶菜类：无明显浸水现象，根、茎、叶新鲜，包叶菜的外层粗皮去除干净。

③花果类：商品的成熟度与加工程度良好（如西兰花、菜花的叶片和花球茎的长短都会影响销售和损耗）。

④菇菌类：商品干燥适度，菇大根短，标准包装商品分量足。

（3）西红柿鉴别

1）优质质量形态：颜色为大红、粉红或黄色，光泽亮艳，个大圆整，饱满有弹性，至少八成熟，肉厚籽少、味甜中带酸。

2）劣质质量形态：腐烂、压伤，过软或较硬，表皮有斑点或破裂，畸形果。

（4）鉴别结果：质量不符合者，拒绝收货。

3. 月季鲜切花的鉴别流程

（1）检验执行标准

中华人民共和国国家标准《主要花卉产品等级　第 1 部分：鲜切花》

（GB/T 18247.1—2000）中的《鲜切花质量等级划分公共标准》。月季鲜切花鉴别标准：《鲜切花》（GB/T 18247.1—2000）中的“月季切花质量等级划分标准”。

（2）月季鲜切花鉴别流程

1）月季花抽样：同一产地、同一批量、同一品种、相同等级的产品作为一检查（鉴别）批次。按一个检查批次随机抽样，所检样品量为一个包装单位（如箱）。如图 4—28 所示。

图 4—28　月季鲜切花

2）单枝花的等级判定：按照分级标准内容，完全符合某级所有条件，才能说明达到该级标准。

3）整个批次的等级判定。一级花，必须是所检样品的 95% 以上符合本标准一级花的要求。二级花，必须是所检样品的 90% 以上符合本标准二级花的要求。三级花，必须是所检样品的 85% 以上符合本标准三级花的要求。四级花，必须是所检样品的 80% 以上符合本标准四级花的要求。

4）检验方法

①切花品种：根据品种特征图谱进行鉴定。

②整体感：根据分级标准进行目测评定。

③花形：根据品种特征和分级标准进行目测评定。

④花枝：包括长度、重量和挺直程度。其中长度包括花朵和茎秆，用尺测量，单位 cm；重量用秤称量；挺直程度目测评定。

⑤弯颈和蓝变：目测评定。

⑥药害、病虫害：药害根据目测评定；病虫害主要检查花、枝、叶上是否有销往地区或国家规定的危险性病虫害的病状，进一步检查其是否带有该病原菌的生体或虫卵。必要时可做培养检查。

⑦冷害：通过花瓣和叶片的颜色来目测判断，也可通过瓶插观察花朵是否能正常开放来判断。

⑧机械伤害：目测评定。

⑨采切标准：目测评定。

⑩保鲜剂：通过化学方法检测是否使用了保鲜剂和保鲜剂的主要成分。

5）包装、标志

①包装：各层切花反向叠放箱中，花朵朝外，离箱边 5 cm；小箱为 10 扎或 20 扎，大箱为 40 扎；装箱时，中间需捆绑固定；纸箱两侧需打孔，孔口距离箱口 8 cm；纸箱宽度为 30 cm 或 40 cm。

②标志：必须注明切花种类、品种名、花色、级别、花茎长度、装箱容量、生产单位、采切时间。

（3）鉴别结果：根据月季生产者与进出口商、花卉市场、花卉经销商的合约要求进行处理。

第 3 节 无公害农产品一般基础知识

学习目标

1. 了解无公害农产品概念、标志。
2. 熟悉无公害农产品认证和产地认定的标准。
3. 掌握无公害农产品安全要求。

知识要求

一、无公害农产品的概念

无公害农产品是指产地环境符合无公害农产品的生态环境质量，生产过程必须符合规定的农产品质量标准和规范，有毒有害物质残留量控制在安全质量允许范围内，安全质量指标符合《无公害农产品（食品）标准》的农、牧、渔产品（食用类，不包括深加工的食品）经专门机构认定，许可使用无公害农产品标识的产品。无公害农产品是保证人们对食品质量安全最基本的需要，是最基本的市场准入条件，普通食品都应达到这一要求。无公害农产品认证分为产地认定和产品认证。无公害农产品由农业部门认证，其标志的使用期为3年。

无公害农产品标志图案主要由麦穗、对钩和无公害农产品字样组成，麦穗代表农产品，对钩表示合格，金色寓意成熟和丰收，无公害象征环保和安全。标志必须经当地无公害管理部门申报，经省级无公害管理部门批准才可获得使用权。如图4—29所示。

图4—29　无公害农产品标志

二、无公害农产品的要求

1. 产品的原料产地符合无公害农产品产地环境的标准要求；集中连片、区域范围明确（产地应当树立标示牌，标明范围、产品品种、责任人）；具备一定的生产规模。

2. 农作物种植、畜禽饲养、水产养殖及食品加工符合无公害农产品生产技术操作规程，有相应的专业技术和管理人员。

3. 产品符合无公害农产品标准，有完善的质量控制措施。

4. 产品的包装、储运符合无公害农产品包装储运标准。

5. 产品生产和质量必须符合国家食品卫生法的要求和食品行业质量标准，并有完整的生产和销售记录档案。

三、无公害食品认证相关标准

1.《无公害农产品管理办法》

经2002年4月3日农业部第5次常务会议、2002年4月11日国家质量监督检验检疫总局第27次局长办公会议审议通过，发布《无公害农产品管理办法》。

2.《无公害农产品产地认定程序》

为全面实施“无公害食品行动计划”，规范和推进无公害农产品产地认定工作，农业部、国家认证认可监督管理委员会共同制定了《无公害农产品产地认定程序》。

3.《无公害农产品认证程序》

为全面实施“无公害食品行动计划”，规范和推进无公害产品认证工作，农业部、国家认证认可监督管理委员会共同制定了《无公害农产品认证程序》。

四、无公害农产品产地认定工作程序

1. 产地认定申请

申请人向所在地县级以上人民政府农业行政主管部门申领《无公害农产品产地认定申请书》和相关资料，或者从中国农业信息网（www. agri. gov. cn）下载获取。

申请人向产地所在地县级人民政府农业行政主管部门（以下简称县级农业行政主管部门）提出申请，并提交《无公害农产品产地认定申请书》等 8 类材料。

2. 产地认定材料审查和现场检查

（1）县级农业行政主管部门自受理之日起 30 日内，对申请人的申请材料进行形式审查。符合要求的，出具推荐意见，连同产地认定申请材料逐级上报省级农业行政主管部门；不符合要求的，应当书面通知申请人。

（2）省级农业行政主管部门应当自收到推荐意见和产地认定申请材料之日起 30 日内，组织有资质的检查员对产地认定申请材料进行审查。

（3）材料审查不符合要求的，应当书面通知申请人。

（4）材料审查符合要求的，省级农业行政主管部门组织有资质的检查员参加检查组对产地进行现场检查。

（5）现场检查不符合要求的，应当书面通知申请人。

3. 环境检测

（1）申请材料和现场检查符合要求的，省级农业行政主管部门通知申请人委托具有资质的检测机构对其产地环境进行抽样检验。

（2）检测机构应当按照标准进行检验，出具环境检验报告和环境评价报告，分送省级农业行政主管部门和申请人。

（3）环境检验不合格或者环境评价不符合要求的，省级农业行政主管部门应当书面通知申请人。

4. 产地认定评审及颁证

（1）省级农业行政主管部门对材料审查、现场检查、环境检验和环境现状评价符合要求的，进行全面评审，并做出认定终审结论。

（2）符合颁证条件的，颁发“无公害农产品产地认定证书”。

（3）不符合颁证条件的，应当书面通知申请人。

（4）“无公害农产品产地认定证书”有效期为 3 年。期满后需要继续使用的，证书持有人应当在有效期满前 90 日内按照本程序重新办理。

五、无公害农产品认证工作程序

1. 产品认证申请

获得产地认定证书的申请人向中心及其所在省（自治区、直辖市）无公害农产品认证承办机构（以下简称省级承办机构）领取“无公害农产品认证申请书”和相关资料，或者从中国农产品质量安全网（www. aqsc. gov. cn）下载。申请人填写并向所在省级承办机构递交“无公害农产品认证申请书”等11类文件。

2. 省级承办机构初审及产品抽检

（1）省级承办机构收到上述申请材料后，进行登记、编号并录入有关认证信息。

（2）按照程序文件规定，审查申请书填写是否规范、提交的附报材料是否完整和“无公害农产品产地认定证书”是否有效。

（3）根据现场检查情况核实申请材料填写内容是否真实、准确，生产过程是否有禁用农业投入品使用和投入品使用不规范的行为。

（4）申请材料不规范的，省级承办机构应当书面通知申请人补充相关材料。

（5）申请材料初审合格的，通知申请人委托有资质的检测机构进行抽样、检测。

（6）完成认证初审并按规定要求填写“无公害农产品认证报告”。

（7）初审合格的申请材料连同“无公害农产品认证报告”以“报审单”形式按规定报中心所属三个专业认证分中心，同时将“认证信息登录表”报中心审核处。

3. 专业认证分中心复审

各专业认证分中心接收省级承办机构报送的认证申请材料及“无公害农产品认证报告”后复查省级承办机构初审情况和相关申请材料。

（1）审查生产过程质量控制措施的可行性。

（2）审查生产记录档案和产品《检验报告》的符合性。

（3）根据审查过程中发现的问题，通知省级承办机构或申请人补充相关材料，必要时组织现场核查。

（4）按照审查分工完成认证材料的复审工作，并按规定要求填写“无公害农产品认证报告”。

（5）及时将认证申请审查情况和“无公害农产品认证报告”以“报审单”形式报中心审核处。

4. 中心终审及颁证

中心接受三个专业认证分中心报送的“报审单”和《无公害农产品认证报告》等材料后，根据三个专业认证分中心审查推荐情况，组织召开无公害农产品认证评审专家会对材料进行终审：

（1）符合颁证条件的，由中心主任签发“无公害农产品认证证书”，并核发认证标志。

（2）不符合颁证条件的，中心书面通知相应的分中心、省级承办机构和申请人。

（3）“无公害农产品认证证书”有效期为 3 年，期满后需要继续使用的，证书持有人应当在有效期满前 90 日内按照本程序重新办理。

技能要求

一、工作名称：无公害农产品的鉴别

二、工作准备：无公害农产品鉴别的准备工作

1. 按照抽样标准，选好要检验无公害农产品样品。
2. 掌握所要检验的无公害农产品的检验项目和内容。
3. 设计检验的感官检测、其他检测方法。
4. 做好无公害农产品的检验工具准备、品级鉴定记录。

三、工作程序：无公害农产品鉴别的流程

无公害农产品标志是由农业部和国家认监委联合制定并发布，是加施于获得全国统一无公害农产品认证的产品或产品包装上的证明性标识。印制在包装、标签、广告、说明书上的无公害农产品标志图案，不能作为无公害农产品标志使用。

产品包装上印有或贴有全国统一的无公害农产品标志或标签，这是目前识别无公害农产品的主要依据。在一些商品包装上同时也可以看到无公害农产品批准编号 WGH—××—××××××，其含义：标志代码—批准年—批准序号。

消费者也可以通过产品标识的防伪及查询功能鉴别无公害农产品的真伪。刮开标识的表面涂层或在标识的揭露层可以看到 16 位防伪数码，输入防伪数码通过短信查询号码 1066958878 及登录 http://www.aqsc.gov.cn 网站的防伪查询栏目查询，不但能辨别标识的真伪，而且能了解到使用该标识的单位、产品、品牌及认证部门的相关信息。如图 4—30 所示。

无公害农产品刮开式标识（纸质）

一号标
尺寸:19mm×25mm（$4.75cm^2$）

二号标
尺寸:24mm×32mm（$7.68cm^2$）

三号标
尺寸:36mm×48mm（$17.28cm^2$）

无公害农产品刮开式标识（锁扣）

尺寸:30mm×20mm（$6cm^2$）

带长:150mm

无公害农产品标识（捆扎带）

尺寸:200mm×12mm

注: 捆扎带标识以卷为单位，每卷200米。

图 4—30　无公害农产品纸质、锁扣、捆扎带式样

四、注意事项

1. 能掌握所经营的无公害农产品的各项标准。
2. 能掌握无公害农产品产地认证标准、产品认证标准及标志的使用。

第5章 林产品品级鉴别

第1节 我国林业产品概述

学习目标

1. 了解林产品的概念。
2. 熟悉我国林产品的分类。
3. 熟悉我国非木材林产品的种类。

知识要求

一、我国林业及相关产业概述

1. 林业及相关产品概念

(1) 林业

林业是指保护生态环境，保持生态平衡，培育和保护森林以取得木材和其他林产品、利用林木的自然特性以发挥防护作用的生产部门，是国民经济的重要组成部分之一。林业是在人和生物圈中，通过先进的科学技术和管理手段，从事培育、保护、利用森林资源，充分开发森林的多种效益，且能持续经营森林资源，促进人口、经济、社会、环境和资源协调发展的基础性产业和社会公益事业。

（2）林产品

林产品并不包括森林资源的全部产出，仅特指以森林为资源基础生产的能够进入市场交换，具有价格形态的各种产品和服务的统称。包括木材林产品和非木材林产品。

木材林产品包括：原木、锯材、木制品（木门、木质家具、木质地板、木质餐具等）、木工艺品、板材（人造板、纤维板、刨花板、胶合板等）、纸和纸板等。

非木材林产品包括：果类、菌、竹、笋、山菜类、林化产品、茶、咖啡类、竹藤软木类、调料药材补品类和苗木类。

2. 我国林业及林产品现状

（1）林业资源现状

我国的森林资源清查是20世纪70年代开始的，采用国际上公认的森林资源连续清查方法。第七次全国森林资源清查于2008年年底结束。第八次全国森林资源清查从2009年开始，到2013年结束，历时5年。

第八次全国森林资源清查结果为：全国森林面积2.08亿 hm^2，森林覆盖率21.63%，森林蓄积151.37亿 m^3。人工林面积0.69亿 hm^2，蓄积24.83亿 m^3。

与第七次森林资源清查结果相比，我国森林资源呈现四个主要特点。一是森林总量持续增长。森林面积由1.95亿 hm^2 增加到2.08亿 hm^2，净增1 223万 hm^2；森林覆盖率由20.36%提高到21.63%，提高1.27个百分点；森林蓄积由137.21亿 m^3 增加到151.37亿 m^3，净增14.16亿 m^3。二是森林质量不断提高。森林每公顷蓄积量增加3.91 m^3，达到89.79 m^3；每公顷年均生长量提高到4.23 m^3。随着森林总量增加和质量提高，森林生态功能进一步增强。全国森林植被总碳储量84.27亿t，年涵养水源量5 807.09亿 m^3，年固土量81.91亿t，年保肥量4.30亿t，年吸收污染物量0.38亿t，年滞尘量58.45亿t。三是天然林稳步增加。天然林面积从原来的11 969万 hm^2 增加到12 184万 hm^2，增加了215万 hm^2；天然林蓄积从原来的114.02亿 m^3 增加到122.96亿 m^3，增加了8.94亿 m^3。四是人工林快速发展。人工林面积从原来的6 169万 hm^2 增加到6 933万 hm^2，增加了764万 hm^2；人工林蓄积从原来的19.61亿 m^3 增加到24.83亿 m^3，增加了5.22亿 m^3。人工林面积继续居世界首位。

（2）我国林产品贸易现状

2014年全国林产品进出口贸易额达1 380亿美元，比上年增长9.5%，我国已成为林产品生产贸易大国。2014年全国林业产业实现总产值5.26万亿元，比上年增长11.1%。其中，木竹加工及产品制造业、经济林产品种植与采集业产值均突破1万亿元。

2015年起全国将重点发展特色经济林、森林旅游和林业休闲服务、花卉苗木等产业，支持发展生物质能源、生物材料、生物制药等战略新兴产业，加快发展油茶、核桃等木本油料产业。

二、我国林业产业分类

1. 我国林业产业分类的目的和意义

我国林业及相关产业分类于2005年由国家林业局与北京林业大学合作研究课题立项。2006年提出《林业及相关产业分类》初稿，召开了由国家林业局相关司局、中国林科院、东北林业大学等单位参加的三次座谈会，并到内蒙古、浙江、湖北等地进行专题调研，提出了《林业及相关产业分类》修订稿。2007年，对《林业及相关产业分类》进行了多次修改和完善。2007年12月，由国家林业局牵头，组织国家发展和改革委员会、国家统计局、中国农业大学等部门、研究单位召开评审会，通过了《林业及相关产业分类（试行）》。评委会一致认为，该项目研究在林业统计理论研究与实践中占有重要的基础地位，对于完善我国林业统计制度具有重要的理论和现实意义。

（1）建立林业及相关产业分类，可以准确反映林业及相关产业在国民经济发展中的地位和作用，加强对林业及相关产业的指导和信息发布，促进林业及相关产业的良性发展，增进国际对比与交流。

（2）科学、准确、全面、系统地界定林业及相关产业分类不仅可以规范林业行业统计行为，也为行业主管部门及时掌握行业发展状况提供了可能。

（3）《林业及相关产业分类》的制定，为界定、规范我国的林业及相关产业提供了参考，同时也为完善我国林业统计制度和开展林业国际交流奠定了基础。

2. 编制方法

《林业及相关产业分类（试行）》依据《国民经济行业分类》对林业的界定，结合我国林业管理的实际情况，将林业及相关产业界定为：依托森林资源、湿地资源、沙地资源，以获取生态效益、经济效益和社会效益为目的，为社会提供（也包括部分自产自用）林产品、湿地产品、沙产品和服务的活动，以及与这些活动有密切关联的活动的集合。

根据上述界定，将林业及相关产业分为林业生产、林业旅游与生态服务、林业管理和林业相关活动4个部分，共13个大类、37个中类和112个小类，其中小类与《国民经济行业分类》（GB/T 4754—2002）的行业小类相一致，实现了《林业及相关产业分类（试行）》与《国民经济行业分类》的衔接。

《林业及相关产业分类（试行）》附件内容摘要如下：

林业生产

（一）森林的培育与采伐活动

（二）非木材林产品的培育与采集活动

（三）林业生产辅助服务

（四）林业旅游与休闲服务

（五）林业生态服务

林业管理

（六）林业专业技术服务

（七）林业公共管理及其他组织服务

林业相关活动

（八）木材加工及木制产品制造

（九）以木（竹、苇）为原料的浆、纸产品加工制造

（十）以竹、藤、棕、苇为原料的产品加工制造

（十一）野生动物产品的加工制造

（十二）以其他非木材林产品为原料的产品加工制造

（十三）林业其他相关活动

三、我国非木材林产品的种类

1. 非木材林产品定义

按照联合国粮农组织（FAO）的定义，“非木材林产品”（NTFPs）包括了从森林（天然林或人工林）中或任何类似用途的土地上获得的天然或人工栽培、饲养的除木材以外所有可再生的生物资源，包括植物、动物、微生物。按其定义，非木材林产品、特殊林产品、林特产品、林副产品或小林产品等都属于非木材林产品范畴。

联合国粮农组织把非木材林产品划分为两大类：适合于家庭自用的产品种类和适合于进入市场的产品种类。前者是指森林食品、医疗保健产品、香水化妆品、野生动物蛋白质和木本食用油；后者是指竹藤编织制品、食用菌产品、昆虫产品（蚕丝、蜂蜜、紫胶等）、森林天然香料、树汁、树脂、树胶、糖汁和其他提取物，当然二者均可兼用。

2. 非木材林产品的属性特征

（1）木材不包括在非木材林产品内。

（2）非木材林产品属于生物产品。

（3）非木材林产品是可再生资源。

（4）非木材林产品可以是天然生产也可以是人工栽培、饲养的。

（5）非木材林产品包括了植物、动物、微生物。

3. 我国非木材林产品的分类

一级分类：动物类、植物类、微生物类。

二级分类：分为食品饮料、医药保健品、工业原料、能源、动物制品、其他等16大类。

三级分类：划分为兽、禽、粮食、蔬菜、饲料等54类。

四级分类：非木材林产品共划分成142个小种类，见表5—1。

表5—1　　我国非木材林产品分类

一级分类	二级分类	三级分类	四级分类及举例
动物类	食品饮料	可食用兽类	肉，如穿山甲肉、岩松鼠肉等
			骨，如牦牛骨髓饮料、梅花鹿骨等
			其他，如牛肚、猪肚等
		可食用禽类	肉，如鸬鹚肉、鸿雁肉等
			骨，如金雕骨、兀鹫骨等
			卵，如鹅蛋、蛇蛋等
			其他，如鸡肝、鸭胃等
		可食用爬行类	肉，如黑眉锦蛇肉、灰鼠蛇肉等
			骨，如黄脊蛇骨、眼镜蛇骨
			其他，如蛇胆、龟板等
		可食用两栖类	肉，如大鲵鲜肉、黑斑蛙肉等
			骨，如黑斑蛙骨、刺胸蛙骨等
			其他，如蛙皮、蛙舌等
		可食用无脊椎类	成体，如蚯蚓
			幼体，如黄蜂幼虫、蜜蜂幼虫
			蛹，如蜂蛹、蚕蛹等
			其他，如蝉蜕等
		可食用动物提取物	油脂，如牛油、羊油等
			巢，如蜂房、白蚁巢等
			分泌物，如乳汁、蜂蜜、蜂蜡等
			排泄物，如虫茶等
			胶质，如龟板胶等

续表

一级分类	二级分类	三级分类	四级分类及举例
动物类	医药保健品	药用兽类	全体，如梅花鹿、松鼠等
			肉，如棕熊肉、黄鼬肉等
			骨，如虎骨，豹骨等
			其他，如熊胆、刺猬皮刺等
		药用禽类	全体，如七彩山鸡、环颈雉等
			肉，如环颈斑鸠肉、火斑鸠肉等
			骨，如兀鹫骨、鸬鹚骨等
			其他，如鹧鸪肠、环颈雉胆等
		药用爬行类	全体，如大壁虎、纵斑壁虎等
			肉，如蝮蛇肉、尖吻蝮肉等
			骨，如百花锦蛇骨、灰鼠蛇骨等
			其他，如蛇胆、蛇蜕等
		药用两栖类	全体，如黑斑蛙、刺胸蛙等
			肉，如刺胸蛙肉、花姬蛙肉等
			骨，如刺胸蛙骨、黑斑蛙骨等
			其他，如蟾舌、蟾皮等
		药用动物其他类	成虫，如水蛭、石鳖等
			幼虫，如桐绿金龟幼虫等
			蛹，如桑蚕蛹、田螺壳等
			其他，如田螺、田螺壳等
		药用动物产品	卵，如鲫鱼卵、鳖卵等
			巢，如胡蜂巢、马蜂蜂房等
			分泌物，如麝香、蛛毒等
			排泄物，如树麻雀粪便等
			其他，如冬虫夏草、刺娥茧等
		药用动物提取物油	脂，如鹧鸪脂、狼油等
			胶质，如驴皮胶等
	工业原料	动物提取物	油脂，如白蜡油等
			胶质，如紫胶等
			染料，如虫胶色素、胭脂虫红灯等
			香料，如灵猫香等
			鞣料，如五倍子、紫胶等
		动物纤维	绒毛，如兔毛、牛毛等
			羽毛，如鸭绒、鹅绒等

续表

一级分类	二级分类	三级分类	四级分类及举例
动物类	工业原料	动物纤维	丝，如桑蚕丝、柞蚕丝
		动物皮革	如水貂毛皮、紫貂毛皮等
		饲料原料	如牛肉骨粉等
		化肥原料	如鸟粪等
	能源	能源	动物油脂，如牛脂肪等
			动物粪便，如牛粪发电等
			其他，如动物乙醇等
	动物制品	工业美术	象牙工艺品、鹿头（角）等
		动物标本	各种动物标本
	其他	观赏动物	大熊猫、孔雀等
		科研试验动物	各种动物
		天然饲料	蚯蚓、蝗虫等
		农家肥	动物粪便等
		有害动物天敌	蛇、蛙等
植物类	食品饮料	粮食淀粉	谷类作物，如燕麦、野生大麦等
			薯类作物，如山药、芋头等
			豆类作物，如豌豆、赤小豆等
		蔬菜	根菜，如菱角、芜菁等
			叶菜，如香椿、臭菜等
			茎菜，如蕨菜、刺五加等
			果菜，如蛇瓜、葫芦等
			花菜，如苦刺花、石榴花等
			地衣，如石耳、树衣
		果实	蒴果类，如油茶、芝麻等
			荚果类，如红豆、胡枝子等
			浆果类，如石榴、葡萄、猕猴桃等
			坚果类，如核桃、板栗等
			柑果类，如橘、柚、橙等
			核果类，如桃、李等
			梨果类，如苹果、梨、枇杷等
			其他木本果实类，如万寿果、木菠萝等
			其他草本果实类，如草莓、刺蔗等
		饮料原料	蜜源植物，如荔枝、橡胶树等
			产糖植物，如甜菜等

续表

一级分类	二级分类	三级分类	四级分类及举例
植物类	食品饮料	饮料原料	甜味剂，如甜叶菊、掌叶悬钩子等
		烟草	烟草，如烟叶
		植物提取物	香料，如八角、肉桂、百里香等
			油脂，如核桃油、菜油
			色素，如姜黄、凤仙花等
	医药保健品	中草药类	全草类，如龙牙草、藿香等
			根及茎类，如人参、半夏等
			茎类，如木通、皂角刺等
			树皮类，如厚朴、杜仲等
			木材类，如樟木、苏木等
			叶类，如桑叶、侧柏叶等
			花类，如红花、金银花等
			果实类，如五味子、山楂等
			种子类，如车前子、槟榔等
		化学药原料	淀粉类，如枣子、薏仁等
			提取物，如茶皂苷、糠醇等
		其他	沉香等
	工业原料	植物提取物	鞣料，如高山蓼、酸模等
			橡胶，如橡胶树、杜仲藤等
			树胶，如桃胶、阿拉伯胶等
			树脂，如松脂、血竭等
			染料，如苏木、密蒙花等
			香料，如茴香、蓝樟等
			油脂，如油桐、乌柏等
			其他，如盐角草、碱蓬草等
		饲料原料	如构树叶、针叶粉等
		杀虫剂原料	如印楝果、化香叶、银杏种皮等
		植物纤维	纺织纤维，如构树坡、化香树皮等
			造纸纤维，如竹类、山黄麻类
			编织纤维，如黄藤、青藤等
		淀粉	变性淀粉原料，如魔芋、栎类果实等
	园艺	观赏植物	如龟背藤、兰花、花卉等
	能源	能源	薪材类，如桦木、栎类材等
			油脂，如小桐子油、黄连木等

续表

一级分类	二级分类	三级分类	四级分类及举例
植物类	能源	能源	其他，如大米草等植物纤维素生物燃料等
	其他	科研材料	各类森林植物
		种子、苗木	各类林木种植
		植物标本	各种植物标本
		天然饲料	如桑树叶、柞木叶、杂草等
		农家肥	如田菁、百脉根等
		经济昆虫寄主	如木豆、钝叶黄檀等
微生物类	食品	食用菌	如松茸、羊肚菌、香菇等
	医药保健品	抗生素等	如青霉素酶、天门冬酰合成酶等
	工业原料	饲料添加剂	如光合细菌、藻类等
		微生物农药	杀虫剂，如苏云金芽孢杆菌、金龟子乳状杆菌等
			杀菌剂，如井冈霉素、中生菌素等
			除草剂，如茴香霉素、双丙氨酰膦等
			植物生长调节剂，如赤霉素等
		菌肥	细菌肥料，如根瘤菌肥料、磷细菌肥料等
			抗生素肥料，如黄链霉菌等
			菌根肥，如担子菌、子囊菌等
	其他	科研材料	各类微生物

4. 我国非木材林产品发展现状

我国有极其丰富的非木材林产品资源。根据不完全统计，我国林区仅木本植物就有 1 900 种，其中芳香植物有 340 多种，可开发利用的食用植物 120 多种，药用植物约 400 种，经济植物 100 多种，蜜源植物 800 多种。此外，还有野生动物 500 多种。这些丰富的资源不仅为我国人民提供了大量的生活用品来源和就业机会，而且为国家创造了极大的经济产值和外汇收入。

同时，我国是世界最大的非木材林产品采集国，木材林产品开发利用活动具有漫长的历史。目前木材林产品开发利用对林业和山区经济发展具有重要作用。非木材林产品资源具有可再生的开发利用，对资源的恢复和再利用不会产生负面影响，其产生的经济效益具有可持续性。然而，我国非木材林产品开发利用活动大多表现为无组织化，非木材林产品资源数量快速下降，部分物种濒临枯竭，诸如兰科植物、新疆雪莲等。在实施天然林保护工程后，我国山区原有生产方式发生转变，开发利用非木材林产品对山区居民获取收入的作用大幅提高。

第 2 节　我国主要非林产品品种介绍

学习单元 1　木本粮食

学习目标

1. 掌握木本粮食的规格质量标准。
2. 掌握木本粮食的性状、特点。

知识要求

一、木本粮食概述

1. 木本粮食的种类

以红枣、核桃、板栗等为代表，因其含有丰富的营养及人体所必需的多种微量元素，越来越受到人们的喜爱。与木本粮食相对应的草本粮食，主要以小麦、玉米、水稻等为代表。草本粮食含有大量的淀粉，易制干，容易储存，方便运输，因适应了历史的发展而得到了广泛的推广。所以说，草本粮食主要是解决人类的温饱问题，而木本粮食则主要是解决人类的营养与健康问题。

2. 木本粮食的特征及营养成分

一般生长周期较长，为多年生植物，根系发达，根深可达十几米甚至几十米，可吸收土壤深层的营养物质，不易受土壤表层的污染，茎一般较粗，含有大量的木质成分，一般比较坚硬，叶片形状多样，花鲜艳，果实基因实力强，富含维生素、氨基酸、蛋白质及大量的微量元素。

3. 木本粮食的重要性

我国木本粮食生产历史已达 3 000 多年，利用历史更加久远。它们在人类生活中曾经起过重要作用，特别是在饥荒年代，作为粮食替代品而格外受到珍惜。随着我国人口数量的增长、耕地面积的减少、养殖业的发展及人们对食品质量要求的提高，粮食的供需矛盾日益突出。栗、枣、柿等木本粮食树种适应性强、耐干旱瘠薄、一年种植多年收益，自古被视为“铁杆庄稼”，营养丰富，经济价值高，既是高档食品，又是很好的粮食代用品。另外，我国还有大量的木本野生淀粉、饲料等植物尚待开发利用。

二、板栗

板栗有“干果之王”的美称，又名栗、板栗、栗子、风腊，是壳斗科栗属的植物。板栗坚果呈紫褐色，被黄褐色茸毛，或近光滑，果肉呈淡黄色，味道甘甜可口。板栗为坚果，营养丰富，淀粉含量56% ~72%，蛋白质含量5.7% ~10.7%，脂肪含量2% ~7.4%，并含有较多的维生素等。既可生食、炒食和煮食，又能制成香甜的糕点、糖果等。

我国板栗的品质居世界食用栗首位。栗果形状玲珑秀美，风味香甜可口，为世界各国一致称道。尤其板栗坚果涩皮易剥离、适宜加工的独特性状，更为世人珍视，在国际市场上被誉为“东方珍珠”。由于板栗在国际市场畅销，售价较高。近年来我国板栗发展迅速，总量跃居世界各产栗国之首。板栗是我国出口换汇的重要外贸商品，外销日本、新加坡、菲律宾、韩国、泰国等国家和中国香港（大多转销英国、美国）。而以日本购买量最大，占总外销量的80%以上。

板栗原产我国，栽培历史悠久，品种资源丰富，分布地域辽阔。全国25个省（市、自治区）均有分布。据初步估计，全国有板栗品种300余个，由于各地的气候土壤条件、人工栽培方式及产品需求类型不同，形成了各具地方特色的品种类群。

1. 北方栗群

主要分布于淮河及秦岭以北，燕山山脉以南，包括河北、北京、天津、山东、苏北、豫北、陕北及辽宁等地。属暖温带气候区，年均温10 ~15℃，≥10℃积温3 100 ~3 400℃，年降水量500 ~800 mm，日照时数2 000 ~2 800 h。以燕山山区长城沿线板栗栽培最为集中，如迁西、兴隆、遵化、宽城、迁安、青龙、抚宁、密云、怀柔、平谷、蓟县等县区市。

2. 南方栗群

主要分布于淮河及秦岭以南的长江中下游流域，包括苏南、浙江、皖南、豫南、陕南、湖北、湖南，属亚热带气候区，年均温 15 ~ 18℃，≥10℃积温 4 250 ~ 4 500℃，年降水量 800 ~ 1 000 mm，年日照 1 000 ~ 2 200 h。以湖北栽培最多，总产可达 1 600 万 kg。其次为江苏的宜兴和溧阳，浙江的长兴和诸暨，安徽的广德和舒城等。

3. 板栗优良品种的选育

近 20 年来，各科研和生产部门，积极开展实生单株选优工作，已从万余个初选单系中，决选出 10 余个优良北方栗品种（系），其中有河北选育出的早实丰产的燕山早丰，优质高产的燕山奎栗，适宜密植的燕山短枝，栗果明亮丰产的大板红等；北京选出的燕丰、燕昌、银丰；山东和江苏选出的红光栗、红栗、金丰、石丰、尖顶油栗，以及杂交育成的华丰栗和蒙山魁栗；河南选出的谷椎栗、红油栗；陕西选出的镇安大板栗、明拣栗、灰拣栗等。丹东栗近年选出的品种有辽丹 7 815、辽丹 61、辽丹 24 等。

南方栗经过长期的选育，形成了百余个无性系品种，主要有江苏的九家种、焦扎、处署红、青扎、短扎；湖北的浅刺大板栗、深刺大板栗；安徽的大红袍；浙江的马齿青；湖南的它栗；河南的罗山大板栗以及豫罗红等。此外，在云贵高原尚有贵州的平顶大红栗、尖顶大红栗；广西的中果红油皮、早熟油毛栗；广东的韶关 18 号等。

以北方栗为例介绍几个品种：

（1）红栗一号

山东省果树研究所从红栗 × 泰安薄壳杂交后代中筛选的，幼叶、枝芽和总苞的紫红色性状、适应性均超过原红栗品种，为我国首次通过人工杂交选育成的生产兼风景绿化的新品种。树冠呈圆头形，枝条呈红褐色，嫩梢呈紫红色。总苞呈红褐色，椭圆形，单苞重 56 g 左右，每包含坚果 2.9 个，单粒重 9.4 g 左右，出实率 48%。9 月 20 日左右成熟。坚果大小整齐、饱满、光亮，果肉呈黄色，质地细，香甜，含水 54%、糖 31%、淀粉 51%、脂肪 2.7%。在常温下沙藏 5 个月，腐败率仅为 2%。树体健壮，雌花形成容易，早果丰产。嫁接后 2 ~ 4 年平均株产 8.2 kg，每亩产量 421.6 kg，最高 560 kg。适应范围广，抗逆性强，在山区、丘陵和河滩地栽培，树体生长发育均良好，结果正常。如图5—1所示。

图 5—1　红栗一号

（2）华丰板栗

山东省果树研究所从野杂 12（野板栗×板栗）×板栗的杂交后代中选育的新品种。树冠较开张，呈圆头形。总苞椭圆形，重 40 g 左右，平均含坚果 2.9 个，单粒重 8 g 左右，出实率 56%。9 月中旬成熟。坚果大小整齐、美观，果肉细糯香甜，含水 46.92%、糖 19.66%、淀粉 42.29%、脂肪 3.33%、蛋白质 8.5%。适于炒食，耐储藏。幼树生长旺盛，雌花形成容易，1～2 年生苗定植后当年嫁接，次年即可结果，接后 2～4 年平均每公顷产量为 2 674.5 kg，第 7 年每公顷产量为 6 405 kg，3～7 年平均每公顷产量为 4 650 kg。如图 5—2 所示。

（3）石丰板栗

山东省海阳县从实生栗中选出。树姿较开张，呈圆形，结果母枝长而粗壮。总苞呈扁椭圆形，重 53 g 左右，单粒重 9.2 g 左右，9 月下旬成熟。坚果呈红褐色，整齐美观，果肉细糯香甜，含水 54.3%、糖 15.8%、淀粉 63.3%、脂肪 3.3%、蛋白质 10.1%。较耐储藏。树势稳定，冠内结果能力强。树体较矮小，适宜密植，早果丰产性好。抗逆性强，适应范围广。如图 5—3 所示。

图 5—2　华丰板栗

图 5—3　石丰板栗

（4）燕山魁栗

河北省迁西县从实生栗树中选出，原代号为 107。树冠呈半圆头形，树姿自然开张。每结果母枝平均抽生结果枝 2.38 个，每结果枝平均着生总苞 2.15 个，总苞呈椭圆形，刺束较密，斜生。每苞内含坚果 2.75 粒，均重 10 g，出实率 40%。坚果呈椭圆形，棕褐色，具光泽，大小整齐一致，果肉质细糯，含糖 21.2%，适于炒食，品质佳。幼砧嫁接后 3 年结果，5 年生平均株产 2.60 kg，适应性强，丰产、稳产。如图5—4 所示。

图 5—4　燕山魁栗

三、枣

枣又名红枣、干枣、枣子，起源于中国，在中国已有八千多年的种植历史，自古以来就被列为“五果”（桃、李、梅、杏、枣）之一。果实略呈卵圆形或椭圆形，表面为暗红色，带光泽，有不规则皱纹，果实一端有深凹窝，中具一短细的果柄，另一端有一小突点。外果皮薄，中果皮肉质松软，果核呈纺锤形，坚硬，两端尖锐，表面为暗红色。气微弱，味香甜。以色红、肉厚、饱满、核小、味甜者为佳。如图 5—5 所示。

图 5—5　大枣

大枣因加工的不同，而有红枣、黑枣之分。入药一般以红枣为主。红枣富含蛋白质、脂肪、糖类、胡萝卜素、维生素 B、维生素 C、维生素 P 以及钙、磷、铁和环磷酸腺苷等营养成分。其中维生素 C 的含量在果品中名列前茅，有维生素王之美称。枣果富含钙和铁，有补血的功效；枣果可以降低血清总胆固醇，具有护肝的作用。俗话说“一日三枣，长生不老”。枣还被称为木本粮食的“铁杆庄稼”。

我国红枣栽培面积占世界总面积的 98% 以上，主要分布在山东、河北、山西、河南和陕西的黄河流域，占全国总面积的 75%，除西藏、黑龙江外，各省区均有栽培。新疆是新兴的枣产区，发展势头迅猛。

目前除我国之外，仅韩国有商品规模栽培。

1. 枣属的主要种类

（1）酸枣，又名棘（见图 5—6）。原产我国北方，类型多，花期长，可作蜜源。

（2）枣为主要栽培种，有变种如下：

无刺枣：枝无刺或少刺。

龙须枣：作观赏。

葫芦枣：又称磨盘枣。

宿萼枣：果实萼片宿存。

（3）毛叶枣（见图 5—7）：又名滇池枣，印度枣。北方不能露地越冬。如其中的台湾青枣。

2. 枣的品种分类

（1）以淮河、秦岭为界，划为两个生态型

图 5—6　酸枣

图 5—7　毛叶枣

1）北枣。含糖量高，制干。北枣耐低温、干旱和盐碱，主要分布在黄河流域的河北、山东、山西、河南和陕西等省的平原、沙滩和丘陵，品种多，面积大，产量高，是我国的主要枣产区，占全国枣产量的 90% 以上。另外在北方及西北高原上也有分布，其突出特点是抗性强，但品种少、品质也差。

2）南枣。含糖量低，制蜜枣。南枣耐高温、多湿气候和酸性土壤，主要分布在长江流域的江苏、安徽和湖北等省，多为零星栽培，品种少，适于加工和鲜食。

（2）按用途分类

1）制干。肉厚、汁少，含糖量高制成红枣。如圆铃枣、相枣、金丝小枣等。

2）鲜食。脆枣，皮薄，肉质嫩脆，汁多，含糖量高，制干率低。如冬枣、梨枣、早脆王等。

3）加工品种。果大肉厚，疏松少汁，皮薄核小加工蜜枣。如大泡枣、糖枣等。

4）鲜食制干兼用品种（主要类型）。如金丝小枣、赞皇大枣、板枣、灰枣、骏枣、赞新大枣、鸣山大枣。

5）观赏品种。如龙须枣、茶壶枣、葫芦枣。

（3）按枣果生育期长短分类

主要是对鲜食品种按成熟期进行分类：

1）极早熟品种，90 d 以内成熟，如铃铃枣、月光。

2）早熟品种，90 ~ 100 d 成熟，如梨枣、蜂蜜罐。

3）中熟品种，100 ~ 110 d 成熟，一般在 9 月上中旬成熟、采收，如梨枣、大白铃、金丝小枣等。

4）晚熟品种，110 ~ 120 d 成熟，如蛤蟆枣、襄汾团枣、冷白玉。

5）极晚熟品种，120 d 以上成熟，生育期长，一般在 10 月上旬至 11 月上旬采收，如芒果冬枣、冬枣、大雪枣等。

（4）按果形分类

枣果实形状多种多样，一般可分为长枣类、圆枣类和小枣类三类（见图5—8）。

1）长枣类。果实较大，呈长圆形或长柱形。树势强健，树冠高大，适应性和抗逆性都强，多丰产。如山东的马牙枣、躺枣，山西的骏枣、壶瓶枣，陕西的晋枣，浙江的义乌大枣等。

2）圆枣类。果实较大，呈圆形或近圆形。树势一般较强，树冠亦大。如山东的圆铃枣，山西运城的相枣，河北的婆枣，河南的灵宝大枣等。

3）小枣类。果实较小，平均单果重低于7～8 g。呈椭圆形或圆形。树势一般较弱，树冠较小，适于密植，不耐瘠薄。如山东、河北的金丝小枣、无核枣、玉田小枣，河南的鸡心枣等。

3. 全国十大名枣

山西稷山板枣、新疆和田大枣、陕西黄河滩枣、新疆楼兰枣、河北阜平大枣、河北沧州金丝小枣、山西太谷壶瓶枣、河南灵宝大枣、山西交城骏枣、河南新郑大枣。

（1）山西稷山板枣

位列中国十大名枣之首。口味：口感细腻无渣，含糖量、维生素高。特点：果大肥硕，色泽红艳，肉厚核小。

产地：稷山县的城关、化峪、下迪。1982年在全国常州红枣鉴定会上，名列第一，被列为国宴食品；1986年获全国首届农博会最高奖；1994年获全国林博会金奖；1996年获北京全国食博会金奖；1999年获北京国际食博会名牌产品；2000年在山东乐陵全国红枣交易会上又获金奖（见图5—9）。

图5—8　不同枣的形状

图5—9　稷山板枣

（2）新疆和田大枣

特点：果形更大，皮更薄，肉更厚，口感更加甘甜醇厚。产地：新疆和田地区。营养价值：富含维生素 C、维生素 B_1、维生素 B_2，鲜枣 VC 含量为每 100 g 215.5 mg，是苹果的 43 倍；干枣 VC 含量为每 100 g 18.54 mg，是苹果的 3.7 倍，是香蕉的 3 倍，而且普遍比内地红枣品种的维生素含量高出 5 ~7 倍。经权威科研部门测定分析，和田大枣富含有 18 种人体必需的氨基酸及铁、锌、钙、钯、镉、铬等营养物质和稀有元素。另外和田大枣含有药用价值的月桂酸、豆冠稀酸和油酸、花生酸、亚麻酸等，可以补脾益气、润肺生津、养颜驻容、延年益寿（见图 5—10）。

（3）陕西黄河滩枣

黄河滩枣意思就是长在黄河边上的红枣，当地人叫河畔枣，俗称“滩枣”，学名“木枣”，是山西四大名枣之一。特点：颗粒硕大，呈圆柱形，色如墨玉，果肉甜软润香，素称“人参果”。产地：滩枣生长在距黄河 50 m 至 1 500 m 范围内的沙滩上，环境幽雅、空气清新、日照充足、昼夜温差大，是母亲河源源不断滋养孕育的精华，是华北、陕北地区特有的珍品。在山西、陕西黄河交界，临县丛罗峪，陕西清涧县、延川县、佳县都是有名的黄河滩枣之乡（见图 5—11）。

图 5—10　和田大枣

图 5—11　黄河滩枣

（4）新疆楼兰枣

楼兰枣（也称若羌红枣）个大美观，呈椭圆形，晒干为深红色，才下果时肉脆枣甜，晒干后肉软甜润，吃后余香满口。每 100 g 红枣含钙 100 mg、维生素 31 mg、可溶性果糖 74.88%、各种微量元素、氨基酸 537 mg，可食率 92.6%，可溶性固形物含量为 42%，中药为药引子。若羌县虽然降水稀少但光热源丰富，无霜期长，昼夜温差大，特别适合楼兰枣的生长（见图 5—12）。

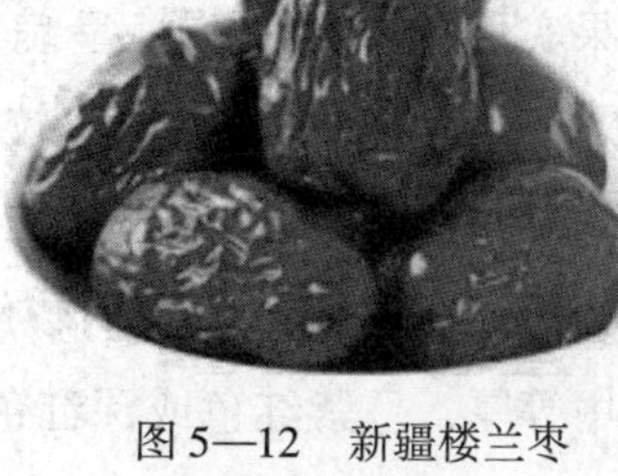

图 5—12　新疆楼兰枣

（5）河北阜平大枣

阜平大枣属婆枣，是全国 700 多个品种中干食最为优良的品种之一，它具有个大（平均单果重 8～10 g）、皮薄、肉厚、核小（核肉比为 1∶18）、可食率高（98%）、干枣含糖量高（67%左右）等特点。阜平大枣在脆熟期 VC 含量高达每 100 g 600 mg，有“天然维生素丸”之称。此外阜平大枣还含有 17 种氨基酸，其中包括人体所必需的 8 种氨基酸。阜平大枣除直接食用外，还可用于加工，现阜平加工的成品有蜜枣类、饮料类、枣酒类、枣面、枣茶、枣酱、枣罐头、枣香精八大系列三十多个品种，深受广大消费者喜爱。同时阜平大枣还具有补脾和胃、益气生津之药效，枣果中含有的环磷酸腺苷、环磷酸鸟苷、儿茶酚对心血管病、癌症等都有一定疗效（见图5—13）。

（6）河北沧州金丝小枣

又名西河红枣。因干枣剥开时有金黄丝相连，入口甜如蜜，外形如珠似玑，故称金丝小枣。干制的红枣果形饱满，肉质细腻，富弹性，味清甜，富韧性，呈深红色，耐储运，品质极上，果核小。9 月下旬成熟。主产于山东、河北。果实较小，有圆形、椭圆形、柱形等。平均果重 4～6 g。果柄较长。果皮薄，呈鲜红色。果肉呈乳白色，质地致密细脆，汁液中多，味甘甜，鲜食品质优，宜鲜食和制干（见图 5—14）。

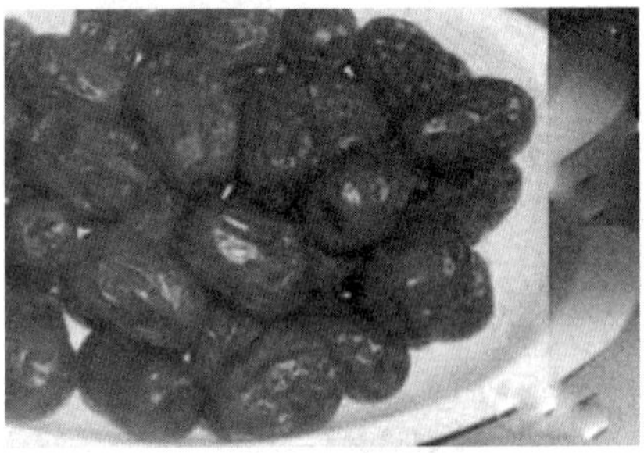

图 5—13　阜平大枣

图 5—14　金丝小枣

（7）山西太谷壶瓶枣

此枣因果型上小下大，中间稍细，形态像壶亦像瓶。故称之壶瓶枣。产于山西省太谷县，有 2 000 年的栽培历史，是山西四大名枣之一（见图 5—15）。

（8）河南灵宝大枣

图 5—15　壶瓶枣

主产于河南灵宝、陕县、新安和山西平陆等地。果实性状：果实大，呈扁圆形，平均果重 22. 3 g，最大果重 34 g，大小较均匀。果肩广圆，略宽于果顶。梗洼浅广，环洼大而浅。果顶宽平，顶洼广、中等深。果柄较细短。果面平整，果皮中等厚，呈紫红色或深红色。果肉厚，呈绿白色，质地致密，较硬，汁液少，味甜略酸，含可溶性固形物 32. 4%、总糖 23%，可食率 96. 7% ~97. 7%，出干率 58% 左右，制干品质中上。干枣含总糖 70. 2%，皮较脆，易裂。肉质松软，不耐压挤和储运。果核较小，含仁率 70% 左右（见图 5—16）。

（9）山西交城骏枣

骏枣主产于山西交城等地，当地古老品种之一。果实大，呈圆柱形或长倒卵形。平均果重 22. 9 g，最大果重 36. 1 g，大小不均匀。果肩较小，略耸起，梗洼较深、中广。果顶平。果柄较粗长。果面光滑，果皮薄，呈深红色。果肉厚，呈白色或绿白色，质地略松脆，汁液中等，稍具苦味，含可溶性固形物 33%，可食率 96. 3%，品质上等。适宜制干、加工醉枣和蜜枣。果核重 0. 85 g，大果 30% 核内含有种子（见图 5—17）。

图 5—16　宝灵大枣

图 5—17　骏枣

（10）河南新郑大枣

又名鸡心大枣、鸡心枣，是河南省郑州市新郑的特产，素有“灵宝苹果潼关梨，新郑大枣甜似蜜”的盛赞。红枣味甜、性温，是补血健脾美容的滋补佳果，而新郑大枣以其皮薄、肉厚、核小、味甜备受人们青睐，成为枣类中的佼佼者（见图 5—18）。

图 5—18　新郑大枣

四、核桃

核桃，又称胡桃，羌桃，为胡桃科植物。与扁桃、腰果、榛子并称为世界著名的“四大干果”。核桃仁含有丰富的营养素，每 100 g 含蛋白质 15 ~ 20 g，脂肪较多，碳水化合物 10 g，并含有人体必需的钙、磷、铁等多种微量元素和矿物质，以及胡萝卜素、核黄素等多种维生素。对人体有益，可强健大脑，是深受老百姓喜爱的坚果类食品之一，被誉为“万岁子”“长寿果”。

核桃果实呈椭圆形，直径约 5 cm，呈灰绿色。幼时具腺毛，老时无毛，内部呈坚果球形，黄褐色，表面有不规则槽纹。

中国核桃的分布很广，黑龙江、辽宁、天津、北京、河北、山东、山西、陕西、宁夏、青海、甘肃、新疆、河南、安徽、江苏、湖北、湖南、广西、四川、贵州、云南及西藏 22 个省（区、市）都有分布。内蒙古、浙江及福建等省（区）有少量引种或栽培。主要产区在云南、陕西、山西、四川、河北、甘肃、新疆、安徽等省（区）。其中安徽省亳州市三官林区被誉为亚洲最大核桃林场。

1. 核桃组

（1）核桃

又名胡桃、羌桃，是国内外栽培最为广泛的一种。落叶乔木，一般树高 10 ~ 20 m，最高可达 30 m 以上，主干直径 1 m 左右，寿命长达一二百年，最长可达 500 年以上。树冠大而开张，呈半圆形或圆头形，直径达 6 ~ 9 m。树皮呈灰白色到黑褐色，幼树树皮光滑，老树有不规则浅纵裂。枝条粗壮、光滑，嫩枝初生时呈绿色，早春也可略呈红色，停长后变为亮灰色或灰褐色，呈白色皮孔。一年生枝髓部较大，木质部松软，以后随年龄的增加，髓部逐渐变小。叶为奇数羽状复叶，互生，长 30 ~ 40 cm，复叶柄为圆形，基部肥大有腺点，脱落后叶痕大，呈三角形。小叶 5 ~ 9 片，呈长圆形、倒卵形或广椭圆形，具短柄，先端微突尖，叶缘全缘或具微锯齿。

果实为核果，呈圆形或长圆形，直径 4 ~ 5 cm，外果皮薄，表面光滑或具茸毛，呈绿色，有黄白色斑点；中果皮肉质；内果皮骨质（称为果壳），表面具刻沟或皱纹，果壳内有种子一枚，称为种仁，即食用部分，呈脑状，被浅黄色或黄褐色薄种皮，其上有明显或不明显的脉络。

（2）铁核桃

又叫漾濞核桃，栽培型多称泡核桃、茶核桃等。铁核桃与核桃的主要区别是小叶 9 ~ 13 枚，叶片由下而上逐渐变小，小叶呈椭圆状披针形，顶端小叶常退化为 1 ~ 1.5 cm长的线状体，故形似偶数羽状复叶，叶缘全缘或有微锯齿。果实呈扁圆形，果壳皱褶明显。壳有薄厚之分，其中栽培类型的果壳容易开裂，而野生类型的开裂较难。

2. 核桃楸组

（1）核桃楸

又名山核桃、楸子核桃、胡桃楸等。落叶乔木，树高达 20 m 以上。树冠呈广卵形，树皮呈灰色或暗色，幼时光滑，老时有浅纵裂。芽为三角形，被黄褐柔毛。奇数羽状复叶，长 60 ~ 90 cm，小叶 7 ~ 17 片，柄极短或无柄，呈长圆形或长卵圆形，叶缘有细锯齿，背面密生柔毛。雄花序长 9 ~ 12 cm，每序小花在具密柔毛的花轴上，雌花被有茸毛，柱头 2 裂，呈紫红色或鲜红色。果序通常 4 ~ 7 果，果实呈卵形或卵圆形，先端锐尖，壳面有 6 ~ 8 条棱脊和不规则深刻沟，壳和内隔壁坚厚，不易取仁。

（2）野核桃

落叶乔木或小乔木，有时呈灌木状，树高 5 ~ 20 m 或更高。奇数羽状复叶可长达 1 m左右，具 9 ~ 17 片小叶；小叶卵形或长卵圆形，长 8 ~ 15 cm，雌花序 6 ~ 10 朵小花，呈串状着生。果实呈卵圆形，先端急尖，果实个小，果壳坚硬，有 6 ~ 8 条棱脊，内隔壁骨质，取仁难（见图 5—19）。

图 5—19　野核桃

（3）麻核桃

又名文玩核桃。主要分布在北京、河北、辽宁等地，是核桃和核桃楸的天然杂交种。落叶乔木，树高 10 ~ 20 米，树皮呈银灰色。奇数羽状复叶长 45 ~ 80 cm，小叶 7 ~ 15 枚，全缘或具浅锯齿，叶背有短绒毛。雄花序长 20 ~ 25 cm，雌花序顶生，有 2 ~ 5 小花簇生。果实呈圆形或长圆形，先端突尖，直径 4 ~ 5 cm，果壳坚厚，不易开裂，内隔壁骨质发达，难于取仁。品种有狮子头、公子帽、官帽灯笼、鸡心、虎头等（见图 5—20、图 5—21）。

（4）吉宝核桃

又名鬼核桃、日本核桃。产于日本，20 世纪 30 年代引入我国，在辽宁、吉林、山东、山西等地有生长。树高 20 ~ 25 m（见图 5—22）。

小叶 9 ~ 19 枚，呈卵圆形。雄花序 15 ~ 20 cm，雌花序顶生，有 5 ~ 20 朵小花

图 5—20　白狮子头

图 5—21　麻核桃

串状着生。子房和柱头为紫红色。果实呈长圆形，先端突尖，密生腺毛。果壳有 8 条明显的棱脊，并有刻点，果壳坚厚，内隔壁骨质，不易取仁。

（5）心形核桃

又名姬核桃。原产日本，20 世纪 40 年代引入我国，在辽宁、吉林、山西、内蒙古等地有少量栽培。其主要形态特征与吉宝核桃相似，主要区别在果实。果实为扁心形，较小，壳面光滑，先端突尖，壳坚厚，无内隔壁，缝合线处易开裂，可取整仁（见图 5—23）。

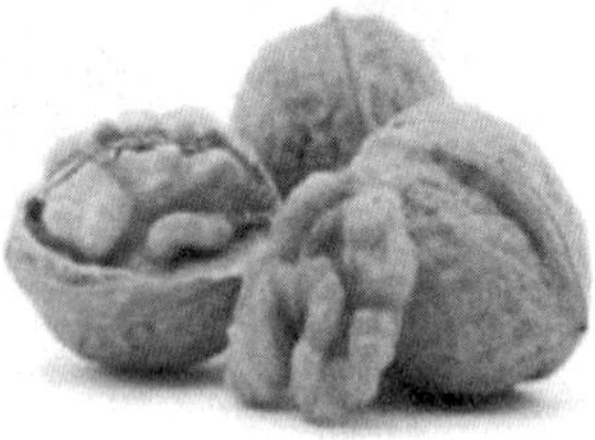

图 5—22　吉宝核桃

图 5—23　心形核桃

3. 黑核桃组

黑核桃包括 16 个树种，分布于北美及拉丁美洲。其中最有经济价值的树种为东部黑核桃，广泛分布在美国的东半部和加拿大南边，坚果在 16 个树种中最大、木材最优良，为上乘家具用材和胶合板材（见图 5—24）。

我国引种黑核桃开始于 1984 年，在北京、南京、辽宁、河南等地有生长。树高可达 30 m 以上。树皮呈暗褐色或灰褐色，纵裂较深。嫩枝有柔毛。小叶 15～23 片。呈长卵圆形，叶缘有不规则锯齿，成龄叶表面光滑，背面有毛。雄花序长 5～12 cm，小花有 20～23 cm 没雄蕊，雌花序 2～5 朵小花簇生于枝顶。果实圆球形，表面有小突起和柔毛。坚果先端微尖，壳面有不规则的深刻沟，壳坚厚，难开裂。其内果皮常常用来制作装饰品。

4. 山核桃

山核桃又名核桃楸、胡桃楸，是一种落叶乔木，属胡桃科山核桃属。约有 20 个种，其中 4 个种原产中国，1984 年浙江林学院在安徽金寨发现一个新种。原产北美的有 11 个种，被称为长寿果的碧根果就是其中一种（见图 5—25）。

图 5—24　黑核桃

图 5—25　山核桃

山核桃，高达 10 ~ 20 m，胸径 30 ~ 60 cm；树皮平滑，呈灰白色，光滑；小枝细瘦，新枝密，被盾状着生的橙黄色腺体，后来腺体逐渐稀疏，1 年生枝呈紫灰色，上端常被有稀疏的短柔毛，皮孔圆形，稀疏。

山核桃的果实由于具有极高的营养价值和独特的口感风味，得到了消费者的认可，逐渐成为一种广受欢迎的高档坚果。中国为原产地之一，适生于山麓疏林中或腐殖质丰富的山谷。

学习单元 2　木本油料

学习目标

1. 掌握木本油料的规格质量标准。
2. 掌握木本油料的性状、特点。

知识要求

一、木本油料概述

木本油料是指用来榨取油脂的树木果实。或者说，凡乔木或灌木生产的油料都称木本油料。我国木本油料资源丰富，油茶、核桃、油桐、乌桕并称为我国四大木本油料植物。近年来，我国新近培育并发现的油用牡丹，成为我国木本油料中的一个新资源食用油新品种。

木本油料既是一种人们生活中必需品，又是一种缓解世界能源危机的可再生资源。木本油料在我国油脂生产上占有重要地位，有巨大的发展潜力。大力发展木本油料生产是解决我国食油问题的一个重要途径，也是增加集体经济收入、支援工农业生产和对外贸易的需要。

二、油桐

油桐，大戟科，落叶乔木，高达 10 m；树皮呈灰色，近光滑；枝条粗壮，无毛，具明显皮孔。叶呈卵圆形，长 8 ~ 18 cm，宽 6 ~ 15 cm，顶端短尖，基部截平至浅心形，全缘，稀 1 - 3 浅裂，嫩叶上面被很快脱落微柔毛，下面被渐脱落棕褐色微柔毛，成长叶上面呈深绿色，无毛，下面呈灰绿色，被贴伏微柔毛。花雌雄同株，雄花：雄蕊 8 ~ 12 枚，2 轮；外轮离生，内轮花丝中部以下合生；雌花：子房密被柔毛，3 - 5（ -8）室，每室有 1 颗胚珠，花柱与子房室同数，2 裂。核果近球状，直径 4 - 6（ -8）cm，果皮光滑；种子 3 - 4（ -8）颗，种皮木质。花期 3—4 月，果期 8—9 月。

分布于中国的陕西、河南、江苏、安徽、浙江、江西、福建、台湾、湖南、湖北、广东、海南、广西、四川、贵州、云南等省区。

油桐是中国著名的木本油料树种。种子具厚壳状种皮，呈宽卵形；种仁含油，高达 70%，桐油是重要工业用油，制造油漆和涂料，经济价值特高。桐油和木油色泽金黄或棕黄，都是优良的干性油，有光泽，不能食用，具有不透水、不透气、不传电、抗酸碱、防腐蚀、耐冷热等特点。广泛用于制漆、塑料、电器、人造橡胶、人造皮革、人造汽油、油墨等制造业。如图 5—26、图 5—27 所示。

图 5—26　油桐果实

图 5—27　油桐全株

三、椰子

椰子（见图5—28），果呈卵球状或近球形，顶端微具三棱，长15~25 cm，外果皮薄，中果皮厚纤维质，内果皮木质坚硬，基部有3孔，其中的1孔与胚相对，萌发时即由此孔穿出，其余2孔坚实，果腔含有胚乳（即“果肉”或种仁）、胚和汁液（椰子水）。花果期主要在秋季。产于热带地区。椰子是海南特产棕榈科、椰子属植物类有机果实，无污染，含丰富维生素B、维生素C、氨基酸和复合多糖物质，椰子水富含蛋白质、脂肪和多种维生素，促进细胞再生长，可以饮用，甘甜解暑。

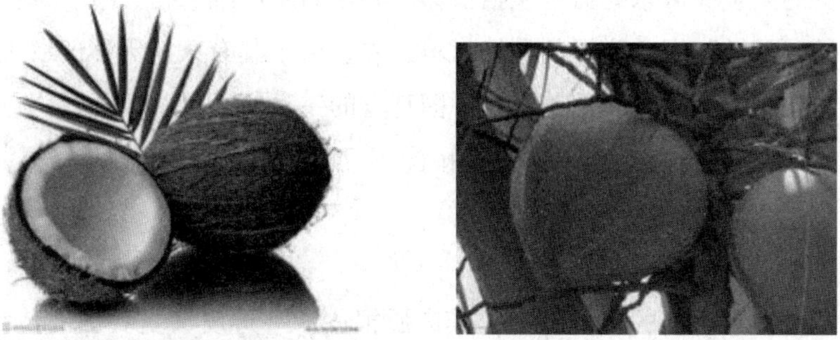

图5—28　椰子

椰子作为饲料主要是椰肉榨油后剩下的椰子油饼。一般每个椰子能生产0.18 kg椰干，可榨油0.11 kg，同时可以获得0.055 kg椰子油饼。利用椰子油饼饲喂家畜，需逐渐添加于其日粮中，家畜习惯后十分喜食。奶牛的饲用量为每天1.5~2.0 kg，饲喂椰子油饼，可以提高奶牛的乳脂含量。在猪日粮中，以添加25%最好，此外，椰子树叶和椰干也为家畜喜食，但一般不做饲料利用。新鲜椰子水可以作为家畜人工授精稀释精液的一种成分。

中国种植椰子已有2 000多年的历史。现主要集中分布于海南各地、台湾南部、广东雷州半岛、云南西双版纳。在长期自然选择和人工选择中，形成许多类型和变种。以栽培品种角度分析、鉴别认为有野生种和栽培种，栽培品种中又可分为高种、矮种和杂交种，品种主要有文椰2号、文椰3号、文椰4号和文椰5号等。

四、油茶

油茶别名茶子树、茶油树、白花茶；油茶属茶科，常绿小乔木（见图5—29）。油茶种子呈扁圆形，背面呈圆形隆起，腹面扁平，长1~2.5 cm，一端钝圆，另一端凹陷，表面呈淡棕色，富含油质。气香，味苦涩。因其种子可榨油（茶油）供

图 5—29　油茶

食用，故名。茶油色清味香，营养丰富，耐储藏，种子含油 30% 以上，供食用及润发、调药，可制蜡烛和肥皂，也可作机油的代用品。油茶与油棕、油橄榄和椰子并称为世界四大木本食用油料植物。油茶具有很高的综合利用价值，茶籽粕中含有茶皂素、茶籽多糖、茶籽蛋白等，它们都是化工、轻工、食品、饲料工业产品等的原料，茶籽壳还可制成糠醛、活性炭等，用茶树的灰洗头可杀死虱子包括虫卵。茶子树木质细、密、重，拿在手里沉甸甸的，很硬，是做陀螺、弹弓的最好材料，并且由于其有茶树天然的纹理，也是制作高档木纽扣的高级材料。油茶树是中国特有的一种纯天然高级油料。

主要集中在浙江、江西、河南、湖南、广西五省。

五、油用牡丹

牡丹既是世界著名的观赏花卉，其肉质根皮——丹皮又是我国的传统中药材。油用牡丹产业是我国近几年农林产业新兴的一项产业。品种有“凤丹白”和“西北紫斑牡丹”两个品种，经过近几年的驯化，具有高产、高含油率、高品质、种植成本低三高一低的特点，丰产期的油用牡丹亩平均产籽 300 kg。

学习单元 3　食用菌

学习目标

1. 掌握食用菌的规格质量标准。
2. 掌握食用菌的性状、特点。

知识要求

一、食用菌概述

食用菌是指子实体硕大、可供食用的蕈菌（大型真菌），通称为蘑菇。中国已知的食用菌有 350 多种，其中多属担子菌亚门，常见的有香菇、草菇、蘑菇、木耳、银耳、猴头、竹荪、松口蘑（松茸）、口蘑、红菇、灵芝、虫草、松露、百灵和牛肝菌等；少数属于子囊菌亚门，其中有羊肚菌、马鞍菌、块菌等。上述真菌分别生长在不同的地区、不同的生态环境中。农产品经纪人在经营中常见的品种有香菇、草菇、木耳、银耳、灵芝等。

二、香菇

香菇子实体单生、丛生或群生，子实体中等大至稍大。菌盖直径 5 ~ 12 cm，有时可达 20 cm，幼时呈半球形，后呈扁平至稍扁平，表面呈菱色、浅褐色、深褐色至深肉桂色，中部往往有深色鳞片，而边缘常有污白色毛状或絮状鳞片。菌肉呈白色，稍厚或厚，细密，具香味。

幼时边缘内卷，有白色或黄白色的绒毛，随着生长而消失。菌盖下面有菌幕，后破裂，形成不完整的菌环。老熟后盖缘反卷，开裂。菌褶呈白色，密，弯生，不等长。菌柄常偏生，呈白色，弯曲，长 3 ~ 8 cm，粗 0.5 ~ 1.5（2）cm，菌环以下有纤毛状鳞片，纤维质，内部实心。菌环易消失，呈白色。孢子印白色。孢子光滑，无色，呈椭圆形至卵圆形，（4.5 ~ 7）μm ×（3 ~ 4）μm，用孢子生殖。双核菌丝有锁状联合。如图 5—30 所示。

图 5—30　香菇

分布地区：河北遵化、平泉县，山东高密、广饶，河南灵宝、西峡、卢氏县、泌阳，浙江，福建，台湾，广东，广西，安徽，湖南，湖北，江西，四川，贵州，云南，陕西，甘肃。栽培的品种主要有：Cr02、Cr04、L26、香 7、台香、武香 1 号、香菇 867、香菇 937 等。

营养价值：干香菇食用部分占 72%，每 100 g 食用部分中含水 13 g、脂肪 1.8 g、碳水化合物 54 g、粗纤维 7.8 g、灰分 4.9 g、钙 124 mg、磷 415 mg、铁 25.3 mg、维生素 B_1 0.07 mg、维生素 B_2 1.13 mg、尼克酸 18.9 mg。鲜菇除含水 85% ~ 90% 外，固形物中含粗蛋白 19%、粗脂肪 4%、可溶性无氮物质 67%、粗纤维 7%、灰分 3%。香菇中还含有 30 多种酶和 18 种氨基酸。人体所必需的 8 种氨基酸中，香菇就含有 7 种，因此香菇又成为改善人体酶缺乏症和补充氨基酸的首选食物。香菇还含有多种维生素、矿物质，对促进人体新陈代谢，提高机体适应力有很大作用。香菇还对糖尿病、肺结核、传染性肝炎、神经炎等起治疗作用，又可用于消化不良、便秘、减肥等。

三、草菇

草菇又名兰花菇、苞脚菇。草菇因常常生长在潮湿腐烂的稻草中而得名，子实体由菌盖、菌柄、菌褶、外膜、菌托等构成。外膜：又称包被、脚包，顶部呈灰黑色或灰白色，往下渐淡，基部呈白色，未成熟子实体被包裹其间，随着子实体增大，外膜遗留在菌柄基部而成菌托。担孢子：卵形，长 7 ~ 9 μm，宽 5 ~ 6 μm，最外层为外壁，内层为周壁，与担子梗相连处为孢脐，是担孢子萌芽时吸收水分的孔点。初期颜色为透明淡黄色，最后为红褐色。如图 5—31 所示。

图 5—31　草菇

300 年前我国已开始人工栽培，在 20 世纪约 30 年代由华侨传入世界各国，是一种重要的热带亚热带菇类，是世界上第三大栽培食用菌。草菇营养丰富，味道鲜美。每 100 g 鲜菇含 207.7 mg 维生素 C、2.6 g 糖分、2.68 g 粗蛋白、2.24 g 脂肪、0.91 g 灰分。草菇蛋白质含 18 种氨基酸，其中必需氨基酸占40.47% ~44.47%。此外，还含有磷、钾、钙等多种矿质元素。

我国草菇产量居世界之首，主要分布于华南地区，多产于两广、福建、江西、台湾。肥大、肉厚、柄短、爽滑，味道极美，故有“兰花菇”“美味包脚菇”之称。草菇菌株按个体大小分大、中、小三个类型，单个重在 20 g 以下属小型，20 ~ 30 g 属中型，30 g 以上为大型。色泽有鼠灰、淡灰、灰白等，因菌株而不同。采用哪个类型菌株视栽培季节和用途而定，干制用的适宜选用大、中型，鲜食和罐藏用的适宜采用中、小型。2010 年选择较多的是 V 系列品种。主要品种有 V20、V23、V37、V35、V844、V733、V16、V2、Vt 等。

四、木耳

木耳按颜色分为白木耳和黑木耳两种，从养殖类型分为野生的和人工培育的两种。市场上销售的绝大部分是人工培育的，野生黑木耳珍贵稀少，以长白山黑木耳最为著名。如图 5—32 所示。

图 5—32　木耳

黑木耳状如耳朵，系寄生于枯木上的一种菌类，木耳是木耳科真菌木耳。新鲜的木耳呈胶质片状，半透明，侧生在树木上，耳片直径 5 ~ 10 cm，有弹性，腹面平滑下凹，边缘略上卷，背面凸起，并有极细的绒毛，呈黑褐色或茶褐色。黑木耳子实体胶质，呈圆盘形、耳形、不规则形，直径 3 ~ 12 cm。新鲜时软，干后成角质。口感细嫩，风味特殊，是一种营养丰富的著名食用菌。野生木耳生长于栎、杨、榕、槐等 120 多种阔叶树枝上，丛生，常屋瓦状叠生。也可以用阔叶树类的椴木和木屑人工栽培；生长需散射光、湿润和温暖的环境。

中国是木耳的主要生产国，产区主要分布在吉林、黑龙江、辽宁、内蒙古、广西、云南、贵州、四川、湖北、陕西和浙江等地，其中黑龙江省牡丹江地区海林市、东宁县（2012 年 12 月晋升为国家级木耳批发市场）和吉林省蛟河市黄松甸镇是中国最大的黑木耳基地。

营养价值：黑木耳含蛋白质、脂肪、多糖和钙、磷、铁等元素以及胡萝卜素、维生素 B_1、维生素 B_2、烟酸等，还含磷脂、固醇等营养素。木耳营养丰富，被誉为“菌中之冠”。每 100 g 干品黑木耳中含蛋白质 9.4 g、碳水化合物 65.5 g、钙 357 mg、磷 201 mg、铁 185 mg。木耳能帮助消化系统将无法消化的异物溶解，能有效预防缺铁性贫血、血栓、动脉硬化和冠心病，还具有防癌作用。木耳散具有治疗溃烂诸疮和血崩的药理作用。

鉴别：优质木耳表面黑而光润，有一面呈灰色，手摸上去感觉干燥，无颗粒感，嘴尝无异味。假木耳看上去较厚，分量也较重，手摸时有潮湿或颗粒感，嘴尝有甜或咸味（一般用糖或盐水浸泡过）。

五、银耳

银耳为门担子菌门真菌银耳的子实体，银耳是由 10 余片薄而多皱褶的扁平形瓣片组成。银耳子实体为纯白色至乳白色，一般呈菊花状或鸡冠状，直径 5 ~ 10 cm，柔软洁白，半透明，富有弹性，由数片至组成，形似菊花形、牡丹形或绣球形，直径3～15 cm。干后收缩，角质，硬而脆，白色或米黄色。子实层生瓣片表面。担子近球形或近卵圆形，纵分隔，夏秋季生于阔叶树腐木上。如图5—33所示。

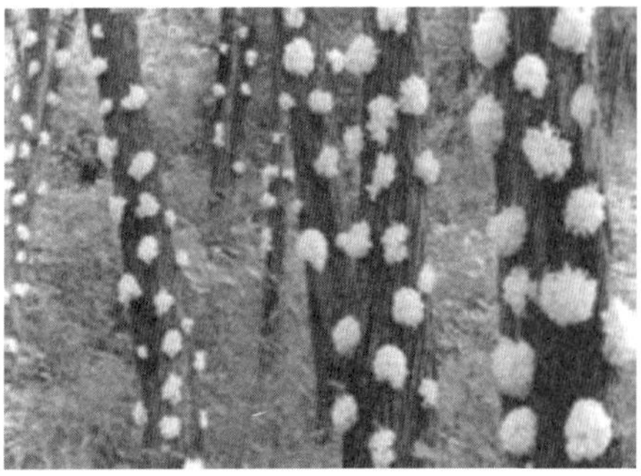

图5—33　银耳

银耳具有强精、补肾、润肠、益胃、补气、和血、强心、壮身、补脑、提神、美容、嫩肤、延年益寿之功效。它能提高肝脏解毒能力，保护肝脏功能，它不但能增强机体抗肿瘤的免疫能力，还能增强肿瘤患者对放疗、化疗的耐受力。

野生银耳数量稀少，在古代属于名贵补品。但新中国成立以来，古田银耳人工栽培技术成功，使银耳走向了千家万户，成为人人皆可品尝的佳品。当今，古田县为银耳的主要产区，并因此获得“中国食用菌之都”的称号。

银耳是中国的特产，野生银耳主要分布于中国四川省、浙江省、福建省、江苏省、江西省、安徽省、台湾省、湖北省、海南省、湖南省、广东省、香港特别行政区、广西壮族自治区、贵州省、云南省、陕西省、甘肃省、内蒙古自治区和西藏等地区。

六、灵芝

灵芝外形呈伞状，菌盖呈肾形、半圆形或近圆形，为多孔菌科真菌灵芝的子实体，灵芝的大小及形态变化很大，大型个体的菌盖为20 cm×10 cm，厚约2 cm，一般个体为4 cm×3 cm，厚0.5～1 cm，下面有无数小孔，管口呈白色或淡褐色，每毫米内有4～5个，管口圆形，内壁为子实层，孢子产生于担子顶端。如图5—34所示。

菌柄侧生，极少偏生，长于菌盖直径，呈紫褐色至黑色，有漆样光泽，坚硬。孢子呈卵圆形，（8～11）cm×7 cm，壁两层，内壁褐色，表面有小疣，外壁透明无色。

营养价值：主含氨基酸、多肽、蛋白质、真菌溶菌酶，以及糖类（还原糖和多糖）、麦角甾醇、三萜类、香豆精甙、挥发油、硬脂酸、苯甲酸、生物碱、维生素 B_2 及维生素C等；孢子还含甘露醇、海藻糖。灵芝味虽苦，但苦而香。灵芝的名贵在于它含有丰富的多糖和三萜，野生灵芝还富含许多微量元素；在不破坏灵芝天然活性萃取后，蕴含于其中的大部分精华能释放出来，从而被人体吸收利用。

灵芝在我国普遍分布，黑龙江、吉林、山东、湖南、安徽霍山、江西、福建、广东、广西等省区均有部分产量。欧洲、美洲、非洲、亚洲东部也有不同产量。其中东北灵芝种植基地以吉林省蛟河市黄松甸镇和吉林省敦化市黄泥河镇较为集中。如图 5—35 所示。

图 5—34　灵芝

图 5—35　野生灵芝

鉴别野生灵芝和人工培育灵芝的主要方法有：

第一，看灵芝的色泽形状。由生长环境的不同以区别，野生灵芝多生长于深山树林中某种已枯死树干上，旁边杂草乱石颇多，故野生灵芝长型多样、色泽各异，而种植灵芝出于种植基地，虽种植户也有刻意模仿野生灵芝生长环境，但大多长型都比较均匀，色泽大致相同。

第二，比较大小。野生灵芝品种多，形状相对比较规则，每类灵芝各有自己的特点，不过，山上采集的灵芝一般都大小不一，不会像人工种植的那样，大批量的灵芝大小基本上都差不多。人工栽培的灵芝一般的生长环境都是在温室大棚，在这样的生长环境中生长出来的灵芝往往比野生灵芝的个头大很多，同时灵芝的大小整齐度一致，形状也规则。

第三，看虫眼。野生灵芝都生长于野外，肯定会遇到虫害的侵袭，所以子实体下方都会留下不规则的虫眼，这个也是必然的，如果没有虫眼，那只能说明这灵芝是人工培育的。人工栽培的灵芝一般都采用农药控制虫害问题，几乎不会有虫眼。

第四，闻气味、品味道。野生灵芝的药用价值越来越明显，能治病、能防病、能抗病。野生灵芝味很苦，一般来说越是苦的其药效才会显著。野生灵芝并无气味，在药店所买的灵芝之所以有气味一般是由于中药材混杂后导致的串味。

第五，看草梗。野生灵芝常有野外自然的元素。野生灵芝生长环境都是杂草丛生的，难免会有草梗与灵芝缠绕在一起（就长在灵芝体内穿透其间）。

第六，灵芝脚的泥。野生灵芝采摘时肯定会带有泥土，并且泥土很结实，很难掰开。而野生灵芝肯定不是都采集于一个地方，所以它带有的泥土肯定不会是一个地方的泥土。

学习单元4　森林药材

学习目标

1. 掌握森林药材的规格质量标准。
2. 掌握森林药材的性状、特点。

知识要求

“森林药材”为产业属性概念，它涵盖了所有分布在森林内的、为人类利用的多种动、植物药材资源。

一、植物药材

中草药的种类很多，在药材市场上销售的常用中草药就有500多种。其中大部分靠采挖野生资源，人工种植的有100～200种。

1. 全草类

（1）龙牙草

龙牙草为蔷薇科龙牙草属下的一个种。多年生草本植物，植株高30～120 cm。根多呈块茎状，周围长出若干侧根，根茎短，基部常有1至数个地下芽。茎高30～120 cm，被疏柔毛及短柔毛，稀下部被稀疏长硬毛。叶为间断奇数羽状复叶，通常有小叶3～4对，稀2对，向上减少至3小叶，叶柄被稀疏柔毛或短柔毛；小叶片无柄或有短柄，呈倒卵形、倒卵椭圆形或倒卵披针形，长1.5～5 cm，宽1～2.5 cm，顶端急尖至圆钝，稀渐尖，基部楔形至宽楔形，边缘有急尖到圆钝锯齿，上面被疏柔毛，稀脱落几无毛，下面通常脉上伏生疏柔毛，稀脱落几无毛，有显著腺点；托叶草质，绿色，镰形，稀卵形，顶端急尖或渐尖，边缘有尖锐锯齿或裂片，稀全缘，茎下部托叶有时呈卵状披针形，常全缘。果实呈倒卵圆锥形，外面有10条筋，被疏柔毛，顶端有数层钩刺，幼时直立，成熟时靠合，连钩刺长7～8 cm，最宽处直径3～4 cm。花果期为5—12月。多生于林内、山坡、路旁，分布地区有中国、朝鲜、日本、俄罗斯、蒙古、越南以及欧洲中部等。如图5—36所示。

功能主治：龙芽草具有止血、健胃、滑肠、止痢、杀虫的功效。主治脱力劳乏，妇女月经不调，红崩白带，胃寒腹痛，赤白痢疾，吐血，咯血，肠风，尿血，子宫出血，十二指肠出血等症。全草提取仙鹤草素作为止血药。

（2）藿香

又名合香、苍告、山茴香等，属管状花目，唇形科多年生草本植物，茎直立，高0.5～1.5 m，呈四棱形，粗达7～8 mm，叶呈心状卵形至长圆状披针形，花冠呈淡紫蓝色，长约8 mm，成熟小坚果呈卵状长圆形，长约1.8 mm，宽约1.1 mm，花期6—9月，果期9—11月。如图5—37所示。

图5—36　龙牙草

图5—37　藿香

中国各地广泛分布，主产于四川、江苏、浙江、湖南、广东等地。俄罗斯、朝鲜、日本及北美洲有分布。

药材鉴定：本品茎略呈方柱形，多分枝，枝条稍曲折，长30～1 500 px（注1 cm＝28 px），直径0.2～17.5 px；表面被柔毛，质脆，易折断，断面中部有髓；老茎类圆柱形，直径1～30 px，被灰褐色栓皮。叶对生，皱缩成团，展平后叶片呈卵形或椭圆形，长4～225 px，宽3～175 px；两面均被灰白色绒毛；先端短尖或钝圆，基部楔形或钝圆，边缘具大小不规则的钝齿；叶柄细，长2～125 px，被柔毛。气香特异，味微苦。本品呈不规则的段。茎略呈方柱形，表面呈灰褐色、灰黄色或带红棕色。

2. 根类

（1）人参

人参是多年生宿根草本，人参主根高30～60 cm，肥厚，肉质，为黄白色，呈圆柱形或纺锤形，下面稍有分枝；根状茎（芦头）短，直立。人参茎直立，呈圆柱形，不分枝；一年生植株茎顶只有一叶，叶具3小叶，俗名“三花”；二年生茎仍只1叶，但具5小叶，叫“巴掌”；三年生者具有两个对生的5小叶的复叶，叫“二甲子”；四年生者增至3个轮生复叶，叫“灯台子”；五年生者增至4个轮生复叶，叫“四匹叶”；六年生者茎顶有5个轮生复叶，叫“五匹叶”。人参复叶掌状，小叶3~5片，中间3片近等大，有小叶柄；小叶片呈椭圆形或微呈倒卵形，长4~15 cm，宽2~6.5 cm，先端渐尖，基部楔形，边缘有细锯齿，上面脉上散生少数刚毛，下面无毛，最下1对小叶甚小，无小叶柄。如图5—38所示。

人参夏季开花，伞形花序单一顶生叶丛中，总花梗长达30 cm，每花序有4~40余花，小花梗长约0.5 cm。苞片小，呈条状披针形；萼钟形，与子房愈合，裂片5，绿色；花瓣5，卵形，全缘，淡黄绿色；雄蕊5，花丝短；雌蕊1，子房下位，2室，花柱2，上部分离，下部合生。人参浆果呈扁圆形，成熟时为鲜红色，内有两粒半圆形种子。如图5—39所示。

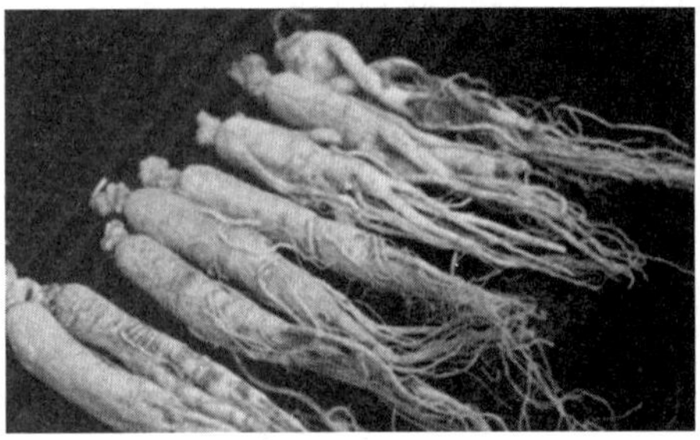

图5—38　人参

图5—39　人参果实

人参多生长在北纬40°~45°，东经117.5°~134°之间，分布于辽宁东部、吉林东半部和黑龙江东部，河北、山西、山东有引种。俄罗斯、朝鲜和日本也多栽培。

人参自古被誉为“百草之王”“滋阴补生，扶正固本”之极品，含多种皂甙和多糖类成分，浸出液可被皮肤缓慢吸收且无不良刺激，能扩张皮肤毛细血管，促进皮肤血液循环，增加皮肤营养，调节皮肤的水油平衡，防止皮肤脱水、硬化、起皱，人参活性物质抑制黑色素的还原性能，使皮肤洁白光滑，能增强皮肤弹性，使细胞获得新生，是护肤美容的极品。人参的肉质根为著名强壮滋补药，适用于调整血压、恢复心脏功能、神经衰弱及身体虚弱等症，也有祛痰、健胃、利尿、兴奋等功效。

（2）半夏

块茎呈圆球形，直径1~2 cm，具须根。叶2~5枚，有时1枚。叶柄长15~20 cm，基部具鞘，鞘内、鞘部以上或叶片基部（叶柄顶头）有直径3~5 mm的珠芽，珠芽在母株上萌发或落地后萌发；幼苗叶片呈卵状心形至戟形，为全缘单叶，老株叶片3全裂，裂片呈绿色、背淡，呈长圆状椭圆形或披针形，两头锐尖，花序柄长于叶柄。佛焰苞绿色或绿白色，管部呈狭圆柱形；檐部呈长圆形，绿色，有时边缘青紫色。肉穗花序：雌花序长 2 cm，雄花序长 5 ~ 7 mm；浆果呈卵圆形，黄绿色，先端渐狭为明显的花柱。花期 5—7 月，果 8 月成熟。功能主治：燥湿化痰，降逆止呕，消痞散结。用于痰多咳喘，痰饮眩悸，风痰眩晕，痰厥头痛，呕吐反胃，胸脘痞闷，梅核气；生用外治痈肿痰核。如图 5—40 所示。

图 5—40　半夏

主要分布：除内蒙古、新疆、青海、西藏尚未发现野生的外，全国各地广布，海拔 2 500 m 以下，常见于草坡、荒地、玉米地、田边或疏林下，是旱地中的杂草之一。朝鲜、日本也有。

3. 茎类

（1）木通

木通，中药名。为木通科植物木通、三叶木通的干燥藤茎。木通属落叶木质缠绕灌本，长 3 ~ 15 cm，全株无毛。幼枝为灰绿色，有纵纹。掌状复叶，小叶片 5，呈倒卵形或椭圆形，长 3 ~ 6 cm，先端圆常微凹至具一细短尖，基部呈圆形或楔形，全缘。短总状花序腋生，花单性，雌雄同株；花序基部着生 1 ~ 2 朵雌花，上部着生密而较细的雄花；花补 3 片；雄花具雄蕊 6 个；雌花较大，有离生雌蕊 2 – 13。果肉质，浆果状，呈长椭圆形，或略呈肾形，两端圆，长约 8 cm，直径 2 ~ 3 cm，熟后紫色，柔软，沿腹缝线开裂。种子多数，呈长卵而稍扁形，黑色或黑褐色。花期 4—5 月，果熟期 8 月。秋季采收，截取茎部，除去细枝，阴干。

品种：有木通、三叶木通、白木通等。性味：味苦，性寒。功能：有利尿通淋，清心除烦，通经下乳的功效。主治用于淋证，水肿，心烦尿赤，口舌生疮，经闭乳少，湿热痹痛。主产于江苏、湖南、湖北。如图 5—41 所示。

（2）皂角刺

皂角刺为豆科植物皂荚的干燥棘刺。属于落叶乔木或小乔木，高可达 30 m；枝灰色至深褐色；刺粗壮，呈圆柱形，常分枝，多呈圆锥状，长达 16 cm。皂角刺性味：味辛，性温。常用于痈疽初起或脓成不溃；外治疥癣麻风。具有消肿托毒、排脓、杀虫之功效。分布于河北、山东、河南、山西、陕西、甘肃、江苏、安徽、浙江、江西、湖南、湖北、福建、广东、广西、四川、贵州、云南等地。如图 5—42 所示。

图 5—41　木通

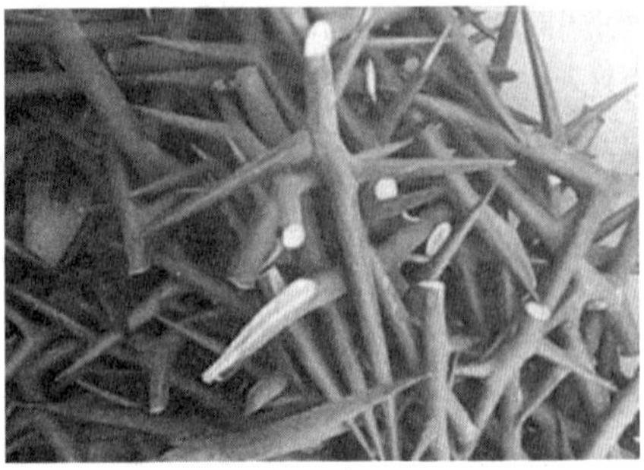

图 5—42　皂角刺

药材性状鉴别：为主刺和 1～2 次分枝的棘刺。主刺呈长圆锥形，长 3～15 cm 或更长，直径 0.3～1 cm；分枝刺长 1～6 cm，刺端锐尖。表面呈紫棕色或棕褐色。体轻，质坚硬，不易折断。切片厚 0.1～0.3 cm，常带有尖细的刺端；木部呈黄白色，髓部疏松，呈淡红棕色；质脆，易折断。气微，味淡。饮片性状为不规则的厚片。表面木部黄白色，髓呈海绵状淡红棕色，周边呈棕紫色或棕褐色，质脆，易折断。无臭，味淡。

4. 树皮类

（1）厚朴

厚朴是落叶乔木，高达 20 m；树皮厚，呈褐色，不开裂；小枝粗壮，呈淡黄色或灰黄色，幼时有绢毛；顶芽大，呈狭卵状圆锥形，无毛。叶大，近革质，7－9 片聚生于枝端，呈长圆状倒卵形，长 22～45 cm，宽 10～24 cm，先端具短急尖或圆钝，基部楔形，全缘而微波状，上面绿色，无毛，下面灰绿色，被灰色柔毛，有白粉；叶柄粗壮，长 2.5～4 cm，托叶痕长为叶柄的 2/3。花白色，径 10～15 cm，芳香；聚合果呈长圆状卵圆形，长 9～15 cm；蓇葖具长 3～4 mm 的喙；种子呈三角状倒卵形，长约 1 cm。花期 5—6 月，果期 8—10 月。如图 5—43 所示。

厚朴味辛、性温，具有行气化湿、温中止痛、降逆平喘的功效。厚朴煎剂对葡萄球菌、链球菌、赤痢杆菌、巴氏杆菌、霍乱弧菌有较强的抗菌作用；而且对横纹肌强直也有一定的缓解作用。树皮、根皮、花、种子及芽皆可入药，以树皮为主，为著名中药，有化湿导滞、行气平喘、化食消痰、祛风镇痛之效；种子有明目益气功效，芽作妇科药用。

图 5—43　厚朴

产于陕西南部、甘肃东南部、河南东南

部（商城、新县）、湖北西部、湖南西南部、四川（中部、东部）、贵州东北部。厚朴为中国特有的珍贵树种。在北亚热带地区分布较广，树皮供药用。由于过度剥皮和砍伐森林，使这一物种资源急剧减少，分布面积越来越小。野生植株，已极少见。小片纯林或零星植株，多系人工栽培。

药材形状鉴别：干皮呈卷筒状或双卷筒状，长30~35 cm，厚2~7 mm，习称“筒朴”；近根部的干皮一端展开如喇叭口，习称“靴筒朴”。外表面呈灰棕色或灰褐色，粗糙，栓皮呈鳞片状，较易剥落，有明显的椭圆形皮孔和纵皱纹，刮去栓皮者显黄棕色；内表面呈紫棕色或深紫褐色，具细密纵纹，划之显油痕。质坚硬，不易折断。断面颗粒性，外层呈灰棕色，内层呈紫褐色或棕色，有油性，有的可见多数小亮星。气香，味辛辣，微苦。

（2）杜仲

杜仲为落叶乔木，高可达20 m，胸径约50 cm。树皮呈灰褐色，粗糙，内含橡胶，折断拉开有多数细丝。嫩枝有黄褐色毛，不久变秃净，老枝有明显的皮孔。芽体呈卵圆形，外面发亮，红褐色，有鳞片6~8片，边缘有微毛。叶呈椭圆形、卵形或矩圆形，薄革质，长6~15 cm，宽3.5~6.5 cm。基部圆形或阔楔形，先端渐尖；上面呈暗绿色，初时有褐色柔毛，不久变秃净，老叶略有皱纹，下面淡绿，花生于当年枝基部，雄花无花被，雌花单生，翅果扁平，呈长椭圆形，基部楔形，周围具薄翅。坚果位于中央，稍突起，与果梗相接处有关节。种子扁平，线形，两端圆形。早春开花，秋后果实成熟。如图5—44所示。

杜仲是中国的特有树种。分布于陕西、甘肃、河南、湖北、四川、云南、贵州、湖南、安徽、江西、广西及浙江等省区，现各地广泛栽种。张家界是杜仲之乡，为世界最大的野生杜仲产地，现江苏国家级林业基地有大量人工培育杜仲。杜仲也被引种到欧美各地的植物园，被称为“中国橡胶树”，虽然和橡胶树并没有任何亲缘关系。

药材鉴定：干燥树皮，为平坦的板片状或卷片状，大小厚薄不一，一般厚3~10 mm，长40~100 cm。外表面为灰棕色，粗糙，有不规则纵裂槽纹及斜方形横裂皮孔，有时可见淡灰色地衣斑。但商品多已削去部分糙皮，故外表面为淡棕色，较平滑。内表面光滑，为暗紫色。质脆易折断，断面有银白色丝

图5—44 杜仲

状物相连，细密，略有伸缩性。气微，味稍苦，嚼之有胶状残余物。以皮厚而大，糙皮刮净，外面黄棕色，内面黑褐色而光，折断时白丝多者为佳。皮薄、断面丝少或皮厚带粗皮者质次。

显微鉴定：老树皮横切面，落皮层较厚。韧皮部有断续的石细胞层 5～6 条，每层厚约 3 列细胞，石细胞壁极厚；射线宽 2～3 列细胞；有不规则形的橡胶质团块散布，以近石细胞层处为多见。纵切面观橡胶质系存在于橡胶细胞中。粉末：深灰棕色。

5. 木材类

（1）樟木

樟树又称香樟树，常绿乔木，全株具香气。树皮呈黄褐色，有不规则的纵裂纹。叶互生，薄革质，卵形，长 6～12 cm，宽 3～6 cm，下面灰绿色，离基三出脉，脉腋有明显的腺体。圆锥花序腋生；花被片 6，淡黄绿色，内面密生短毛；可育雄蕊 9，花药 4 室，第 3 雄蕊花药外向，瓣裂；子房上位。浆果球形，紫黑色，果托杯状。花期 5—6 月，果期 10—11 月。如图 5—45 所示。

主要功能：祛风湿，通经络，止痛，消食。是生产樟脑的主要原料，也作为提取香料的重要经济树种。

香樟属的木材在我国按材质和外貌构造的差异分香樟（小叶樟）、黄樟和桂樟三类商品材，前两类各一种，即香樟和黄樟，其余的归入桂樟类。木材以香樟（小叶樟）最为著名，其次是黄樟。我国有 46 种，大部分树种多具有樟脑气味，木材是优良的家具、药材和香料原料。根据树木分类，本属分香樟和肉桂两组，其中香樟又以小叶樟最为著名，其香最为浓郁。主要分布在中国江西、湖南、湖北、福建、广东、浙江、安徽南部等长江以南及西南各地，而台湾、福建等地盛产。

（2）苏木

苏木科苏木属植物苏木的干燥心材。常绿小乔木，高可达 5～10 m。如图 5—46 所示。

图 5—45　香樟树

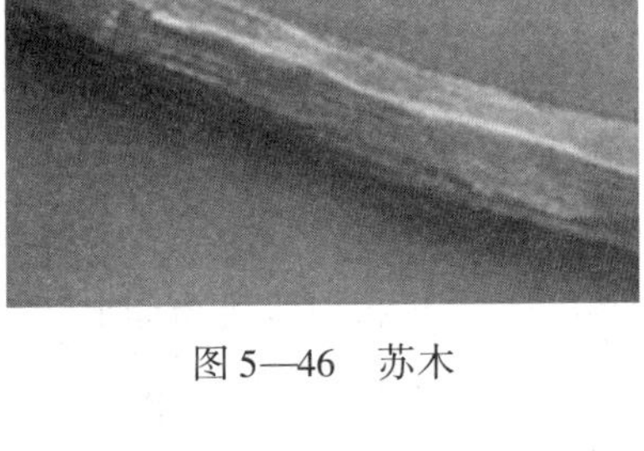

图 5—46　苏木

形态特征：小乔木，具疏刺，除老枝、叶下面和荚果外，多少被细柔毛；枝上的皮孔密而显著。二回羽状复叶长 30 ~ 45 cm；羽片 7 ~ 13 对，对生，小叶 10 ~ 17 对，紧靠，无柄，圆锥花序顶生或腋生，长约与叶相等；苞片大，披针形，早落；花梗长 15 mm，被细柔毛；花托浅钟形；萼片 5，稍不等，花瓣黄色，阔倒卵形，长约 9 mm，最上面一片基部带粉红色，具柄；雄蕊稍伸出，花丝下部密被柔毛；子房被灰色绒毛，具柄，花柱细长，被毛，柱头截平。荚果木质，稍压扁，近长圆形至长圆状倒卵形，基部稍狭，先端斜向截平，上角有外弯或上翘的硬喙，不开裂，红棕色，有光泽；种子 3 ~ 4 颗，长圆形，稍扁，浅褐色。花期 5—10 月；果期 7 月至翌年 3 月。

苏木心材入药，性味：甘、咸；辛凉为清血剂，有祛痰、止痛、活血、散风之功效。近年来云南植物研究所从苏木的心材中提取一种苏木素，可用于生物制片的染色，效果不亚于进口的巴西苏木素。本种边材黄色微红，心材赭褐色，纹理斜，结构细，材质坚重，有光泽，干燥后少开裂，为细木工用材。

我国云南、贵州、四川、广西、广东、福建和台湾省有栽培；云南金沙江河谷（元谋、巧家）和红河河谷有野生分布。原产印度、缅甸、越南、马来半岛及斯里兰卡。

性状鉴别：本品呈长圆柱形或对剖半圆柱形，长 10 ~ 100 cm，直径 3 ~ 12 cm。表面呈黄红色至棕红色，具刀削痕和枝痕，常见纵向裂纹。横断面略具光泽，年轮明显，有的可见暗棕色、质松、带亮点的髓部。质坚硬。无臭，味微涩。

6. 叶类

（1）桑叶

桑叶是桑科植物桑的干燥叶，是蚕的日常食物，又名家桑、荆桑、桑葚树、黄桑叶等。桑树形状特征：落叶灌木或小乔木，高 3 ~ 15 m。树皮呈灰黄色或黄褐色，浅纵裂，幼枝有毛。叶互生，呈卵形至阔卵形，长 6 ~ 15 cm，宽 4 ~ 12 cm。先端尖或钝，基部呈圆形或近心形，边缘有粗齿，上面无毛，有光泽，下面绿色，脉上有疏毛，脉腋间有毛；叶柄长 1 ~ 2.5 cm。雌雄异株，骨朵花序腋生，雄花序早落；雌花序长 1 ~ 2 cm，花柱不明显或无，柱头 2。完整叶片呈卵形、宽卵形、心形等，长约 15 cm，宽约 10 cm，叶柄长约 4 cm，叶片基部呈心脏形，顶端微尖，边缘有锯齿，叶脉密生白柔毛。老叶较厚，呈黄绿色。嫩叶较薄，呈暗绿色。质脆易碎，握之扎手。气淡，味微苦涩。聚花果（桑葚）熟时呈紫黑色、红色或乳白色。花期 4—5 月，果期 6—7 月。如图 5—47、图 5—48 所示。

图 5—47　桑叶

图 5—48　桑葚

桑葚果幼时呈青绿色，成熟后呈黑紫色、紫红色，味酸甜可口。

桑叶性味：味苦、甘、性寒。有散风清热、清肺润燥、凉血明目功能。用于风热感冒、肺热咳嗽、头痛、头昏、目赤、眩晕、血热吐血。我国桑叶产量丰富，桑叶提取物脱氧野尻霉素与葛根提取类黄酮物质结合形成一种新物质——洗胰清糖素，适合用于降血糖、降血脂、抗炎等。桑叶是蚕的主要食物。桑叶气淡，味微苦涩。药用一般认为霜后采者质佳。到 2014 年，有人将桑叶的芽头做成了菜式，而使桑叶有了食疗的价值，因其桑叶的芽头营养价值丰富而被大众喜爱，被现代人称为桑芽菜。又以南浔辑里村国丝文化园的桑树芽最为出众，考虑到穿珠湾水的灌溉，其桑叶芽的微量元素比一般桑芽的要高出很多。

桑树原产于我国中部，有约四千年的栽培史，栽培范围广泛，东北自哈尔滨以南；西北从内蒙古南部至新疆、青海、甘肃、陕西；南至广东、广西；东至台湾；西至四川、云南；以长江中下游各地栽培最多。

（2）侧柏叶

侧柏叶为柏科植物侧柏的干燥枝梢和叶。多在夏、秋二季采收，阴干。本品多分枝，小枝扁平。叶细小呈鳞片状，交互对生，贴伏于枝上，呈深绿色或黄绿色。质脆，易折断。气清香，味苦涩、微辛。植物的干燥枝梢和叶性味苦、涩，寒。功效为凉血止血，化痰止咳，生发乌发。主治吐血，衄血，咯血，便血，崩漏下血，肺热咳嗽，血热脱发，须发早白。如图 5—49 所示。

全国大部分地区均有分布。主要产于中国内蒙古南部、吉林、辽宁、河北、山西、山东、江苏、浙江、福建、安徽、江西、河南、陕西、甘肃、四川、云南、贵州、湖北、湖南、广东北部及广西北部等省区。西藏德庆、达孜等地也有栽培。

7．花类

（1）红花

红花是一年生草本。别名红蓝花、刺红花，菊科、红花属植物，干燥的管状花，橙红色，花管狭细，先端 5 裂，裂片呈狭线形，花药黄色，联合成管，高出裂片之外，其中央有柱头露出。具特异香气，味微苦。以花片长、色鲜红、质柔软者为佳。主要产于河南、湖南、四川、新疆、西藏等地。性温，味辛。活血通经、散瘀止痛。用于经闭、痛经、恶露不行、症瘕痞块、跌打损伤。避免孕妇使用，否则会造成流产。如图 5—50 所示。

图 5—49　侧柏叶

图 5—50　红花

主要品类：怀红花，又名淮红花。产于河南温县、沁阳、武陟、孟洲市一带（旧时怀庆府）。质亦佳。杜红花，产于浙江宁波，质佳。散红花，产于河南商丘一带，质亦佳。大散红花，产于山东。川红花，产于四川。南红花，产于中国南方（一说产于四川南充）。西红花，产于陕西。云红花，产于云南。以上均以花色红黄、鲜艳、干燥、质柔软者为佳。红花饼，又名片红花。为红花趁鲜捣泥，摊成薄片状，晒干入药者。

鉴别：西红花与红花，两者都有活血化瘀通经的作用，但西红花力量较强，又兼凉血解毒之功，尤宜于温毒发斑、热郁血瘀者。功效相似的两种红花，价格为何存在不同呢？谜底就在西红花的药用部位上。西红花属鸢尾科多年生宿根草本植物，没有地上茎，其根似球状，药用部位是其花柱的上部及柱头。因其产量很低，显得紧缺珍贵。据统计，2 000 多朵花只能产 1 g 西红花。一亩地产量只有 1.5 ~ 2 kg。

由于西红花药源紧缺，价格昂贵，一些不法商贩常常以假乱真，牟取暴利。辨别西红花真伪有以下五种方法：

第一，取本品一小片放在玻璃片上，加稀硫酸 1 滴，真品四周先出现深蓝色，渐变为紫色，后变为棕红色。

第二，取样品少许，浸入水中，真品水变为金黄色，水面无油状漂浮物，若水呈现红色，且水面有油状漂浮物者为伪品。

第三，取样品少许，浸入水中，搅动，真品不易碎断，若碎断即为伪品。

第四，取样品少许，加碘酒一滴，真品不变色，若变蓝色、蓝黑色或紫色，则为伪品。

第五，取样品少许浸入水中，水被染成金黄色且直线向下扩散，用放大镜观察，真品一端膨大成喇叭状，一侧有裂缝（若顶端边缘有细齿者为上品），否则是伪品。掺伪的品种有西红花的雄蕊，黄花菜染色，玉蜀黍的花柱、柱头，红花，莲须等。

（2）金银花

金银花又名忍冬。“金银花”一名出自《本草纲目》，由于忍冬花初开为白色，后转为黄色，因此得名金银花。药材金银花为忍冬科忍冬属植物忍冬及同属植物干燥花蕾或带初开的花。如图5—51所示。

图5—51　金银花

金银花花蕾呈棒状，上粗下细。外面呈黄白色或淡绿色，密生短柔毛。花萼细小，黄绿色，先端5裂，裂片边缘有毛。开放花朵筒状，先端二唇形，雄蕊5，附于筒壁，黄色，雌蕊1，子房无毛。气清香，味淡，微苦。以花蕾未开放、色黄白或绿白、无枝叶杂质者为佳。花期4—6月（秋季亦常开花）。

金银花性寒，味甘，入肺、心、胃经。具有清热解毒、抗炎、补虚疗风的功效，主治胀满下疾、温病发热、热毒痈疡和肿瘤等症。其对于头昏头晕、口干作渴、多汗烦闷、肠炎、菌痢、麻疹、肺炎、乙脑、流脑、急性乳腺炎、败血症、阑尾炎、皮肤感染、痈疽疔疮、丹毒、腮腺炎、化脓性扁桃体炎等病症均有一定疗效。金银花茶有独特的减肥功能，还能抑制与杀灭咽喉部的病原菌，对老人和儿童有抗感染功效。经常服用金银花浸泡或煎剂有利于风火目赤、咽喉肿痛、肥胖症、肝热症和肝热型高血压的治疗与康复。

中国各省均有分布。朝鲜和日本也有分布。在北美洲逸生成为难除的杂草。金银花的种植区域主要集中在山东、陕西、河南、河北、湖北、江西、广东等地。其中，山东省临沂市平邑县为金银花的主产区，种植面积最大，野生品种居多，历史悠久，约有 50 万亩。金银花多野生于较湿润的地带，如溪河两岸、湿润山坡灌丛、疏林中。

金银花药用价值和保健用途广泛，社会需求量大。金银花的成色不同，药用效果也不同。下面介绍如何鉴别金银花的优劣。

金银花分为四等：

一等：货干，花蕾呈棒状，上粗下细，略弯曲，表面呈绿白色，花冠厚质稍硬，握之有顶手感；气清香，味甘微苦。开放花朵、破裂花蕾及黄条不超过 5%。无黑条、黑头、枝叶、杂质、虫蛀、霉变。

二等：与一等基本相同，开放花朵不超过 5%，破裂花蕾及黄条不超过 10%。

三等：货干，花蕾呈棒状，上粗下细，略弯曲，表面呈绿白色或黄白色，花冠厚质硬，握之有顶手感。气清香，味甘、微苦。开放花朵、黑头不超过 30%。无枝叶、杂质、虫蛀、霉变。

四等：货干。花蕾或开放花朵兼有，色泽不分。枝叶不超过 3%，无杂质、虫蛀、霉变。

8. 果实类

（1）五味子

五味子多年生落叶藤本。小枝呈灰褐色，皮孔明显。叶互生，呈广椭圆形或倒卵形。长 5 ~ 10 cm，宽 2 ~ 5 cm，先端急尖或渐尖，边缘有细齿；叶柄呈淡粉红色。花单性异株，生于叶腋，花梗细长柔软；花被片 6 ~ 9，呈乳白色或粉红色，芳香；雄蕊 5；雌蕊群椭圆形，心皮 17 ~ 40、覆瓦状排列于花托上。果熟时呈穗状聚合果。浆果呈球形，肉质，熟时呈深红色。花期 5—6 月，果期 7—9 月。如图 5—52 所示。

五味子分北五味子和南五味子，北五味子质比南五味子优良。北五味子呈不规则的球形或扁球形，直径 5 ~ 8 mm。表面呈红色、紫红色或暗红色，皱缩，显油润，果肉柔软，有的表面呈黑红色或出现“白霜”。种子 1 ~ 2，呈肾形，表面呈棕黄色，有光泽，种皮薄而脆。果肉气微，味酸；种子破碎后，有香气，味辛、微苦。南五味子粒较小。表面呈棕红色至暗棕色，干瘪，皱缩，果肉常紧贴种子上。

图 5—52　五味子

功能主治：治肺虚喘咳，口干作渴，自汗，盗汗，劳伤羸瘦，梦遗滑精，久泻久痢。

生于海拔 1 200 ~ 1 700 m 的沟谷、溪旁、山坡。产于黑龙江、吉林、辽宁、内蒙古、河北、山西、宁夏、甘肃、山东。也分布于朝鲜和日本。

（2）山楂

山楂，又名山里果、山里红，蔷薇科山楂属，落叶乔木，高可达 6 m。核果类水果，核质硬，果肉薄，味微酸涩。果可生吃或作果脯果糕，干制后可入药，是中国特有的药果兼用树种，具有降血脂、降血压、强心、抗心律不齐等作用，同时也是健脾开胃、消食化滞、活血化痰的良药，对胸膈脾满、疝气、血淤、闭经等症有很好的疗效。山楂内的黄酮类化合物牡荆素，是一种抗癌作用较强的药物，其提取物对抑制体内癌细胞生长、增殖和浸润转移均有一定的作用。如图 5—53 所示。

图 5—53　山楂

在山东、陕西、山西、河南、江苏、浙江、辽宁、吉林、黑龙江、内蒙古、河北等地均有分布。

9. 种子类

（1）车前子

多年生草本，花期 6—9 月，果期 7—10 月。生长在山野、路旁、花圃、菜圃以及池塘、河边等地。味甘、咸，气微寒，无毒。利水，清热，明目，祛痰。治小便不通，淋浊，带下，尿血，暑湿泻痢，咳嗽多痰，湿痹，目赤障翳。如图 5—54 所示。

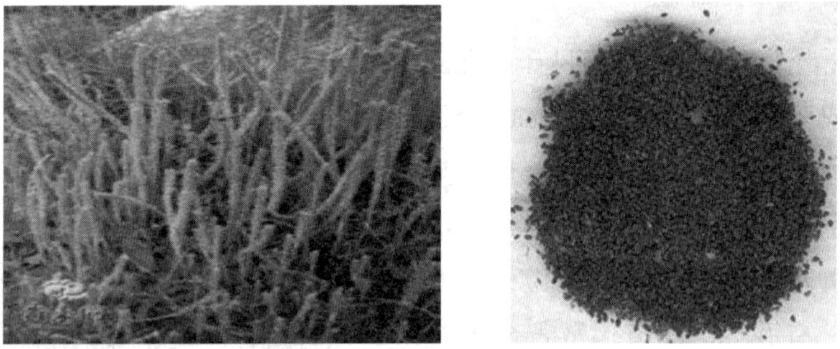

图 5—54　车前子

品种分类：

1）大车前。叶片呈卵形或宽卵形，长 6 ~ 10 cm，宽 3 ~ 6 cm，先端圆钝，基部呈圆或宽楔形；叶柄基部常扩大成鞘状。穗状花序长 3 ~ 10 cm，花排列紧密。

种子 7～15 颗，黑色。生于路边、沟旁、田边潮湿处。分布于全国各地。主产于河北、辽宁、山西、四川等地。此外，黑龙江、内蒙古、吉林、青海、山东等地亦产。

2）平车前。多年生草本，具直根。叶全部为根生；具长柄，长为叶片 1/3 或更短，基部扩大；叶片呈长椭圆形或椭圆状披针形，长 4～11 cm，宽 2～4 cm。花茎高 10～30 cm；穗状花序长为花茎 1/3～1/2；花冠裂片先端 2 浅裂；蒴果周裂。种子 4～5。花期 5—9 月。果期 6—10 月。生长在山野、路旁、田埂及河边。分布于黑龙江、吉林、辽宁、河北、山东、山西、陕西、甘肃、内蒙古、青海等地。

性状鉴别：种子略呈椭圆形或不规则长圆形，稍扁，长约 2 mm，宽约 1 mm。表面呈淡棕色或棕色，略粗糙不平。于扩大镜下可见微细纵纹，于稍平一面的中部有淡黄色凹点状种脐。质硬，切段面呈灰白色。种子放入水中，外皮有黏液释出。气微，嚼之带黏液性。以粒大、均匀饱满、色棕红者为佳。

真伪鉴别：正品车前子种子呈椭圆形、不规则长圆形或三角状长圆形，略扁，长约 2 mm，宽约 1 mm，表面呈黄棕色至黑褐色，有细皱纹，一面有灰白色凹点状种脐，质硬、气微、味淡。

（2）槟榔

槟榔树又称宾门、槟楠、大白槟、仁频、仁榔、洗瘴丹、仙瘴丹、螺果，是棕榈科植物等，与椰子同属棕榈科常绿乔木。主干可长至 20 m，树干挺直，叶子集中生长在树顶，树干不分枝，高达 12～15 m。槟榔子是槟榔树的种子。而槟榔叶是胡椒科蒌叶的叶。槟榔果略小于鸡蛋，果皮纤维质，内含一粒种子，即槟榔子。胚乳坚硬，具灰褐色斑点。于 8—11 月果实完全成熟之前即予采收，去皮，煮沸，切成薄片晒干，干后呈深褐色或黑色，如图 5—55 所示。

槟榔原是重要药用植物之一，在南方一些少数民族还有将果实作为一种咀嚼嗜好品。它是中国四大南药之一（其他三种为益智、砂仁、巴戟天），含有人体所需的多种营养元素和有益物质，具有消积、化痰、疗疟、杀虫等功效，是历代医家治病的药果。剖开煮水喝可驱蛔虫。

产于云南、海南及台湾等热带地区。亚洲热带地区广泛栽培。我国引种栽培已有 1 500 年的历史，海南、台湾两省栽培较多，广西、云南、福建等省（区）也有栽培。

图 5—55　槟榔

二、动物药材

1. 蝉蜕

蝉蜕，其全形似蝉而中空，稍弯曲。长约 100 px，宽约 50 px。表面呈黄棕色，半透明，有光泽。头部有丝状触角 1 对，多已断落，复眼突出，颈部先端突出，口吻发达，上唇宽短，下唇伸长成管状。胸部背面呈十字形裂片，裂口向内卷曲，脊背两旁具有小翅 2 对；腹面有足 3 对，被黄棕色细毛。腹部钝圆，共 9 节。体轻，中空，易碎。无臭，味淡，如图 5—56 所示。

功能：宣散风热、透疹利咽、退翳明目、祛风止痉。

主产于山东、河南、河北、湖北、江苏、四川、安徽等地。以山东产量较大。

2. 蛇胆

蛇胆是蛇体内储存胆汁的胆囊。但因生蛇胆中可能含有寄生虫，人在食用后极易造成身体损害，如果要服用，需将蛇胆蒸食，如图 5—57 所示。

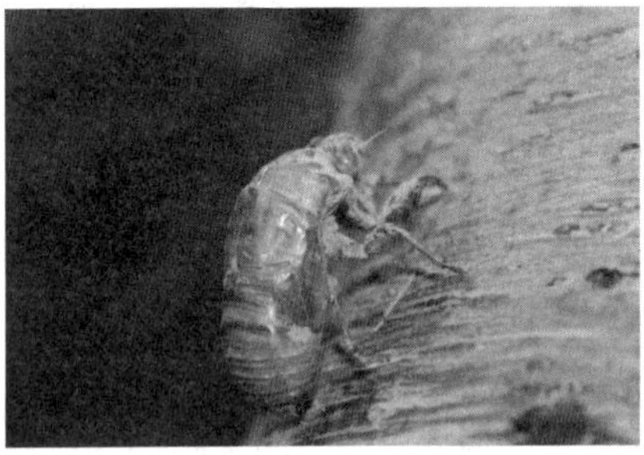

图 5—56 蝉蜕

图 5—57 蛇胆

形态特征：蛇胆呈椭圆形或卵圆形，囊体较直。蛇胆管细长质地软而有韧性，附连在囊体上。

主治功能：蛇胆性凉，味苦微甘；具有祛风除湿、清凉明目、解毒去痱的功效；可调补人的神经系统，内分泌系统和免疫系统，延缓机体衰老。所有的蛇胆都可入药，特别是金环蛇、银环蛇、棋盘蛇，眼镜蛇、眼镜王蛇、五步蛇、蝮蛇的胆，更是入药的宝贵原料。蛇胆治病最灵效的是：清热解毒，祛风祛湿，明目清心；特别是对急性风湿性关节炎、肺热咳嗽、胃热疼痛、肝热目赤、皮肤热毒等患者，疗效极为显著；用蛇胆治外痔，以麻油调涂至患处，二三日即可见效；对于未溃的疼痛、腮腺炎、淋巴结肿大等，涂用蛇胆后，即可消炎止痛；疥疮，顽皮癣、神经性皮炎等皮肤类疾病，经常涂抹蛇胆，也可收到很好的疗效。

品种质量：蛇胆以其重量和体积与整条蛇相比，几乎达到可以忽略的程度，可单就经济价值来说，却恰恰相反。一条蛇的价值，有时其 60% ~70% 就在胆上，但蛇胆的大小并不完全一致。若取两条大小粗细完全一样的同种蛇，其胆的大小也有差异，往往是雄蛇的胆比雌蛇的胆大得多。

就蛇胆的质量来说，一年中以冬季的最佳，秋末、夏初者次之，夏季的胆汁质量最差。各种蛇中以眼镜蛇胆汁和蟒蛇胆汁的质量最好，其次是乌梢蛇胆和五步蛇胆，最差的是盲蛇胆和泥蛇胆。蛇胆的颜色以碧绿色为佳，水样胆或粉色胆无药用价值。

鉴别要点：蛇胆是贵重的动物药材，由于受到自然资源的影响，已日趋减少。市场上常以鸡胆、鸭胆、鱼胆等向人兜售。当人们服用这些伪产品后，往往会发生严重的中毒现象，故有必要对其加以辨别。通常的辨别方法是从胆汁的外形、大小、色泽、气味、胆管形状、胆汁稠度等几个方面加以辨别。

三种毒蛇胆主要特征是：眼镜蛇的蛇胆呈卵圆形，胆皮光滑、两端钝圆，胆蒂略偏侧生长，胆汁呈橙黄色，味先苦后甜具清凉刺激感；金环蛇胆则为类三角形、胆蒂略粗，胆汁金黄，微黏；银环蛇胆则为长椭圆形，两端略尖，胆管粗而翘起，胆汁橙黄，味先苦而后甜。而多种类似品多为游蛇科无毒蛇，形态各有差异。至于多种伪品（除黄鳝胆外）大都味苦；掺伪品则大于正品或胆囊饱满。

3. 虫草

冬虫夏草又名虫草，性味甘、温。如图 5—58 所示。

功能主治：补虚损，益精气，止咳化痰。治痰饮喘嗽，虚喘，痨嗽，咯血，自汗盗汗，阳痿遗精，腰膝酸痛，病后久虚不复。虫草是我国民间惯用的一种名贵滋补药材，其营养成分高于人参，可入药，也可食用，是上乘的佳肴，具有很高的营养价值。冬虫夏草可以增强机体的免疫力，滋补肺肾，对肺癌、肝癌等有明显的抑制作用。在临床上对肺虚久咳，气喘，肺结核咯血，盗汗，肾虚腰膝酸痛，阳痿遗精，神经衰弱及化疗、放疗后的红细胞下降都有疗效。

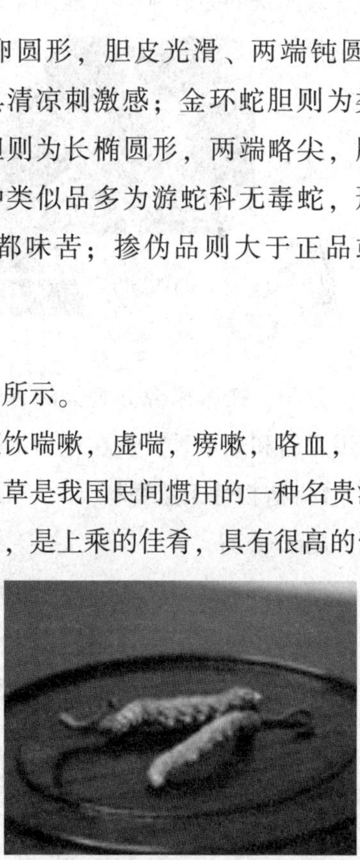

图 5—58　虫草

冬虫夏草为虫体与菌座相连而成，全长 9 ~ 12 cm。虫体如三眠老蚕，长 3 ~ 6 cm，粗 0.4 ~

0.7 cm。外表呈深黄色，粗糙，背部有多数横皱纹，腹面有足 8 对，位于虫体中部的 4 对明显易见。

形状鉴别：断面内心充实，白色，略发黄，周边显深黄色。菌座自虫体头部生出，呈棒状，弯曲，上部略膨大。表面呈灰褐色或黑褐色，长可达 4 ~ 8 cm，直径约 0.3 cm。折断时内心空虚，呈粉白色。微臭，味淡。以虫体色泽黄亮、丰满肥大、断面黄白色、菌座短小者为佳。

冬虫夏草主产于金沙江、澜沧江、怒江三江流域的上游。东至四川省的凉山，西至西藏的普兰县，北起甘肃省的岷山，南至喜马拉雅山和云南省的玉龙雪山。西藏虫草的产量大约占全国虫草产量的 41%，青海省产量大约占全国虫草产量的 33%，云南省和四川省虫草产量各占 11% ~ 16%。

三、香料

香料是一种能被嗅觉嗅出香气或味觉尝出香味的物质，是配制香精的原料。具有令人愉快的芳香气味，能用于调配香精的化合物或混合物。如图 5—59 所示。

图 5—59　香料

分类：按其来源分为天然香料和人造香料；按其用途分为日用化学品用香料、食用香料和烟草香料。在化学工业中，全合成香料是作为精细化学品组织生产的。

1. 植物性天然香料

（1）薄荷

薄荷，土名叫“银丹草”，为唇形科植物，即同属其他干燥全草，多生于山野湿地河旁，根茎横生地下，多生于 2 100 m 海拔高度，但也可在 3 500 m 海拔上生长，是一种有特种经济价值的芳香作物。全株青气芳香。叶对生，花小呈淡紫色，唇形，花后结暗紫棕色的小粒果。薄荷是中华常用中药之一。它是辛凉性发汗解热药，治流行性感冒、头疼、目赤、身热、咽喉痛、牙床肿痛等症。外用可治神经痛、皮肤瘙痒、皮疹和湿疹等。大棚温室采摘的薄荷又是春节餐桌上的鲜菜。清爽可口。平常以薄荷代茶，清心明目。在中国各地均有栽培，薄荷主要以江苏、安徽两省产量最大。如图5—60所示。

（2）八角

常绿乔木，高10～20 m。树皮呈灰色至红褐色，有不规则裂纹。枝密集，呈放射状伸展。单叶互生或3～6簇生于枝顶；叶柄粗壮，长约1 cm；叶片革质，呈长椭圆形或椭圆状披针形，长6～12 cm，宽2～4 cm，先端渐尖或急尖，基部楔形，全缘，上面呈深绿色，有光泽和油点，下面呈浅绿色，疏生柔毛。花两性，单生于叶腋，花被片7～12，数轮，覆瓦状排列，内轮粉红色；雄蕊11～19，排成1～2轮；心皮8～9，离生。聚合果，多由8个蓇葖果放射状排列成八角形，直径3.5～4 cm，呈红褐色，木质；蓇葖果先端钝尖或钝，成熟时沿腹缝线开裂。种子1枚，呈扁卵形，亮棕色。花期春、秋两季。早期秋季至翌年春季。生于亚热带湿暖山谷中。如图5—61所示。

图5—60　薄荷

图5—61　八角

因收获季节不同，可分为秋大料和春大料两种。秋大料果实肥壮饱满，色红亮，气味浓厚，荚端钝平，质量较好。春大料朵瘦小，带青色，角形略尖，香气弱，品质不如秋大料。性味辛、温。功能主治：温中理气，健胃止呕。用于呕吐，腹胀，腹痛，疝气痛。

分布于福建、广东、广西、贵州、云南等省区。台湾、福建、广东、贵州、云南、浙江等省区均有栽培。其中，广西壮族自治区藤县八角产量为全县之首，为八角之乡。

优良的大料颗粒整齐完整，呈棕红色并有光泽，朵大饱满，荚边开裂缝较大，能看到荚内明亮的籽粒。手抓八角有刺手和干脆之感，香味浓烈。如果大料的朵瘦小，碎粒多，颜色黑褐，香味差为质次品。市场上一些不法之徒常以假充真，以一种叫“莽草子”的东西冒充大料。莽草子也称药八角、野八角，是一种有毒的植物，不能食用，但其外表与真大料相似。区别真假大料首先数它的荚角，真大料荚角一般为8只，也有7只、9只的。而假大料荚角多至11～12只。再看果形，真大料果肥大，角尖平直，籽粒肥满光色明亮，而假大料角形细长，角尖上翘，呈弯钩状，瘦小无光。真大料有自己特殊的芳香味，而假大料气味似花露水或樟脑，口咬味苦，嘴感麻木。除此还有同属植物红茴香，14瓣，此药有大毒。

（3）花椒

花椒别名檓、大椒、秦椒、蜀椒、川椒或山椒。为芸香科、花椒属落叶灌木或小乔木，可孤植又可作防护刺篱。其果皮可作为调味料，并可提取芳香油，又可入药，果呈紫红色，果实呈圆形，单个分果瓣径4～5 mm，散生微凸起的油点，顶端有甚短的芒尖或无；种子长3.5～4.5 mm。花期4—5月，果期8—9月或10月。种子可食用，也可加工制作肥皂。如图5—62所示。

图5—62　花椒

功能主治：温中散寒，除湿，止痛，杀虫，解鱼腥毒。治积食停饮，心腹冷痛，呕吐，噫呃，咳嗽气逆，风寒湿痹，泄泻，痢疾，疝痛，齿痛，蛔虫病，蛲虫病，阴痒，疮疥。花椒可除各种肉类的腥气；促进唾液分泌，增加食欲；使血管扩张，从而起到降低血压的作用。

产地北起东北南部，南至五岭北坡，东南至江苏、浙江沿海地带，西南至西藏东南部；台湾、海南及广东不产。见于平原至海拔较高的山地，在青海，见于海拔2 500 m的坡地，也有栽种。

（4）茴香

茴香菜原名小怀香，又称香丝菜、小茴香。多年生草本，作一、二年生栽培。全株具特殊香辛味，表面有白粉。叶羽状分裂，裂片呈线形。夏季开黄色花，复伞形花序。果呈椭圆形，黄绿色。性喜温暖，适于沙壤土生长；忌在黏土及过湿之地栽种。春秋均可播种或春季分株繁殖。原产地中海地区，我国各地普遍栽培，适应性较强。我国北方主要春秋两季栽培。（露地栽培）春播：3月下—4月上旬，5月中、下旬收获。秋播：7—8月，9月收获。如图5—63所示。

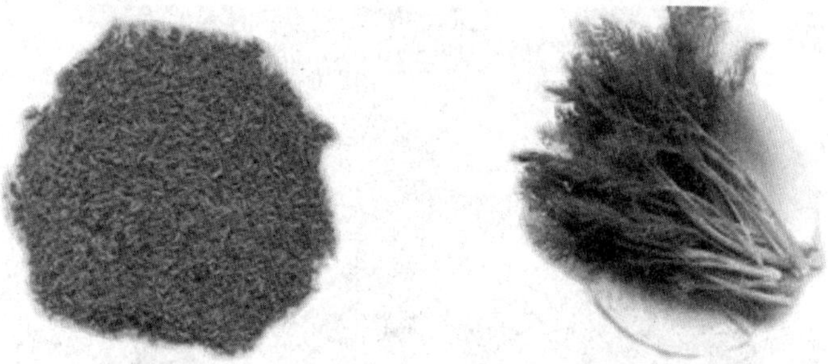

图 5—63　茴香

果实为双悬果，呈圆柱形，有的稍弯曲，两端略尖，长 4 ~ 8 mm，直径 1.5 ~ 2.5 mm。表面呈黄绿或淡黄色，顶端残留有黄棕色突起的柱基，基部有时有细小的果梗。分果呈长椭圆形，背面有纵棱 5 条，接合面平坦而较宽。横切面略呈 5 边形，背面的 4 边约等长。

小茴香是重要的香料植物。叶与果实均具有特异香气，味微甜、辛。小茴香是重要的药用植物，其果实是重要的中药，味辛、性温，具有行气止痛，健胃散寒的功效。主治胃寒痛、小腹冷痛、痛经、腹胁痛、疝痛、睾丸鞘膜积液、血吸虫病等。

主产于中国西北、内蒙古、山西、陕西和东北等地。另外，湖北、广西、四川等地亦有生产。中国出口的小茴香，以内蒙古、山西和甘肃产为主。

（5）薰衣草

薰衣草别名香水植物、灵香草、香草、黄香草。多年生草本或小矮灌木，虽称为草，实际是一种紫蓝色的小花，在浙江一带又称为蓝香花。薰衣草丛生，多分枝，常见的为直立生长，株高依品种有 30 ~ 40 cm、45 ~ 90 cm。在海拔相当高的山区，单株能长到 1 m。叶互生，呈椭圆形披尖叶或叶面较大的针形，叶缘反卷。穗状花序顶生，长 15 ~ 25 cm；花冠下部呈筒状，上部呈唇形，上唇 2 裂，下唇 3 裂；花长约 1.2 cm，有蓝、深紫、粉红、白等色，常见的为紫蓝色，花期 6—8 月。全株略带木头甜味的清淡香气，因花、叶和茎上的绒毛均藏有油腺，轻轻碰触油腺即破裂而释出香味。如图 5—64 所示。

薰衣草味辛、甘，性平。能化湿和中，理气解郁，有健胃、发汗、止痛之功效，花汁有助皮肤调节，可促进上皮细胞组织的更新，平衡皮脂分泌；提神醒脑、杀菌、排菌、排毒，减少失眠，愉悦心情；放在家居柜橱内驱虫，净化空气。

薰衣草全世界原生种共有 28 种，普罗旺斯的薰衣草主要分为 3 类：

图 5—64　薰衣草

原生薰衣草：又称英国薰衣草，品质最佳，多被用来制造高级香水及香料，叶子较细、花穗较短。

长穗薰衣草：又称薄荷薰衣草，叶子较宽，花茎及花穗较长。

混种薰衣草：是以上两种的混种，被大量栽培，现在普罗旺斯花田内的薰衣草大多是这种。

除了专门提炼精油的品种之外，还有一些品种可作为切花或花坛之用，目前较常见的有甜薰衣草、羽叶薰衣草、齿叶薰衣草、真薰衣草等。薰衣草夫人是全美花卉品种选育奖获奖品种，组合盆栽中最引人注目。最适合作一年生栽培，今秋播种，明春即开繁茂芳香的花朵，整齐一致的植株盛花不断。蒙斯特薰衣草，每年6—8 月开淡蓝色花，叶片灰绿色，有花边，带香味。开花比“薰衣草夫人”晚，整齐度不如“薰衣草夫人”。

（6）迷迭香

迷迭香为唇形科灌木。如图 5—65 所示。

灌木，高达 2 m。茎及老枝呈圆柱形，皮层呈暗灰色，呈不规则的纵裂，块状剥落，幼枝四棱形，密被白色星状细绒毛。叶常常在枝上丛生，具极短的柄或无柄，叶片线形，长1～2.5 cm，宽 1～2 mm，先端钝，基部渐狭，全缘，向背面卷曲，革质，上面稍具光泽，近无毛，下面密被白色的星状绒毛。

图 5—65　迷迭香

花近无梗，对生，少数聚集在短枝的顶端组成总状花序；苞片小，具柄。花萼呈卵状钟形，长约 4 mm，外面密被白色星状绒毛及腺体，内面无毛，11 脉，二唇形，上唇近圆形，全缘或具很短的 3 齿，下唇 2 齿，齿呈卵圆状三角形。花冠呈蓝紫色，长不及 1 cm，外被疏短柔毛，内面无毛，冠筒稍外伸，冠檐呈二唇形，上唇直伸，2 浅裂，裂片呈卵圆形，下唇宽大，3 裂，中裂片最大，内凹，下倾，边缘为齿状，基部缢缩成柄，侧裂片呈长圆形。雄蕊 2 枚发育，着生于花冠下唇的下方，花丝中部有 1 向下的小齿，药室平行，仅 1 室能育。花柱细长，远超过雄蕊，先端不相等 2 浅裂，裂片钻形，后裂片短。花盘平顶，具相等的裂片。子房裂片与花盘裂片互生。花期为 11 月。

原产欧洲及北非地中海沿岸，在欧洲南部主要作为经济作物栽培。中国曾在曹魏时期引种，现主要在中国南方大部分地区与山东地区栽种。

迷迭香是一种名贵的天然香料植物，生长季节会散发一种清香气味，有清心提神的功效。它的茎、叶和花具有宜人的香味，花和嫩枝提取的芳香油，可用于调配空气清洁剂、香水、香皂等化妆品原料，最有名的化妆水就是用迷迭香制作的，并可在饮料、护肤油、生发剂、洗衣膏中使用。

2. 动物性天然香料

动物性天然香料是动物的分泌物或排泄物。动物性天然香料有十几种。

（1）麝香

麝香为中药材的一种，其药用来源为麝科动物，如林麝、马麝或原麝等成熟的雄体腺囊中的干燥分泌物。如图 5—66 所示。

麝香主要含有水分 22.56%，灰分 3.62%（其中含钾、钠、钙、镁、铁、氯、硫酸根离子、磷酸根离子等），含氧化合物（其中含碳酸铵 1.15%、铵盐中的氨 1.89%、尿素 0.40%、氨基酸氮 1.07%、总氮量 9.15%），胆甾醇 2.19%，粗纤维 0.59%，脂肪酸 5.15%，麝香酮 1.2%。麝香主要有效成分为麝香酮。

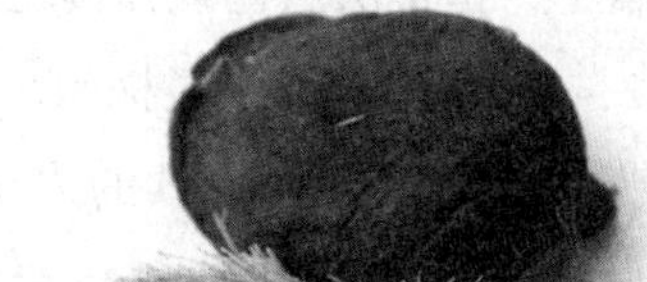

图 5—66　麝香

性状：麝香香囊经干燥后，割开香囊取出的麝香呈暗褐色粒状物，品质优者有时亦析出白色晶体。固态时具有强烈的恶臭，用水或酒精高度稀释后有独特的动物香气。

麝香在中国使用有悠久历史。唐代诗人杜甫在《丁香》诗中道："晚坠兰麝中。"麝香是配制高级香精的重要原料。古代文人、诗人、画家都在上等麝料中加少许麝香，制成"麝墨"写字、作画，芳香清幽，若将字画封妥，可长期保存，防腐防蛀。

麝香是中国特产的一种名贵药材。麝香性温、无毒、味苦。入心、脾、肝经，有开窍、辟秽、通络、散淤之功能。主治中风、痰厥、惊痫、中恶烦闷、心腹暴痛、跌打损伤、痈疽肿毒。

麝香的香味浓郁，经久不散，对人的心理和生理系统有极其显著的影响，在香料工业和医药工业中都有十分重要的价值。麝香能为香水提供完美的基调，在此基础上发挥其他香料所搭配出来的香气。麝香是香水业里最广泛用到的香料，几乎任何一款香水中都能找到它的存在。它具有能够平衡香水配方，以及增添温暖、性感的动物气息的特质。它也能起到固着剂的作用，降低香水的挥发速度，使得香水发散地更平稳、持久性更强。

主产于西藏自治区的喜马拉雅山、大雪山脉、沙鲁里山脉、宁静山脉、雀儿山脉等地，此外四川甘孜藏族自治州、阿坝藏族自治州理县、松潘、茂汶羌族自治县，贵州、云南、广西之横断山脉、大瑶山、大苗山，甘肃、陕西之祁连山脉、岷山、秦岭山脉、贺兰山脉，安徽、湖北之大别山脉、潜山、霍山，内蒙古之阴山山脉，东北之大小兴安岭及长白山脉，河南伏牛山等山林地区都有生产。以康藏高原及四川阿坝草原为中国麝香之主要产地，销全国，并出口。其中四川已开始饲养，并且从活兽香囊中割取麝香，给麝香的生产开辟了新的途径。

性状鉴别：整麝香（毛香）：呈球形、扁圆形或柿子形，直径 3 ~ 7 cm。开口面略扁平，密生灰白色或棕褐色而细短的毛，呈旋涡状排列，中央的小孔（囊口）直径 2 ~ 3 mm；去毛后显棕褐色的革质皮，内膜极薄。背面（包藏在麝腹内的半部）为一层微皱缩而柔软的内皮，棕褐色略带紫色。囊内即为麝香仁。质柔软，微有弹性。有香气。以身干、色黄、香浓者为佳。

麝香仁：该品为麝香囊内所藏的散麝香。鲜时呈稠厚的黑褐色软膏状，干后为棕黄色粉末，并有大小不同的黑色块状颗粒，俗称当门子，并夹杂有细毛及内膜皮等。香气浓烈，久闻则有骚臭气，味稍苦而微辣。以仁黑、粉末棕黄（俗称黑子黄香）香气浓烈、富油性者为佳。

药物鉴别：麝香为贵重药材，易掺假，中药界对于其真伪鉴别具有丰富经验。简要介绍如下：

1）手试弹性：整麝香虽凝结坚固，但富于弹性，手捏微软，放手仍复原。检查有无异物及干燥程度时，可取麝香仁少许，置于手掌中用指摩擦，不脱色，搓即成团，揉捏即散，不粘手，并发出浓烈香气者为佳。

2）铁钎插探：以特制之铁钎插入囊内，体察有无异物抵触，若无挡针、涩针、子眼模糊、香气浓烈及先浓后淡情况，则为真品。

3）针抽验：以制有沟槽的钉子，由香囊的开口处插入，四方搅抽，取槽观察，有细绒白毛，粉末子痕清楚、无锐角、自然疏松、呈蝇蛆状叠附生成者为真香；颗粒不规则，有锐角，无绒毛，枯燥无光泽者为伪品。

4）火烧试验：取麝香粉少许，置于金属器皿上猛火加热，真者迸裂，香气浓烈四溢，燃烧后油点似珠，灰烬呈灰白色。若有植物性掺杂，加火即燃烧化烟而无香气油点，灰烬呈黑褐色；若系矿物性掺杂则无油点，灰烬呈赭红色；若有动物性掺杂，则加火起油泡如血块迸裂，无香气，而有焦臭气，灰呈紫红色或黑色。

5）水中试验：取麝香少许，放入盛有开水的碗中，不立即溶化，而水仍微黄、澄清，去水后仍清香不臭者为真。

（2）龙涎香

龙涎香，在西方又称灰琥珀，是一种外貌阴灰或黑色的固态蜡状可燃物质，鲸消化系统的肠梗阻所产生。龙涎香有其独特的甘甜土质香味（类似异丙醇的气味）；虽然现在它已经大部分为化学合成物取代，龙涎香和3－甲基吲哚历史上主要用来当作香水的定香剂，价值很高。如图5—67所示。

性状：龙涎香是生在鲸肠内的灰色或微黑色的分泌物，从动物体内取出时有难闻的臭气，比重小于水，为0.7～0.9，干燥后呈现琥珀色，带甜酸味，熔点为60℃，燃烧发蓝焰，可溶解于纯酸中，并且有黄绿色荧光现象，本身并无多大香味，燃烧时香气四溢，酷似麝香而更幽雅，熏过之物保有持久芬芳，已知成分为碳酸钙、氯化钾和少量氯化铁等。

图5—67 龙涎香

功能主治：开窍化痰，活血利气。主治神昏气闷，心腹诸痛，消散症结，咳喘气逆。

（3）灵猫香

灵猫香为灵猫科动物大灵猫的香腺囊中的分泌物。辟秽，行气，止痛。治心腹卒痛、疝痛。如图5—68所示。

图5—68 大灵猫

大灵猫，又名：类（《山海经》）、文狸（《楚辞》）、灵狸（杨孚《异物志》）、灵猫（《本草拾遗》）、香狸（《酉阳杂俎》）、香猫

(《丹铅杂录》)、山狸（《坤舆图说》）、九节狸、麝香猫、九江狸。

体形细长，身长约 83 cm，尾长约43 cm，体重 8 kg 左右。吻部略尖，口旁列生刚毛。四肢较短，足具 5 趾，爪弯曲而略具伸缩性。雌雄体的会阴部均具香腺囊，能分泌奇异的香味。

全身呈灰棕色或浅黄色，头、额、唇均呈灰白色，颈侧至前肩有 3 条黑色横纹，其间夹有 2 条白色横纹；背中央一直到尾基有 1 条黑色纵纹，其两侧白背中部起各有 1 条白色狭纹；腹部毛色呈浅灰色；四肢呈黑褐色；尾毛浓密而较软，为白色狭环与黑色宽环扣间，末端呈黑色。栖于灌木丛中。昼伏夜出，独居生活，行动敏捷，听觉灵敏。杂食性，以小兽、小鸟、鱼、蛙、蟹为食，也食昆虫、野果及家禽。我国北自陕西秦岭，南至广东海南岛；东达江苏、浙江，西至四川、云南等地均有分布。

（4）海狸香

海狸香是从海狸的液囊里面用酒精提取的一种红棕色的奶油状分泌物。从公元 9 世纪起就有人用，最早的使用者是阿拉伯人。性状新鲜时呈奶油状，经日晒或熏干后变成红棕色的树脂状物质。稀释后有宜人的香气。成分比较复杂，含有醇类、酚类、酮类等，是名贵的定香剂。用于配制高级化妆品、香精等。天然海狸香成分取决于它所摄取食物的种类。如图 5—69、图 5—70 所示。

图 5—69　海狸

图 5—70　海狸香

四、竹藤制品

竹藤具有生产周期短、经济价值高、易实现可持续经营等显著特点，是两类最重要的非木材产品。我国素有“竹子王国”之称，竹林面积约为 500 多万 hm^2，约占世界总量的 30%。竹业总产值达到 370 亿元人民币，其中，浙江、福建两省竹业总产值分别是 114. 75 亿元和 73 亿元。目前竹资源被广泛地运用于建筑、造纸、食品、家具、包装、运输和医疗保健等行业，成为一个创造就业和出口创汇的新兴产业。

与竹类相比，藤类植物主要被用于编织各种家具和藤材工艺品。中国的藤制品具有悠久的历史，每年的藤产品进出口贸易达 2 亿多美元，成为世界上独树一帜的传统工业。广东省南海区、福建省安溪纤维中心，已形成中国最大的竹藤工艺品生产基地和商品贸易的主要集散地。

作为森林资源的重要组成部分，竹藤资源具有独特的生物学特性和重要的经济利用价值，竹藤业是一项集生态、经济和社会效益于一体的绿色产业，潜力巨大，前景广阔。

我国主要的竹藤制品如图 5—71、图 5—72、图 5—73 所示。

图 5—71　竹篮

图 5—72　竹制桌椅

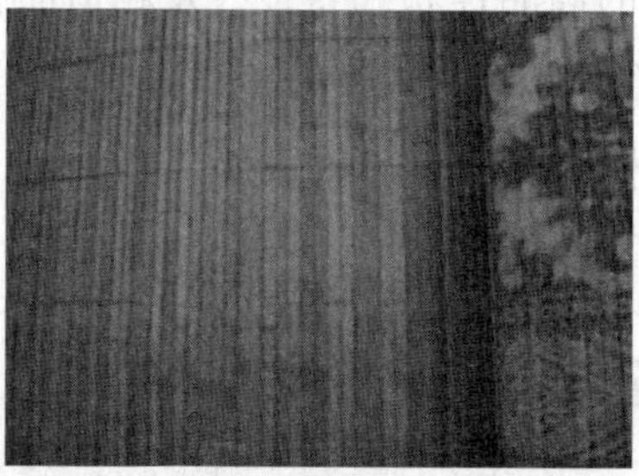
竹席

竹制台灯

竹炭制品

竹炭

图 5—73　各类竹藤制品

第3节　非木材林产品的品级鉴定

学习目标

1. 能够对所经营的林产品进行品级鉴别。
2. 掌握非木材林产品的品级鉴定方法。

技能要求

一、工作名称：非木材林产品的品级鉴定

我国林产品种类繁多，一类是木材及各种木材加工制品，另一类是非木材林产品的经济林及森林副产品。在农产品经纪人的教材中主要涉及非木材林产品，在非木材林产品中，不同类别的产品要使用不同的鉴别方法。因此要想很好地鉴别所要经营的林产品的品级，主要从以下几个方面考虑：

1. 要熟悉所经营的非木材林产品品种的商品性状和特征，及相似品种的性状特征，通过网络、书籍和其他途径掌握相关林产品的信息和资料。
2. 要对所经营的非木材林产品的质量标准有所了解和掌握。
3. 要掌握所经营非木材林产品的鉴别及评定的方法。

二、工作准备：非木材林产品鉴定前的准备

1. 了解非木材林产品的基本资料，包括企业法人代表、注册资金、成立时间、占地面积、生产许可证、场地批准证明、年检时间证明、非林产品品种、种植（养殖）规模、产量（数量）、产值、利润、企业荣誉、加工产品、品牌等基本资料。
2. 了解和查找农场、农户或者养殖场所种植、养殖的品种、性能、种植（养殖）方式、同行业等资料、市场价格等信息。
3. 了解种植、养殖场品种近几年的市场供求状况、发展状况。
4. 了解该非木材林产品产品的生产标准、卫生、防疫要求、质量标准、品质等级标准等。

5. 与所要洽谈拜访的企业预约时间、工作流程。

三、工作程序：非木材林产品鉴别的工作流程

1. 所经营品种样本应具备的条件：

(1) 来源相同。

(2) 性状相似。

(3) 具有良好的适应性和一定的经济价值。

(4) 遗传性稳定，种用价值高。

(5) 具有足够的数量。

2. 了解所选品种的类别：原始品种、培育品种。

3. 熟知品种及相关品种特征资料，质量标准、品质等级分类，鉴别方法。

四、注意事项

1. 能合理取样。要采用随机抽样（在一个母体中的所有子样本被抽取的概率是相同的）的方法，抽取的样本具有代表性并保证足够的样本量。要做到以下几点：第一，明确抽样的对象和总体；第二，保证抽取足够数量的样本；第三，做到分层抽样；第四，抽样应适度均衡；第五，最好亲自抽选样本。

2. 能应用感官、简易工具对抽取的样品进行品种鉴别及定级，误差率不超过规定标准的 40%。

五、两种非木材林产品的鉴别

1. 银耳的鉴别

(1) 看品相

一级品：耳片色泽呈金黄色，有光泽，朵大体轻疏松，肉质肥厚，坚韧而有弹性，蒂头无耳脚、黑点，无杂质等。干耳浸水后，膨胀率可达 10 倍以上。

二级品：耳片色白略带米色，朵大体松，有光泽，肉质较厚带有弹性，小朵不应超过 10% ~15%，蒂头稍带耳脚，干耳浸水后，膨胀率在 10 倍以上。

通常来说，不同质量的银耳感官差异是非常大的。优质的银耳比较干燥，色泽也很洁白，肉相对厚，而且花朵齐全完整，有圆形的伞盖，直径一般都在 3 cm 以上。最重要的是，没有蒂头，也不含杂质。而普通的银耳就差一些了。颜色虽然也白，但是白色中略带米黄色，看上去虽然也是完整的一朵，但肉却略薄。普通银耳的直径一般在 8 ~ 12 cm 之间。

图5—74　一级品银耳

图5—75　二级品银耳

较差的银耳白色中带着米黄色，摸起来不觉得干燥，肉也十分薄，有时候还带有斑点，蒂头杂质也相对多，形状不完整，不成朵，直径一般都在1.3 cm以下。

（2）闻气味

品质新鲜的银耳，应该是无酸、臭、异味等。干银耳呈白色是熏过硫黄漂白过的，只有新鲜或者泡发后的银耳是白色的，晒干或烘干后的正常颜色为金黄色。

（3）尝味道

银耳本身应无味道，选购时可取少许试尝，如对舌有刺激或有辣的感觉，证明这种银耳是用硫黄熏制做了假的。

2．干红枣的鉴别

（1）看品种

在采购时，要了解干红枣的产地，了解是哪个大枣品种。如果对品种不熟悉，可以根据大枣的品种资料和图片或者上网搜索资料进行鉴别。

（2）看颜色

质量较好的红枣是紫红色的，颜色偏暗一些，有点像红酒的颜色，并且颜色比较均匀，有光泽，很少出现深一块浅一块的情形。而质量稍差一点的红枣多数是偏深红色，表面光泽不明显，颜色不均匀，有的表面还出现了黑色。

（3）看外形

好红枣一般颗粒均匀、圆整，呈椭圆形或球形，表面的皱纹细浅，没有破损现象。而劣质的枣子，大小不均匀，表面水分失去的较多，果实干瘪，上面的皱纹较深，有时还会出现破损。

（4）看切面

质量好的红枣和质量差的红枣切开时也是有差异的。优质红枣切开时大多数是切面比较整齐，枣核较小，枣肉厚实，松紧度适中。吃起来一般不会卡喉。而劣质大枣一般缩水严重一点，切开后切面看起来会干枯一些，还有点松散，枣核较大，枣肉粗糙，吃起来有时会卡喉。

（5）尝味道

红枣的好坏直接影响到它的味道，一般来说，优质红枣尝起来是香甜的，口感较好，枣肉细腻不粘牙，没有杂味。而质量较差的红枣吃起来感觉干干的不水嫩，口感不太好，甜味不足或带有酸涩味，吃过后有时在牙齿上会留下残渣。还有一些劣质大枣，吃起来有一种怪怪的味道。

（6）手感

好的红枣摸起来感觉坚实，肉质较细嫩，表面光滑而不粗糙。而质量较差一些的红枣手感一般松软，有时感觉会有些粗糙。

第6章 畜禽产品品级鉴别

第1节 畜禽的产地、品种、特性

学习目标

1. 了解我国畜禽的产地、品种、特性等知识。
2. 熟悉我国畜禽产品的等级分类。
3. 掌握畜禽产品的品级鉴别方法。

知识要求

一、我国畜禽品种资源现状

我国是世界上畜禽遗传资源最丰富的国家之一，不仅物种、类群齐全，而且种质特性各异。我国畜禽遗传资源主要有猪、鸡、鸭、鹅、特禽、黄牛、水牛、牦牛、独龙牛、绵羊、山羊、马、驴、骆驼、兔、梅花鹿、马鹿、水貂、貉、蜂20个物种，共计576个品种（类群），其中地方品种（类群）426个，占品种资源总数的74%；培育品种73个，占品种资源总数的12.7%；引进品种77个，占品种资源总数的13.3%。

新中国成立以来，特别是最近三十年，为满足人民对肉、蛋、奶等畜禽产品的需求，我国相继引进了大量的外来高产品种杂交改良国内地方品种，进行规模化养殖。受外来高产品种强烈冲击，我国畜禽品种数量逐渐减少和消失的问题日渐突出，20 世纪 70 年代末 80 年代初畜禽品种资源普查结果证实，我国已灭绝的品种有 10 个，濒临灭绝的品种 8 个，数量减少的有 20 个。据 1996—1998 年对全国 17 个省 331 个地方畜禽品种动态信息资源调查显示，有 50 个畜禽品种（类群）濒危，9 个品种（类群）濒临灭绝，7 个品种（类群）已经灭绝。这种趋势随着近年大量引种和集约化程度的提高而进一步加剧，估计至少有 30% 的畜禽遗传资源处于灭绝的高度危险之中。

畜禽品种资源是生物多样性的重要组成部分，是人类赖以生存和发展的基础，是满足未来不可预见的重要基因库，它的任何一点利用都可能在类型、质量、数量上给肉、蛋、奶和毛皮等生产带来创新。

二、全国畜禽品种资源保护工作概况

1. 新中国成立以来出台畜禽品种资源保护方面的政策

（1）1976 年，农业部组织开展了一次较大规模的畜禽品种资源调查，出版了 5 部《中国畜禽品种志》。

（2）1994 年国务院颁布了《种畜禽管理条例》，随后农业部出台了《种畜禽管理条例实施细则》。

（3）《国家级畜禽品种资源保护名录》编制及修订。

2000 年 8 月 23 日，农业部首批公告了的 78 个国家级畜禽品种资源保护品种，2006 年、2014 年先后对《国家级畜禽遗传资源保护名录》进行了修订，确定八眉猪等 159 个畜禽品种为国家级畜禽遗传资源保护品种。

2. 畜禽品种资源保护措施

建立了第一批 6 个国家级畜禽遗传资源基因库、第一批 16 个国家级畜禽遗传资源保护区、第一批 97 个国家级畜禽遗传资源保种场。

三、我国常见畜类养殖品种及特性

1. 生猪品种

养猪业在中国畜牧业中占有主导地位。中国非常重视猪的遗传改良，近年来通过引进国外优良生猪品种和先进的养殖技术、设备，已建立了比较完善的原种场、扩繁场、商品生产场三级繁育体系。

“杜长大”三元猪商品体系，具有生长快、饲料利用率高、瘦肉率高、经济效益明显等特点，得到了大力发展。

近年来，我国的生猪养殖业历经多次食品安全事件，人们对现有的规模化养殖模式中乱用抗生素等兽药问题越来越关注，同时，“高瘦肉率”是否是养猪的重要品质、营养指标等问题，也引起了全社会的关注。我国“土种猪”的规模化养殖、散养、半散养模式，得到了越来越多大众的认可。

我国地方猪种的特点是繁殖力和抗逆性强，肉质较好，性情温驯，能大量利用青粗饲料。

中国猪种遗传资源非常丰富，除具有高繁殖力、耐粗饲、适应强外，还有一些品种具有独特的肉质和用途。这些独特的遗传资源已得到一定利用，有些作为特异性的育种素材。高繁殖力的太湖猪、民猪被用来培育新的品种（系），在保持其高繁殖力的基础上，提高生长速度和瘦肉率，是生产中良好的母本；利用香猪生产烤乳猪；小型猪中的五指山猪和香猪作为医用实验动物得到利用。

（1）国家级畜禽品种资源保护品种

八眉猪、大花白猪、马身猪、淮猪、莱芜猪、内江猪、乌金猪（大河猪）、五指山猪、二花脸猪、梅山猪、民猪、两广小花猪（陆川猪）、里岔黑猪、金华猪、荣昌猪、迷你香猪、华中两头乌猪（沙子岭猪、通城猪、监利猪）、清平猪、滇南小耳猪、槐猪、蓝塘猪、藏猪、浦东白猪、撒坝猪、湘西黑猪、大蒲莲猪、巴马香猪、玉江猪（玉山黑猪）、姜曲海猪、粤东黑猪、汉江黑猪、安庆六白猪、莆田黑猪、嵊县花猪、宁乡猪、米猪、皖南黑猪、沙乌头猪、乐平猪、海南猪（屯昌猪）、嘉兴黑猪、大围子猪。

1）八眉猪。八眉猪，又称泾川猪、西猪，包括互助猪。产地（或分布）：甘肃、宁夏、陕西、青海，新疆、内蒙古等省区。主要特点：头较狭长，耳大下垂，额有纵行“八”字皱纹，故名八眉。被毛黑色（见图 6—1、图 6—2）。八眉猪公猪 10 月龄体重 40 kg 配种，母猪 8 月龄体重 45 kg 配种。产仔数：头胎约 6.4 头，三胎以上约 12 头。肥育期日增重为 458 g，瘦肉率为 43.2%，肌肉呈大理石条纹，肉嫩，味香。

图 6—1　八眉猪公猪

图 6—2　八眉猪母猪

2）民猪。民猪，又称大民猪、二民猪、荷包猪，原称东北民猪。产地（或分布）：黑龙江、吉林、辽宁、河北等省。成年公猪平均体重为 195 kg，成年母猪平均体重为 151 kg。产仔数：头胎约 11 头，三胎约 11.9 头，四胎以上约 13.5 头。肥育期日增重为 458 g，屠宰率为 72.5%，体重达 90 kg 后脂肪增加，瘦肉率下降。经过选育和改进日粮结构，民猪 233 日龄体重可达 90 kg，日增重 495 g，瘦肉率为 48.5%，料肉比为 4:1。如图 6—3、图 6—4 所示。

图 6—3　民猪公猪

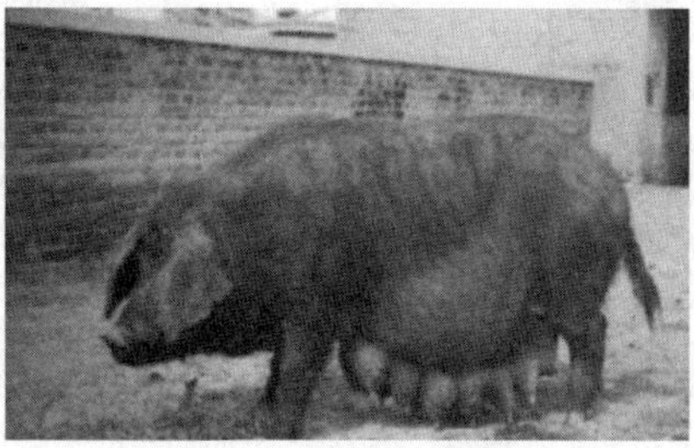

图 6—4　民猪母猪

3）陆川猪。产地（或分布）：广东省与广西壮族自治区相邻的寻江、西江流域的南部。主要特点：体型较小，具有头短、颈短、耳短、身短、脚短和尾短等“六短”特征。额较宽，有“〈〉”形或菱形皱纹，中间有白斑三角星。耳小向外平伸。背腰宽广凹下，腹大拖地，体长与胸围几乎相等。被毛黑白花，除头、耳、背、腰、臀为黑色外，其余均为白色。成年公猪体重为 103.2 ~ 130.9 kg，母猪为 81 ~ 112 kg。性成熟早，公猪 2 ~ 3 月龄就能配种，母猪 4 ~ 5 月龄初配，头胎产仔 8 头左右，三胎以上 10 ~ 11 头，种猪场经产母猪产仔数 12 ~ 13 头。肥育期日增重为 285 ~ 328 g，屠宰率为 67.6%，瘦肉率为 37.2%。如图 6—5、图 6—6 所示。

图 6—5　陆川公猪

图 6—6　陆川母猪

4）华中两头乌猪。产地（或分布）：湖北、湖南、江西、广西和长江中游及江南的广大地区。主要特点：头短宽，额部皱纹多呈菱形，皱纹粗深者称“狮子头”，头长直额纹浅细者称“万字头”或“油嘴筒”，耳中等大，下垂。四肢较坚实，但常年圈养者多见卧系叉蹄。毛色为“两头乌，中间白”，即头颈和臀尾为黑色，躯干四肢为白色。6月龄前生长快，成年公猪体重为98.9 kg，母猪为92.5 kg。平均排卵19枚，头胎产仔7~8头，三胎以上11.3头。肥育期日增重为413~428 g，75 kg屠宰率为71%，瘦肉率为41%~44%。如图6—7、图6—8所示。

图6—7　华中两头乌公猪

图6—8　华中两头乌母猪

5）宁乡猪。产地（或分布）：湖南省宁乡县。主要特点：体型中等，头中等大小，额部有形状和深浅不一的横行皱纹，耳较小、下垂，颈粗短，有垂肉，背腰宽，背线多凹陷，肋骨拱曲，腹大下垂，四肢粗短，大腿欠丰满，多卧系撒蹄，群众称“猴子脚板”，被毛为黑白花。按头型分三种类型：狮子头、福字头、阉鸡头。平均排卵17枚，三胎以上产仔10头。肥育期日增重为368 g，饲料利用率较高，体重75~80 kg时屠宰为宜，屠宰率为70%，膘厚4.6 cm，眼肌面积18.42 cm^2，瘦肉率为34.7%。如图6—9、图6—10所示。

图6—9　宁乡公猪

图6—10　宁乡母猪

6）金华猪。金华猪，又称两头乌猪、金华两头乌猪。产地（或分布）：原产于浙江省金华市东阳市，分布于浙江省义乌、金华等地。主要特点：体型中等偏小。耳中等大，下垂不超过嘴。颈粗短，背微凹，腹大微下垂，臀部倾斜，四肢细短，蹄坚实呈玉色，皮薄、毛疏、骨细。毛色中间白两头乌。按头型分大、中、小三型。成年公猪体重约112 kg，成年母猪体重约97 kg。公猪、母猪一般5月龄左右配种，三胎以上产仔 13 ~ 14 头。肥育期日增重约 460 g，屠宰率为 71.7%，眼肌面积 19 cm^2，腿臀比例 30.9%，瘦肉率为 43.4%。有板油较多、皮下脂肪较少的特征，适于腌制火腿。如图 6—11、图 6—12 所示。

图 6—11　金华公猪

图 6—12　金华母猪

7）太湖猪。产地（或分布）：主要分布长江下游江苏、浙江和上海交界的太湖流域。主要特点：体型中等，各类群间有差异，梅山猪较大，骨骼较粗壮；米猪的骨骼较细致；二花脸猪则介于二者之间。头大额宽，额部皱褶多，耳特大，软而下垂，被毛黑或青灰。成年公猪体重 128 ~ 192 kg，成年母猪体重 102 ~ 172 kg。繁殖力高，头胎产仔 12 头，三胎以上 16 头，排卵数 25 ~ 29 枚。60 天泌乳量 311.5 kg。日增重为 430 g 以上，屠宰率为 65% ~ 70%，二花脸瘦肉率 45.1%。眼肌面积 15.8 cm^2。如图 6—13、图 6—14 所示。

图 6—13　太湖公猪

图 6—14　太湖母猪

8）荣昌猪。产地（或分布）：产于重庆市荣昌区和四川省的隆昌县。主要特点：体型较大，头大小适中。面微凹，耳中等大、下垂，额面皱纹横行、有旋毛，体躯较长，发育匀称，背腰微凹，腹大而深，臀部稍倾斜，四肢细致、坚实。被毛除眼周外均为白色，也有少数在尾根及体躯出现黑斑或全白的，按毛色特征分为“金架眼”“黑眼瞪”“黑头”等。成年公猪体重 98 kg，成年母猪体重 86.8 kg。经选育的猪群头胎产仔 8 ~ 9 头。经产母猪窝产仔 11 ~ 12 头。不限量饲养日增重为 623 g，屠宰适期 7 ~ 8 月龄，体重 80 kg 左右的肉猪屠宰率为 69%，瘦肉率为 42% ~ 46%。如图 6—15、图 6—16 所示。

图 6—15　荣昌公猪

图 6—16　荣昌母猪

9）小型猪。小型猪为我国的宝贵品种资源。目前已开发利用的主要有产于贵州与广西交界处的迷你香猪（巴马香猪）；产于西藏自治区的藏猪；产于海南省的五指山猪（老鼠猪）。主要特点：体型小，发育慢，6 月龄体高 40 cm 左右，体长为 60 ~ 75 cm，体重为 20 ~ 30 kg，体重相当于同龄大型猪的 1/4 ~ 1/5，平均日增重 120 ~ 150 g，而同龄大型猪为 600 ~ 800 g。性成熟早，一般 3 ~ 4 月龄性成熟时具有繁殖能力；抗逆性强，对不良的生态和饲料条件有很强的适应能力；产仔数少，一般为 5 ~ 6 头。如图 6—17、图 6—18 所示。

图 6—17　迷你香猪

图 6—18　藏猪

（2）引进品种

大约克夏（大白）、长白、杜洛克、汉普夏、皮特兰、斯格等。

1）大白猪。原产地英国，窝产仔数 11.8 头，日增重 930 g，饲料转化率为 2.30，胴体瘦肉率 61.9%。适应性较好，优良的杂交父本或母本。如图 6—19、图 6—20 所示。

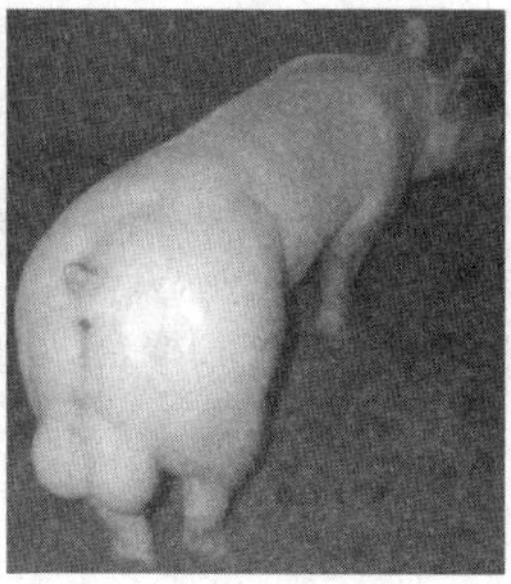

图 6—19　大白公猪

图 6—20　大白母猪

2）长白猪。原产地丹麦，窝产仔数 12.7 头，日增重 947 g，饲料转化率 2.36，胴体瘦肉率 60.6%。如图 6—21、图 6—22 所示。

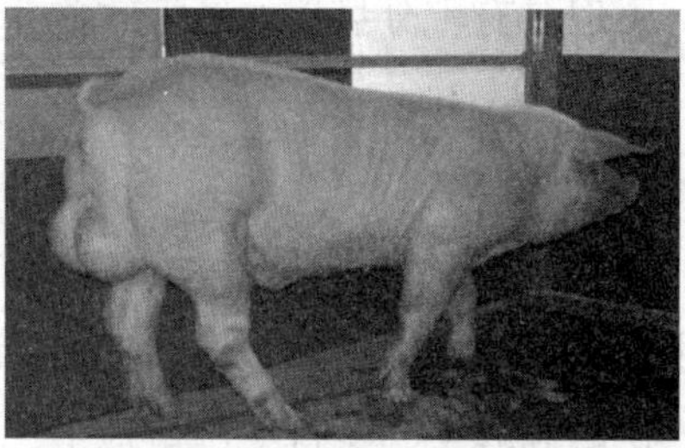

图 6—21　长白公猪

图 6—22　长白母猪

3）杜洛克猪。原产地美国，被毛红色，窝产仔数 10.2 头，日增重 930 g，饲料转化率 2.30，胴体瘦肉率 59.4%。如图 6—23、图 6—24 所示。

图 6—23　杜洛克公猪

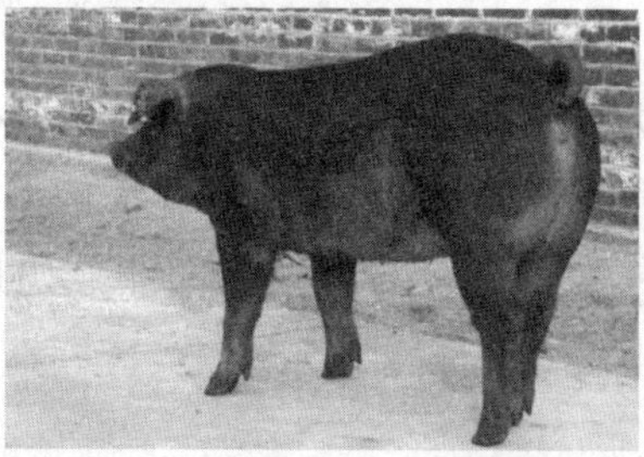

图 6—24　杜洛克母猪

4）汉普夏猪。原产美国肯塔基州，是美国分布最广的猪种之一。优点是背最长肌和后躯肌肉发达，瘦肉率高。早期曾称为“薄皮猪”，1904 年起改称汉普夏猪，现已成为美国三大瘦肉型品种之一。窝产仔数 9 ~ 10 头，日增重 848 g，饲料转化率 2.3，胴体瘦肉率 62.1%。如图 6—25、图 6—26 所示。

2. 牛类品种

牛是一种多用途的家畜，既能产奶、产肉，又可给农业生产提供动力和优质粪

图 6—25　汉普夏公猪

图 6—26　汉普夏母猪

肥。牛皮及其副产品是轻工业和出口贸易的重要物质。世界上畜牧业发达的国家，都十分重视养牛业的发展。

发展养牛业，利用作物秸秆，过腹还田，不但具有十分显著的经济效益，而且还具有良好的社会效益和生态效益。

（1）国家级畜禽品种资源保护品种

九龙牦牛、天祝白牦牛、青海高原牦牛、甘南牦牛、独龙牛（大额牛）、摩拉水牛、尼里—拉菲水牛、海子水牛、温州水牛、槟榔江水牛、延边牛、复州牛、南阳牛、秦川牛、晋南牛、渤海黑牛、鲁西牛、温岭高峰牛、蒙古牛、雷琼牛、郏县红牛、巫陵牛（湘西牛）、帕里牦牛、中国荷斯坦牛。

1）秦川牛。产地与分布：因产于陕西省关中地区的“八百里秦川”而得名。主要产地包括渭南、临潼、蒲城、富平、大荔、咸阳、兴平、乾县、礼泉、泾阳、三原、武功、扶风、岐山等 15 个县、市。体形外貌：角短而钝、多向外下方或向后稍弯。毛色有紫红、红、黄 3 种，以紫红和红色居多。鼻镜多呈肉红色，蹄壳分红、黑和红黑相间 3 色。生产性能：在中等饲养条件下，18 月龄平均屠宰率为 58.3%，净肉率为 50.5%。母牛产奶量（715.8 ± 261.0）kg，乳脂率 4.70%。如图 6—27、图 6—28 所示。

图 6—27　秦川公牛

图 6—28　秦川母牛

2）南阳牛。产地与分布：产于河南南阳地区白河和唐河流域的广大平原地区，以南阳市郊区、南阳县、唐河为主。邓县、新野、镇平、社旗、方城等县市为主要产区。体形外貌：公牛角基粗，以萝卜头角为主，母牛角细。鬐甲较高，公牛肩峰 8 ~ 9 cm。有黄、红、草白 3 种毛色。鼻镜多为肉红色，其中部分带有黑点。蹄壳以黄蜡、琥珀色带血筋较多。生产性能：公牛育肥后，1.5 岁平均体重可达 441.7 kg，日增重 813 g，屠宰率为 55.6%。3 ~ 5 岁阉牛经强度育肥，屠宰率可达 64.5%，净肉率达 56.8%。母牛产乳量 600 ~ 800 kg，乳脂率为 4.5% ~ 7.5%。如图 6—29、图 6—30 所示。

图 6—29　南阳公牛

图 6—30　南阳母牛

3）鲁西牛。产地与分布：主要产于山东西南部，以菏泽市的郓城、巨野、梁山和济宁地区的嘉祥、金乡、济宁、汶上等县为中心产区。体形外貌：公牛多平角或龙门角；母牛角形多样，以龙门角较多。被毛以浅黄色最多，多数牛有完全或不完全的“三粉”特征（眼圈、口轮、腹下与四肢内侧）。生产性能：1 ~ 1.5 岁牛平均日增重 610 g，屠宰率为 53% ~ 55%，净肉率为 47% 左右。母牛性成熟早，一般 10 ~ 12 月龄开始发情，母牛初配年龄多在 1.5 ~ 2 周岁，终生可产犊 7 ~ 8 头，最高可达 15 头。如图 6—31、图 6—32 所示。

图 6—31　鲁西公牛

图 6—32　鲁西母牛

4）晋南牛。产地与分布：产于山西省晋南盆地，包括运城市的万荣、河津、永济、运城、夏县、闻喜、芮城、临猗、新绛，以及临汾市的侯马、曲沃、襄汾等县、市，以万荣、河津和临猗3县的数量最多、质量最好。体形外貌：公牛颈较粗短，顺风角，肩峰不明显。蹄大而圆，质地致密。毛色以枣红为主，鼻镜为粉红色。成年公牛平均体重607 kg，体高139 cm；母牛平均体重339 kg，体高117 cm。生产性能：成年公牛肥育后屠宰率可达52.3%，净肉率为43.4%。母牛产奶量为745.1 kg，乳脂率为5.5%～6.1%。9～10月开始发情，2岁配种，终生产犊7～9头。如图6—33、图6—34所示。

图6—33　晋南公牛

图6—34　晋南母牛

5）中国荷斯坦牛。中国荷斯坦牛是利用从不同国家引入的纯种荷斯坦牛经过纯繁、纯种牛与我国当地黄牛杂交，并用纯种荷斯坦牛级进杂交相互横交固定，后代自群繁育，经长期选育而培育成的我国唯一的奶牛品种。1992年正式命名为“中国荷斯坦牛”。现已遍布全国，质量在不断提高，表现出良好的环境适应性和较高的生产性能。体形外貌：该牛毛色同荷斯坦牛。由于各地引用的荷斯坦公牛和本地母牛类型不同，以及饲养环境条件的差异，中国荷斯坦牛的体格不够一致，就其体形而言，北方荷斯坦牛体格较大，成年公牛体高155 cm，体重1 100 kg；成年母牛体高135 cm，体重600 kg。南方荷斯坦牛体形偏小，其成年母牛体高132.3 cm，体重585.5 kg。生产性能：据21 925头品种登记牛的统计，中国荷斯坦牛305 d各胎次平均产奶量为6 359 kg，平均乳脂率为3.65%。在京、津、沪、东北三省、内蒙古、新疆、山西等大中城市附近及重点育种场，其全群年平均产奶量已达7 000 kg以上。在饲养条件较好、育种水平较高的京、沪等市，个别奶牛达到了国际同类荷斯坦牛的生产水平，奶牛场全群平均产奶量已超过8 000 kg，超过10 000 kg的奶牛个体不断涌现。如图6—35、图6—36所示。

6）水牛。产地与分布：亚洲的热带、亚热带地区。

类型：a. 沼泽型。分布于我国和东南亚一带，骨骼粗大、肌肉发达、头型魁伟；体躯较短且低矮、前躯发达、腰腹粗圆、斜尻。如图6—37、图6—38所示。

图 6—35　中国荷斯坦公牛

图 6—36　中国荷斯坦母牛

图 6—37　中国公水牛

图 6—38　中国母水牛

b. 江河型。印度的摩拉水牛、巴基斯坦的尼里—拉菲水牛等体格都较大，多为黑色；头较小，胸部广阔，臀腰宽阔，四肢短而粗壮，后躯发达，乳房发育良好。如图 6—39、图 6—40 所示。

图 6—39　摩拉水牛

图 6—40　尼里—拉菲水牛

生产性能：肉、奶、役兼用，屠宰率可达 60% 左右，平均年产奶量 1 400 ~ 2 700 kg/头，乳脂率为 7.0% 左右，泌乳期可达 400 d 左右。

7）牦牛。包括九龙牦牛、甘南牦牛。产地与分布：主要在我国青藏高原及与其相邻的国家和地区。特点：体格小，叫声似猪，故有“猪声牛”之称。外貌上近似野牛，被毛粗长，毛丛中有绒毛；鬐甲很高，毛色较杂，多以黑色为主，也有白色、灰、深褐色等。爬坡能力强，行走速度快，有“高原之舟”美称。生产性能：肉、毛、乳兼用。屠宰率可达50%～67%，净肉率41.4%～46.8%。泌乳期3.5～6个月，产奶量240～600 kg，乳脂率5.65%～7.49%。剪毛量，公牛产毛3.6 kg，绒0.4～1.9 kg；母牛产毛1.2～1.8 kg，绒0.4～0.8 kg。如图6—41、图6—42所示。

图6—41　公牦牛

图6—42　母牦牛

（2）引进品种

1）肉用牛品种：利木赞牛、夏洛来牛。

a. 利木赞牛（Limousin）。产地：原产于法国中部利木赞高原，为大型肉用品种。许多国家都有引进，我国于1974年引进，分布于中北部地区诸省。外貌特征：被毛红色或黄色，嘴、眼、腹下、四肢、尾部毛色较浅。体大骨细，全身肌肉丰满，四肢强健，尻部宽平。生产性能：肉用性能好，生长快，尤其是幼年时期，8月龄小牛就可以生产出具有大理石纹的牛肉；12月龄体重可达450～480 kg，平均日增重1 000 g，屠宰率68%～70%，牛肉品质好，瘦肉率高，高达80%～85%。母牛产奶性能较好，约1 200 kg/年。目前，我国用此牛改良当地黄牛，效果良好。如图6—43所示。

b. 夏洛来牛。产地：原产于法国夏洛来及涅夫勒地区。著名的大型肉牛品种，最早为役用牛，经选育成肉牛品种。以体型大、生长迅速、瘦肉多、饲料转化率高而著名。外貌特征：全身乳白色，体大结实，肌肉发达，头小而短，尻部丰满。生产性能：以生长速度快，瘦肉产量高而著称。平均日增重公犊为1 000～1 200 g，母犊为1 000 g。12月龄公犊体重达525 kg，母犊360 kg。屠宰率为65%～70%，胴体产肉率为80%～85%。用于改良中国黄牛，后代12月龄体重是本地黄牛公犊的2.6倍，母犊的3.1倍。母

图6—43　利木赞牛

牛平均产奶量为 1 700 ~ 1 800 kg，个别达到 2 700 kg，乳脂率为 4.0% ~4.7%。如图 6—44、图 6—45 所示。

图 6—44　夏洛来公牛

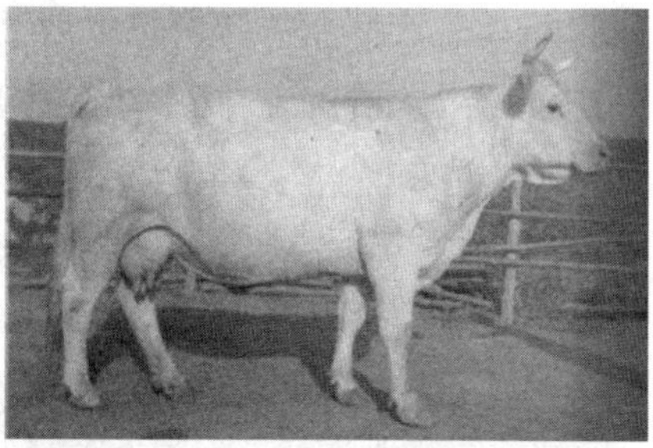

图 6—45　夏洛来母牛

2）乳用牛品种：荷斯坦牛、娟姗牛。

a. 荷斯坦牛（Holstein）。荷斯坦牛原产于荷兰，又名黑白花牛。荷斯坦牛风土驯化能力强，世界大多数国家均能饲养。经各国长期的驯化及系统选育，育成了各具特征的荷斯坦牛，并冠以该国的国名，如美国荷斯坦牛、加拿大荷斯坦牛和中国荷斯坦牛等。荷斯坦牛过去是纯乳用型品种，近一个世纪以来，由于市场的变化，各国对其进行了不同方向的选育。形成了以美国荷斯坦牛为代表的乳用型和以原产地荷兰为代表的乳肉兼用型。地域分布：美国、加拿大、日本、澳大利亚等国。外貌特征：体格高大，结构匀称，皮薄骨细，皮下脂肪少，乳房特别庞大，乳静脉明显，后躯较前躯发达，呈楔形或三角形。色为黑白相间，额部有白星，腹下、四肢下部及尾帚为白色，其余多为黑色。生产性能：一般母牛平均产奶量 6 500 ~7 500 kg，乳脂率 3.6% ~3.7%。如图 6—46、图 6—47 所示。

图 6—46　荷斯坦公牛

图 6—47　荷斯坦母牛

b. 娟姗牛（Jersey）。产地：原产于英吉利海峡南端的娟姗岛。娟姗牛属小型乳用品种，育成历史悠久，是举世闻名的高乳脂率奶牛品种，世界各国均有引进。外貌特征：体形小，细致紧凑，清秀美观。头小而轻，两眼突出，明亮有神，颈细长，胸宽深，尻部宽平，四肢端正，乳房质地柔软，发育匀称，后躯发育良好，呈三角形，被毛短细，为灰褐、浅褐及深褐色，鼻镜、舌和尾帚为黑色，嘴、眼周围有浅色毛环。成年公牛体重为650～750 kg，母牛体重340～450 kg，犊牛初生重为23～27 kg。生产性能：产奶量一般为3 500～5 000 kg，乳脂率为5.5%～6.0%，个别达8.0%，乳色黄，风味好，适于制作黄油，其鲜奶及奶制品备受欢迎。娟姗牛可用于改良我国南方乳用牛。因为娟姗牛耐热性能好，性成熟早，一般15～16月龄即可配种。如图6—48、图6—49所示。

图6—48　娟姗公牛

图6—49　娟姗母牛

3）兼用型牛品种：西门塔尔牛、丹麦红牛。

a. 西门塔尔牛（Simmental）。产地：原产于瑞士阿尔卑斯山区的河谷地带。原是瑞士的大型乳、肉、役三用品种，占其总牛数的50%，在世界各国分布很广。其肉、奶性能并不比专门的肉用和奶用品种逊色。外貌特征：毛色多为黄白花或淡红白花，头、胸、腹下、四肢、尾帚多为白色。后躯较前躯发达，中躯呈圆筒形。四肢强壮，蹄圆厚。乳房发额与颈上有卷曲毛。育中等，乳头粗大，乳静脉发育良好。生产性能：肉、乳兼用性能均佳。平均产奶量4 000 kg以上，乳脂率为4.0%。初生至12月龄日增重1.32 kg，肥育后屠宰率可达65%。与我国北方黄牛杂交，后代体格增大，生长加快，很受群众欢迎。如图6—50、图6—51所示。

图6—50　西门塔尔公牛

图6—51　西门塔尔母牛

b. 丹麦红牛（Danish Red）。产地：原产于丹麦。世界各地均有分布。1984年引入，分别饲养在西北农林科技大学和吉林省畜牧兽医研究所。乳、肉兼用。以乳脂率、乳蛋白率高而著称。外貌特征：全身被毛红色，鼻镜为浅灰至深褐色，蹄壳为黑色，部分牛只乳房或腹部有白斑毛。被毛软、短，光亮。体格较大，体躯方正深长，背腰平直，四肢粗壮结实。乳房发达而匀称，乳头长。生产性能：具有较好的乳用性能。平均产奶量为 7 316 kg，乳脂率为 4.16%，乳蛋白含量为 3.57%；高产群平均产奶量9 533 kg，乳脂率为 4.53%，乳蛋白含量为 3.55%。12 ~ 16 月龄小公牛，在良好的肥育条件下，平均日增重可达 1.01 kg，屠宰率为 57%。该品种平均屠宰率为 54%。改良本地黄牛效果明显，产奶量比秦川牛提高 2 ~ 3 倍，产肉性能也有明显提高。如图 6—52 所示。

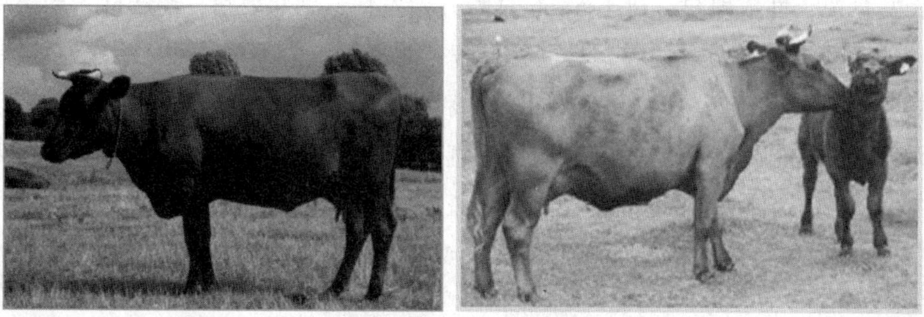

图 6—52　丹麦红牛

3. 羊品种

半个多世纪以来，中国对优良的绵羊、山羊遗传资源不断地进行选育和改良，扩大优良遗传资源的利用范围。在羊的育种体系中，通常选用适应性强、生产性能需提高的当地品种作为母本，导入生产性能较高的引入品种作为父本进行杂交。先后对哈萨克羊、蒙古羊等当地粗毛羊品种进行改良，育成中国美利奴羊、新疆细毛羊、东北细毛羊、内蒙古细毛羊、敖汉细毛羊等优良新品种，为毛纺工业提供了优质的毛纺原料，促进了毛纺工业的发展，增加了农牧民的收入。利用吐根堡山羊与成都麻羊杂交，培育了具有生长速度快、屠宰率高的肉用型南江黄羊，目前在西南地区得到大面积推广。

利用引进的肉用波尔山羊，杂交改良地方山羊品种，取得了较好的效果。为改进绵羊体形小、日增重慢、出肉率低的欠缺，在中国的农区、半农半牧区、部分牧区，利用引进的无角道赛特、萨福克、特克塞尔等肉用绵羊，改良地方绵羊品种，充分利用杂交优势，羊肉生产水平有了很大提高。

（1）国家级畜禽品种资源保护品种

辽宁绒山羊、内蒙古绒山羊（阿尔巴斯型、阿拉善型、二狼山型）、小尾寒羊、中卫山羊、长江三角洲白山羊（笔料毛型）、乌珠穆沁羊、同羊、西藏羊（草地型）、西藏山羊、济宁青山羊、贵德黑裘皮羊、湖羊、滩羊、雷州山羊、和田羊、大尾寒羊、多浪羊、兰州大尾羊、汉中绵羊、岷县黑裘皮羊、苏尼特羊、成都麻羊、龙陵黄山羊、太行山羊、莱芜黑山羊、牙山黑绒山羊、大足黑山羊。

1）小尾寒羊。原产于鲁豫苏皖四省交界地区，主要分布在山东省菏泽地区和河北省境内。

生产性能：周岁公羊体重（60.83±14.6）kg，屠宰率为55.6%；周岁母羊体重（41.33±7.85）kg。成年公羊体重（94.15±23.33）kg，成年母羊体重（48.75±10.77）kg；6月龄公羔体重达38.17 kg，母羔体重37.75 kg。该品种羊生长发育快，性成熟早，母羊5~6月龄开始发情，常年发情，经产母羊产羔率达270%，居我国绵羊品种之首，是世界上著名的高繁殖力绵羊品种之一。外貌特征：体格高大，鼻梁隆起，耳大下垂，四肢较高、健壮。公羊有螺旋形大角，母羊有小角或无角。公羊前胸较深，鬐角高，背腰平直。母羊体躯略呈扁形，乳房较大，被毛多为白色，少数个体头、四肢部有黑、褐色斑。被毛异质。如图6—53、图6—54所示。

图6—53　小尾寒母羊

图6—54　小尾寒公羊

2）乌珠穆沁羊。主要分布在内蒙古自治区。生产性能：成年公羊体重74.43 kg，成年母羊体重58.41 kg。成年羯羊屠宰率为55.9%。6~7月龄公羔体重39.6 kg，母羔35.9 kg。平均日增重200~250 g。成年公羊剪毛量1.45 kg。净毛率70%~78%。产羔率100.2%。外貌特征：鼻梁微隆起，耳稍大。公羊多数有螺旋形角，少数无角，母羊多数无角。羊体格大，体质结实，体躯长深。胸宽深，肋骨拱圆，背腰宽平，后躯发育良好，尾大而厚。体躯为白色、头颈为黑色者居多，被毛异质，死毛多。如图6—55、图6—56所示。

3）同羊。同羊产于陕西的渭南和咸阳地区，主要分布于陕西省渭北高原东部和中部一带。生产性能：公羊体重60~65 kg，母羊体重40~46 kg。屠宰率为50%。被毛同质性好，毛长9 cm以上。成年公羊剪毛量1.4 kg，成年母羊剪毛量1.2 kg。公羊羊毛细度23.6 μm，母羊为23.0 μm。平均产羔率190%以上。同羊属

图 6—55　乌珠穆沁公羊

图 6—56　乌珠穆沁母羊

多胎高产类型，易饲养，生长快，肉质好，毛皮优。性成熟较早，毛质好，但产毛量低、繁殖力低。

外貌特征：体质结实，体躯侧视呈长方形。头颈较长，鼻梁微隆，耳中等大。公羊具小弯角，母羊有小角或无角。后躯较发达，四肢坚实而较高，骨细而轻。尾大如扇，有大量脂肪沉积。全身主要部位毛色纯白，部分个体眼圈、耳、鼻端、嘴端及面部有杂色斑点，腹部多为异质粗毛和少量刺毛覆盖。被毛柔细，羔皮洁白，美观悦目。如图 6—57、图 6—58 所示。

图 6—57　母同羊

图 6—58　公同羊

4）成都麻羊。成都麻羊分布于四川成都平原及其附近丘陵地区，目前引入到河南、湖南等省，是南方亚热带湿润山地陵丘补饲山羊，为肉乳兼用型。成都麻羊具有生长发育快、早熟、繁殖力高、适应性强、耐湿热、耐粗放饲养、遗传性能稳定等特性，尤以肉质细嫩、味道鲜美、无膻味及板皮面积大、质地优为显著特点。

外部特征：头中等大小，两耳侧伸，额宽而微凸，鼻梁平直，颈长短适中，背腰宽平，臀部倾斜，四肢粗壮，蹄质坚实。体格较小，被毛深褐、腹下浅褐色，两颊各具一浅灰色条纹。具黑色背脊线。肩部亦具黑纹沿肩胛两侧下伸。四肢及腹部毛长。

生产性能：成年个体体高 0.59 ~ 0.68 m，体长 0.63 ~ 0.65 m，胸围 0.70 ~

0. 81 m、体重 29 ~ 39 kg。屠宰率为 46. 9% ~ 51. 4%。4 ~ 5 月龄性成熟，12 ~ 14 月龄初配，常年发情，每年产两胎，妊娠期 142 ~ 145 d，一产的产羔率为 215%。母羊泌乳期为 5 ~ 8 个月，共产乳 70 kg 左右。成都麻羊的板皮致密、张幅大、弹性好、板皮薄，深受国际市场欢迎。如图 6—59、图 6—60 所示。

图 6—59　成都公麻羊

图 6—60　成都母麻羊

（2）引进品种

1）澳洲美利奴羊。澳洲美利奴羊是世界著名细毛羊品种，原产于澳大利亚。外貌特征：体形近似长方形，腿短，体宽，背部平直，后肢肌肉丰满。公羊颈部有 1 ~ 3 个发育完全或不完全的横褶皱，母羊有发达的纵褶皱，有角或无角。毛丛结构良好，密度大，细度均匀，油汗白色，弯曲弧度均匀整齐而明显，光泽良好。羊毛覆盖头部至两眼连线，前肢至腕关节，后肢至飞节以下。如图 6—61、图 6—62 所示。

图 6—61　澳洲美利奴公羊

图 6—62　澳洲美利奴母羊

2）萨福克。黑头萨福克羊原产于英国。生产性能：成年公羊体重 90 ~ 120 kg，成年母羊体重 80 ~ 90 kg。成年公羊剪毛量 5 ~ 6 kg，成年母羊剪毛量 2. 5 ~ 3. 0 kg。毛长 8. 0 ~ 9. 0 cm，细度 50 ~ 58 支。产羔率 141. 7% ~ 157. 7%。外貌特征：体格较大，骨骼坚强，头较长，无角，耳长，胸宽，背腰和臀部长宽而平，肌肉丰满，后躯发育良好被毛白色，头和四肢为黑色，并且无羊毛覆盖。如图 6—63 所示。

白头萨福克是澳大利亚近年培育的肉羊新品种。生产性能：成年公羊体重 110 ~ 150 kg，成年母羊体重 70 ~ 100 kg，四月龄羔羊体重 56 ~ 58 kg，繁殖率 175% ~210%。外貌特征：体格大，颈长而粗，胸宽而深，背腰平直，后躯发育丰满，呈桶形，公、母羊均无角。四肢粗壮，被毛白色。如图 6—64 所示。

图 6—63　黑头萨福克

图 6—64　白头萨福克

3）波尔山羊。波尔山羊原产于南非的干旱亚热带地区。目前，它是世界上最受欢迎的肉用山羊品种。生产性能：波尔山羊出生重 3.2 ~4.3 kg，公、母羔羊 3 月龄断奶分别重 21.9 kg 和 20.5 kg。羔羊生长速度快，6 月龄内日增重为 225 ~ 255 g。成年公羊体重 90 ~100 kg，成年母羊体重 65 ~75 kg。肉用性能好，屠宰率 50% ~60%。肉质细嫩，肌肉横断面呈大理石花纹状。该品种繁殖性能好，6 月龄成熟，秋季为性活动高峰期，春羔当年可配种，1 年产 2 胎或 2 年产 3 胎。初产母羊产羔率 150%，经产母羊产羔率 220%。外貌特征：波尔山羊具有良好的肉用体形，体躯呈长方形，背腰宽厚而平直，皮肤松软，有较多的褶皱，肌肉丰满。被毛短密有光泽、呈白色，头颈为红褐色，从额中至端有一条白色毛带。头粗壮，耳大下垂，前额隆起，公羊角较宽且向上向外弯曲，母羊角小而直。颈粗厚，四肢较短。如图 6—65、图 6—66 所示。

图 6—65　波尔山公羊

图 6—66　波尔山母羊

4）杜泊绵羊。杜泊绵羊（Dorper sheep），原产地在南非，由角陶赛特羊和波斯黑头羊杂交育成，最初在南非较干旱的地区进行繁殖和饲养，因其适应性强、早期生长发育快、胴体质量好而闻名。杜泊绵羊分为白头和黑头两种。杜泊绵羊主要用于羊肉生产，它能十分有效地满足羊肉生产各方面的要求。

在肉用绵羊的繁育过程中，最重要的经济因素之一是高繁殖率。杜泊绵羊全年发情不受季节限制。经过良好的生产管理，羊场可一年四季按计划年生产肥羔。杜泊绵羊多胎高产，情期母羊的受胎率相当高，这一点有助于羊群选育，也有利于增加肥羔数量。母羊的产羔间隔期为 8 个月。因此，在饲草条件和管理条件较好的情况下，母羊可达到两年三胎。母羊生产具有多胎性，在良好的饲养管理条件下，一般产羔率能达到 150%，初产母羊一般产单羔。如果假定产羔率为 150%，管理上能达到 2 年 3 胎，那么以一年计，一头母羊一年可产 2.25 只羊。如图 5—67 所示。

图 6—67　杜泊绵羊

四、我国常见禽类养殖主要品种及特性

家禽：家禽是指经过人类长期驯化和培育而成，在家养的条件下能生存繁衍并能为人类大量提供肉、蛋等产品的鸟类，主要包括鸡、鸭、鹅、火鸡、鸽子、鹌鹑、珍珠鸡、鸵鸟等。

1．鸡品种

（1）国家级畜禽品种资源保护品种

大骨鸡、白耳黄鸡、仙居鸡、北京油鸡、丝羽乌骨鸡、茶花鸡、狼山鸡、清远麻鸡、藏鸡、矮脚鸡、浦东鸡、溧阳鸡、文昌鸡、惠阳胡须鸡、河田鸡、边鸡、金阳丝毛鸡、静原鸡、瓢鸡、林甸鸡、怀乡鸡、鹿苑鸡、龙胜凤鸡、汶上芦花鸡、闽清毛脚鸡、长顺绿壳蛋鸡、拜城油鸡、双莲鸡。

1）大骨鸡。大骨鸡又称庄河鸡。早在两百多年以前，山东移民将山东大型的寿光鸡带入辽宁，与当地鸡杂交，后经当地群众长期选育而成。主要产于辽宁省庄河市。分布于东沟、凤城、金县、新金、复县等地。大骨鸡是以蛋大为突出特点的兼用型地方鸡种。大骨鸡体形大，胸深宽广，背宽而长，腿高粗壮，腹部丰满。公鸡羽毛呈棕红色，尾羽呈黑色并带绿色光泽。母鸡多呈麻黄色，头颈粗壮，眼大而明亮。公鸡单冠直立，母鸡单冠、冠齿较小。冠、耳叶、肉垂呈红色，喙、胫、趾均呈黄色。大骨鸡以蛋大为其突出的特性，平均年产蛋为 160 枚，蛋重 62 ~ 64 g，高的可达 70 g 以上。在较好的饲养条件下，可达 180 枚。蛋壳光亮平洁，壳厚而坚实，破损率低。蛋料比为 1:(3.0 ~ 3.5)。如图 6—68 所示。

图 6—68　大骨鸡

2）仙居鸡。原产浙江仙居、临海等地，故称仙居鸡，又称梅林鸡，是浙江省优良的小型蛋用地方鸡种。全身羽毛紧密贴体，外形结构紧凑，体态匀称，头昂胸挺，尾羽高翘，背平直，骨骼纤细，反应敏捷，易受惊吓，善飞跃，具有蛋用鸡的体形和神经类型的特点。公鸡羽毛呈黄色或红色，体重约为 1.5 kg，母鸡羽毛多为黄色，少有黑色或花色的，体重约 1 kg。该鸡种个体小，骨骼纤细，有较高的屠宰率，肉鲜美可口，特别是产蛋后期淘汰的母鸡，仍具有一定的肉用价值。如图 6—69、图 6—70 所示。

图 6—69　仙居母鸡

图 6—70　仙居公鸡

3）北京油鸡。原产于北京海淀、清河、地安门、德胜门一带。北京油鸡体躯中等，羽色美观，主要为赤褐色和黄色羽色。赤褐色者体形较小，黄色者体形大。雏鸡绒毛呈淡黄或土黄色。冠羽、胫羽、髯羽也很明显，很惹人喜爱。成年鸡羽毛厚而蓬松。公鸡羽毛色泽鲜艳光亮，头部高昂，尾羽多为黑色。母鸡头、尾微翘，胫略短，体态敦实。北京油鸡羽毛较其他鸡种特殊，具有冠羽和胫羽，有的个体还有趾羽。不少个体下颌或颊部有髯须，故称为“三羽”（风头、毛腿和胡子嘴）。其初生重为 38.4 g，4 周龄重为 220 g，8 周龄重为 549.1 g，12 周龄重为 959.7 g，16 周龄重为 1 228.7 g，20 周龄的公鸡重为 1 500 g、母鸡重为 1 200 g。如图 6—71 所示。

图 6—71　北京油鸡

4）丝羽乌骨鸡。产地（或分布）：产于江西泰和县。福建省泉州市、厦门市和闽南沿海有分布。体形外貌：丝羽乌骨鸡在国际标准中被列为观赏型鸡种。其体形为头小、颈短、脚矮、结构细致紧凑、体态小巧轻盈。其外貌具十大特征，也称“十全”。桑棋冠，冠属草莓类型，在性成熟前为暗紫色似桑葚，成年以后色减退略带红色似荔枝；缨头，头顶有一丛缨状冠羽，母鸡比公鸡发达，状如绒球，称为“凤头”；绿耳，耳叶呈暗紫色，在性成熟前明显呈蓝绿色，成年后逐渐呈暗紫色；趾，也有个别的从第一趾再多生一趾成为六趾的；脚毛，腹部和第四趾着生有胫羽和趾羽；乌皮，全身皮肤以及眼、脸、喙、胫、趾均呈乌色；乌肉全身肌肉略带乌色，内脏及腹脂膜均呈乌色。乌骨，骨质暗乌，骨膜深黑色。

体重：不同产区在不同饲养条件下其体重也存在较大差异。成年公鸡体重为 1.3 ~ 1.8 kg，母鸡体重为 0.97 ~ 1.66 kg。产肉性能：丝羽乌骨鸡的生长速度、蛋重和饲料营养水平密切相关，如 5 月龄时公鸡体重达成年公鸡体重的 70.23% ~ 80.62%，母鸡为 82.53% ~ 87.73%。公鸡半净膛屠宰率为 88.35%，全净膛屠宰率为 75.86%；母鸡分别为 84.18% 和 69.50%。产蛋性能：开产日龄一般为 170 ~ 205 天，年产蛋为 75 ~ 150 枚，蛋重为 37.56 ~ 46.85 g。如图 6—72 所示。

图 6—72　丝羽乌骨鸡

5）汶上芦花鸡。原产山东汶上县，因该鸡体表羽毛呈黑白相间的横斑羽，群众俗称“芦花鸡”。该鸡体形一致，特点是颈部挺立，稍显高昂。前躯稍窄，背长而平直，后躯宽而丰满，腿较长，尾羽高翘，体形呈元宝状。外貌特征：横斑羽是该鸡外貌的基本特征，全身大部分羽毛呈黑白相间、宽窄一致的斑纹状。母鸡头部和项羽边缘镶嵌橘红色或土黄色，羽毛紧密，清秀美观；公鸡项羽和鞍羽多呈红色，尾羽呈黑色带有绿色光泽。头型多为平头，冠形以单冠最多，喙基部为黑色，边缘及尖端呈白色。虹彩以橘红色为最多，土黄色为次之。胫色以白色为主，爪部颜色以白色最多，皮肤颜色均为白色。母鸡年产蛋量在180～230枚，部分高产鸡在换羽期间仍可产蛋，蛋壳以淡褐色为主，不易破碎，平均蛋重40.56 g。该鸡寿命长，4～5年鸡产蛋量仍无明显下降。如图6—73、图6—74所示。

图6—73　汶上芦花母鸡

图6—74　汶上芦花公鸡

6）怀乡鸡。怀乡鸡原产自广东省茂名市所属的信宜市怀乡镇，分大、小两型。大型鸡体大、骨粗、脚高，小型鸡体小、骨细、脚矮。单冠直立，喙呈黄褐色。公鸡羽色鲜艳，头颈羽毛呈金黄色，肩背羽毛呈深黄色，主翼羽和副主翼羽呈黑色或带黑点，尾羽呈黑色，有短尾羽和长尾羽两种。母鸡全身及主翼羽为黄色，复羽内则为麻黑色，尾羽为黑色，胫、趾呈黄色。成年信宜怀乡鸡体重：公鸡1 770 g，母鸡1 720 g。屠宰率：半净膛，公鸡82.4%，母鸡84.1%；全净膛，公鸡73.8%，母鸡72.9%。信宜怀乡鸡开产日龄150～180 d，一般母鸡年产蛋约80个，蛋重43 g，蛋壳呈浅褐色。如图6—75、图6—76所示。

7）长顺绿壳蛋鸡。长顺绿壳蛋鸡因产地地处贵州省长顺县而得名，是中国稀有的珍禽品种。长顺绿壳蛋鸡体形紧凑，结构匀称，羽毛紧密，背部平直，皮肤为白色或黑色。喙平直，呈灰或黑色；虹彩呈橘黄色，耳叶呈红色或黑色；胫、爪呈黑色。公鸡单冠直立，5～7齿，髯大，呈鲜红色；颈羽、鞍羽赤红，背羽、腹羽红黑相间，主翼羽、尾羽墨绿而有光泽。母鸡羽色以黄麻色居多，有少量黑麻羽和

图 6—75　怀乡母鸡

图 6—76　怀乡公鸡

白羽。雏鸡绒毛以黄麻色居多，少数为黑色、淡黄色，背上有条状黑色绒毛带。喙、胫、趾多为黑色。成年公鸡体重平均 1 851.50 g，成年母鸡体重平均 1 708.00 g，公鸡、母鸡屠宰率分别为 89.82%、92.80%。半净膛屠宰率分别为公鸡 79.85%、母鸡 79.81%，全净膛屠宰率分别为公鸡 60.60%、母鸡 61.34%，腿肌率分别为 29.92%、25.04%，胸肌率分别为 16.07%、17.79%，瘦肉率分别为 46.00%、42.83%，母鸡腹脂率为 7.25%，公鸡极少有腹脂。如图 6—77、图 6—78 所示。

图 6—77　长顺绿壳蛋公鸡

图 6—78　长顺绿壳蛋母鸡

（2）引进品种

1）肉鸡品种：罗曼、艾维因。

a. 罗曼。由原西德罗曼公司育成，是世界著名肉仔鸡品种之一，是四系配套组合而成。该鸡全身羽毛洁白，外形似 AA 鸡。父母代种鸡平均开产日龄 182 d，开产体重 2 520～2 680 g；30～31 周龄达产蛋高峰，高峰产蛋率为 81%；64 周龄入舍母鸡平均产蛋 164 枚，平均产合格种蛋 155 枚，平均产雏 131 只。商品鸡 35 日龄公母鸡平均体重 1 495 g，料肉比 1.66:1；42 日龄公母鸡平均体重 1 945 g，料肉比 1.82:1；49 日龄公母鸡平均体重 2 395 g，料肉比 1.98:1；56 日龄公母鸡平均体重 2 835 g，料肉比 2.15:1；63 日龄公母鸡平均体重 3 265 g，料肉比2.30:1。

b. 艾维茵。美国艾维茵国际有限公司培育的三系配套白羽肉鸡品种。我国从 1987 年开始引进，目前在全国大部分省（自治区、直辖市）建有祖代和父母代种鸡场。艾维茵肉鸡为显性白羽肉鸡，体形饱满、胸宽、腿短、黄皮肤，具有增重快、成活率高、饲料报酬高的优良特点，是白羽肉鸡中饲养较多的品种。父母代生产性能：入舍母鸡产蛋 5% 时成活率不低于 95%，产蛋期死淘率不高于 8%；高峰期产蛋率 86.9%，41 周龄可产蛋 187 枚，产种蛋数 177 枚，入舍母鸡产健雏数 154 只，入孵种蛋最高孵化率 91% 以上。如图 6—79 所示。

图 6—79　艾维茵肉鸡

2）蛋鸡品种：海兰褐壳蛋鸡、伊莎褐壳蛋鸡。

a. 海兰褐壳蛋鸡。海兰褐由美国海兰国际公司培育。该鸡具有抗病力强、产蛋率高、蛋品质好的优点。其生产性能如下：0～18 周龄成活率 96%～98%；产蛋率达 50%；周龄 22 周；高峰期产蛋率 91%～96%；80 周龄入舍鸡产蛋枚数 323 枚；平均蛋重 63.3 g；料蛋比（2.3～2.5）∶1。如图 6—80、图 6—81 所示。

图 6—80　公海兰褐壳蛋鸡

图 6—81　母海兰褐壳蛋鸡

b. 伊莎褐壳蛋鸡。伊莎褐壳蛋鸡是美国、法国和加拿大等多国联合体哈伯德伊莎家禽育种公司培育的一个高产褐壳蛋鸡良种。我国于 1983 年由原北京农业大学引进了商品代，1988 年分别由上海新杨育种场和兰州第一种鸡场引进了曾祖代和祖代鸡种。伊莎褐壳蛋鸡父本 A、B 两系为红褐色，来自棕色海塞克斯鸡。母本 C、D 两系均为白色，来自白洛克和来航血液组合成的鸡种。商品代雏可用羽色自别雌雄：公雏白色，母雏褐色。据伊莎公司的资料，商品代鸡：0 ~ 20 周龄育成率 97% ~98%；20 周龄体重 1.6 kg；21 周龄达 5% 产蛋率，23 周龄达 50% 产蛋率，25 周龄母鸡进入产蛋高峰期，高峰期产蛋率为 93%，76 周龄入舍鸡平均产蛋量为 292 个，饲养日产蛋量 302 个，平均蛋重 62.5 g，总蛋重 18.2 kg，每千克蛋耗料 2.4 ~ 2.5 kg；产蛋期末母鸡体重 2.25 kg；存活率 93%。如图 6—82、图 6—83 所示。

图 6—82　公伊莎褐壳蛋鸡

图 6—83　母伊莎褐壳蛋鸡

2. 鸭品种

（1）国家级畜禽品种资源保护品种

国家级畜禽品种资源保护品种有北京鸭、攸县麻鸭、连城白鸭、建昌鸭、金定鸭、绍兴鸭、莆田黑鸭、高邮鸭、缙云麻鸭、吉安红毛鸭。

1）北京鸭。北京鸭是现代肉鸭生产的主要品种。原产于我国北京市，现分布于全国各地和世界各国。具有生长快、繁殖率高、适应性强和肉质好等优点，尤其适合加工烤鸭。体形硕大丰满，挺拔美观。

母鸭腹部丰满，腿粗短，蹼宽厚。羽毛丰满，羽色纯白而带有奶油色光泽。喙、胫、蹼呈橘黄色或橘红色。虹彩呈灰蓝色。开产日龄为 150 ~ 180 d。母本品系年平均产蛋可达 240 枚，经强制换羽后，第二个产蛋期可产蛋 100 枚以上。平均蛋重 90 g 左右，蛋壳为白色。父本品系的公鸭体重 4.0 ~ 4.5 kg，母鸭 3.5 ~ 4.0 kg；母本品系的公、母鸭体重稍轻一些。如图 6—84、图 6—85 所示。

2）高邮鸭。又名高邮麻鸭，是全国三大名鸭之一，产于江苏省高邮，是我国江淮地区良种，属蛋肉兼用型地方优良品种。具有善潜水、觅食力强、适应性广、生长快、个体大、肉质好、产蛋率高、蛋品质好等特性，并以善产双黄蛋而驰名中

图6—84　北京公鸭

图6—85　北京母鸭

外，当年饲养的早春鸭，能产少量三黄和四黄蛋。高邮鸭母鸭全身羽毛为褐色，有黑色细小斑点，如麻雀羽；主翼羽为蓝黑色；喙豆为黑色；虹彩为深褐色；胫、蹼为灰褐色，爪为黑色。公鸭体形较大，背阔肩宽，胸深躯长呈长方形。头颈上半段羽毛为深孔雀绿色，背、腰、胸为褐色芦花毛，臀部为黑色，腹部为白色。喙为青绿色，趾蹼均为橘红色，爪为黑色。成年公鸭体重3.5 kg左右，种母鸭方头暴眼，细颈长身，紧毛细花，紫嘴紫脚，颈羽为紫蓝色，体重3 kg左右，最大的4 kg以上。高邮鸭饲养形式不限，既适应放牧，亦适应圈养、旱养及集约化饲养。生长速度较快，料肉比为（2.8～3.0）:1。放牧时，70日龄体重2.5 kg，舍饲60日龄体重2.6 kg。全净膛屠宰率73%，胸腿肌占屠体的26%以上，肉品含脂肪少，瘦肉多。如图6—86、图6—87所示。

图6—86　高邮公鸭

图6—87　高邮母鸭

3）缙云麻鸭。原产地在浙江省缙云县一带，因全身羽毛呈浅粽灰色似麻雀而得名，俗称草子鸭、水鸭。体躯小而狭长，蛇头饱眼，嘴长而颈细，后躯大，臀部丰满而下垂，行走时体躯向前伸展，与地面呈45°，体形结构匀称，紧凑结实，具典型的蛋用型体形，平均蛋重62.5 g。经过提纯复壮和选种选育，缙云麻鸭形成了Ⅰ系、Ⅱ系、青壳系三个品系。如图6—88、图6—89所示。

图 6—88　缙云麻母鸭

图 6—89　缙云麻公鸭

4）吉安红毛鸭。主产于江西省吉安市的青原区、吉安县、泰和县和吉水县，现已分布到该省遂川、安福、永丰、万安、新干等县。外貌特征：身体短圆，颈粗短，前胸宽，胸肌发达。喙呈橘红色或棕褐色。虹彩呈灰黑色。公鸭羽毛呈灰红色，翅和躯干羽毛呈褐棕红色，腹下绒毛和尾羽呈淡白稍带红棕色。母鸭头、颈、背羽毛呈棕红色或淡棕红色，腹下绒毛和尾羽呈灰白色。皮肤呈白色。胫、蹼呈橘红色。不同性别和不同个体之间的羽色深浅程度有些差异，公鸭颜色比母鸭深，母鸭在开产前颜色更深，产蛋末期变浅。有的公母鸭颈部有一白圈（背羽红色稍淡）。平均体重：初生 42 g，30 日龄 497 g，60 日龄 900 g，90 日龄 1 221 g，120 日龄 1 399 g；成年公鸭 1 500 g，成年母鸭 1 335 g。120 日龄公鸭平均半净膛屠宰率为 77. 30%，母鸭为 78. 80%；120 日龄公鸭平均全净膛屠宰率为 70. 90%，母鸭为 72. 70%。母鸭平均开产日龄 112 d。500 日龄平均产蛋 232 枚，平均蛋重 67 g。蛋壳为青色。如图 6—90、图 6—91 所示。

图 6—90　吉安红毛公鸭

图 6—91　吉安红毛母鸭

（2）引进品种

1）卡叽—康贝尔鸭。卡叽—康贝尔鸭原在英国育成。体形中等，体躯深长而结实。头部清秀。喙中等长。眼大而明亮。颈略细长。背宽广。胸部饱满，腹部发育良好而不下垂。两翼紧贴体躯，两脚中等长，站距较宽。卡叽—康贝尔鸭的羽毛：公鸭的头、颈、尾和翼肩都呈青铜色，有光泽；其余羽毛呈深褐色；喙呈绿蓝色；胫和蹼呈深橘红色。母鸭的羽毛呈褐色，有深浅之别，头和颈部色较深，翼呈黄褐色，喙呈绿色或浅黑色，胫和蹼呈深褐色。公鸭体重为 2.3 ~ 2.5 kg，母鸭体重为 2.0 ~ 2.3 kg。母鸭年产蛋量约 260 个以上，蛋壳为白色，蛋重约 70 g。如图 6—92、图 6—93 所示。

图 6—92　卡叽—康贝尔公鸭

图 6—93　卡叽—康贝尔母鸭

2）瘤头鸭。原产中南美洲热带森林，分布于气候温暖多雨的南美洲和中美洲亚热带地区，是不太喜水而善飞的森林禽种，至今墨西哥、巴西和巴拉圭仍有野生种，又名麝香鸭、疣鼻栖鸭、番鸭或巴西鸭。欧洲许多国家称为火鸡鸭，在法国则称为蛮鸭。现已被视为家鸭的一种。番鸭与家鸭杂交，其后代无繁殖能力，俗称骡鸭。体躯长宽，与地面呈水平状态。头、颈中等大小。眼周围和喙的基部有皮瘤，头颈部有一排纵向长毛，受惊时竖起呈刷状。胸、腿肌发达，翅膀较长（30 ~ 50 cm），有一定飞翔能力；腿较短而健壮，步态缓慢而平稳。尾较长而窄。羽毛有黑、白、褐、浅蓝、青铜和青灰等色。黑羽鸭的羽毛带绿色光泽，皮瘤呈黑红色，较单薄，喙为红色带黑斑，虹彩为浅黄色，跖蹼为多黑色。白羽鸭的喙呈粉红色，皮瘤呈红色，肥厚，虹彩为浅灰色，跖蹼为橙黄色。鸣声低哑。成年公鸭体重 2.2 ~ 5 kg，母鸭 2 ~ 3 kg，早期生长速度较一般肉用型鸭迟 2 ~ 3 周，但胴体的胸、腿产肉率比北京鸭约高 10%；因而在肉鸭业产品中所占的比重日益提高。成熟期 6 ~ 9 月龄，年产蛋 60 ~ 120 个，蛋重 70 ~ 80 g，蛋壳为白色。如图 6—94 所示。

图 9—94　瘤头鸭

3. 鹅品种

（1）国家级畜禽品种资源保护品种

四川白鹅、伊犁鹅、狮头鹅、皖西白鹅、豁眼鹅、太湖鹅、兴国灰鹅、乌鬃鹅、浙东白鹅、钢鹅、溆浦鹅。

1）狮头鹅。狮头鹅原产于广东饶平县溪楼村。

开产日龄为160～180 d，一般控制在220～250日龄。产蛋季节通常在当年9月至次年4月，这一时期一般分3～4个产蛋期，每期可产蛋6～10枚。第一个产蛋年产蛋24枚，平均蛋重176 g，蛋壳为乳白色。种公鹅配种一般都在200日龄以上，2岁以上的母鹅，年平均产蛋28枚，平均蛋重217.2 g。成年公鹅体重8.85 kg，成年母鹅体重7.86 kg。

70～90日龄上市未经肥育的仔鹅，公鹅平均体重6.18 kg，母鹅5.51 kg。狮头鹅平均肝重600 g，最大肥肝可达1.4 kg，肥肝占屠体重量的13%，肝料比为1∶40。如图6—95所示。

图6—95　狮头鹅

2）皖西白鹅。中心产区位于安徽省西部丘陵山区和河南省固始一带。

体形中等，体态高昂，气质英武，颈长呈弓形，胸深广，背宽平。母鹅开产日龄一般为6月龄，产蛋多集中在1月及4月。皖西白鹅繁殖季节性强，时间集中。一般母鹅年产两期蛋，年产蛋25枚左右，3%～4%的母鹅可连产蛋30～50枚，称为“常蛋鹅”。平均蛋重142 g，蛋壳为白色。母鹅就巢性强。

成年公鹅体重6.12 kg，母鹅5.56 kg。皖西白鹅羽绒质量好，尤以绒毛的绒朵大而著称。如图6—96所示。

3）太湖鹅。原产于江、浙两省沿太湖的县、市，现遍布江苏、浙江、上海，东北、河北、湖南等地也均有分布。

图6—96　皖西白鹅

性成熟较早，母鹅160日龄即可开产。一个产蛋期（当年9月至次年6月）每只母鹅平均产蛋60枚，高产鹅群达80～90枚，高产个体达123枚。平均蛋重135 g，蛋壳色泽较一致，几乎全为白色，就巢性弱。成年公鹅体重4.33 kg，母鹅3.23 kg。如图6—97所示。

图6—97　太湖鹅

4）豁眼鹅。又称豁鹅，因其上眼睑边缘后上方豁而得名。原产于山东莱阳地区，因集中产区地处五龙河流域，故曾名五龙鹅。

一般在7～8月龄时产蛋。在放牧条件下，年平均产蛋80枚，在半放牧条件下，年平均产蛋100枚以上；饲养条件较好时，年产蛋120～130枚。最高产蛋记录180～200枚，平均蛋重120～130 g，蛋壳为白色。成年公鹅平均体重3.72～4.44 kg，母鹅3.12～3.82 kg。如图6—98所示。

（2）引进品种

图 6—98　豁眼鹅

1）朗德鹅。又称西南灰鹅，原产于法国西南部靠比斯开湾的朗德省，是世界著名的肥肝专用品种。性成熟期约在 180 日龄，一般在 2—6 月产蛋，年平均产蛋 35 ~ 40 枚，平均蛋重 180 ~ 200 g。母鹅有较强的就巢性。成年公鹅体重 7. 0 ~ 8. 0 kg，成年母鹅体重 6. 0 ~ 7. 0 kg。8 周龄仔鹅活重可达 4. 5 kg 左右。肉用仔鹅经填肥后，活重达到 10 ~ 11 kg，肥肝重达 0. 7 ~ 0. 8 kg。朗德鹅对人工拔毛耐受性强，羽绒产量在每年拔毛 2 次的情况下，可达 0. 35 ~ 0. 45 kg。如图 6—99 所示。

图 6—99　朗德鹅

2）莱茵鹅。原产于德国莱茵州，是欧洲产蛋量最高的鹅种，现广泛分布于欧洲各国。我国江苏省于 1989 年从法国引进。开产日龄为 210 ~ 240 d，年产蛋 50 ~ 60 枚，平均蛋重 150 ~ 190 g。成年公鹅体重 5. 0 ~ 6. 0 kg，母鹅 4. 5 ~ 5. 0 kg。仔鹅 8 周龄活重可达 4. 2 ~ 4. 3 kg，料肉比（2. 5 ~ 3. 0）∶1。莱茵鹅能适应大群舍饲，是理想的肉用鹅种。但产肝性能较差，平均肝重 276 g。如图 6—100 所示。

4. 特禽品种

特禽引入品种：蛋用鹌鹑、肉用鹌鹑、红颈鸵鸟、灰颈鸵鸟、非洲黑鸵鸟、尼古拉火鸡、青铜火鸡、美国王鸽、澳洲鸸鹋、美国七彩山鸡、珍珠鸡、鹧鸪。

图 6—100　莱茵鹅

（1）美国七彩山鸡

美国七彩山鸡，又名野鸡，从美国内华达州引入我国。山鸡头和颈的羽毛为淡蓝色至绿色，颈上有明显的白环，胸部中央的羽毛呈紫红色，两侧为淡蓝色，背腰部均为浅银灰而带绿色，腹侧为淡黄色并带有黑色的斑纹，尾羽较长，呈橄榄黄色，并具有黑色横斑，中央 4 对尾羽呈红紫色，两侧尾羽浅橄榄色，具褐色斑点，翼上覆羽为浅灰色，边缘为白色。母山鸡羽色不如雄鸡艳丽，体形较公山鸡小，头顶上有黑色和棕色的斑纹，后颈羽基为栗色，近边缘为黑色，喉部略带白色，胸部和背部羽颜色较杂，羽片中央有黑棕色斑点。腹羽为淡棕色。尾羽是黑色和浅黄色的呈虫迹状的条纹。公山鸡平均体重可达 1 500 g，母山鸡平均体重可达 1 250 g。属高蛋白、低脂肪食品，肉质鲜美细嫩，营养价值全面。每只雌山鸡年产蛋 50 ~ 100 枚，受精率在 80% 以上，孵化率在 90% 以上。如图 6—101 所示。

图 6—101　美国七彩山鸡

（2）珍珠鸡

珍珠鸡，又称珠鸡、山鸡、几内亚鸟，是鸡类其中一科，原产自非洲。因其全身羽毛为灰色并有规则的圆形白点，形如珍珠，故称“珍珠鸡”。外貌特征：头较小，体长 50 ~ 55 cm，喙前端呈淡黄色，后部呈红色，下方左右各有一个红色肉髯，面部为淡青紫色，眼部四周无毛，颈细长，全身羽毛底色为蓝褐色，密布白色斑点。雌雄珍珠鸡羽毛相同，一般雄性个体较雌性稍大，腿高，雄性肉冠耸起较高，肉髯也略大，接近性成熟雄鸡鸣叫短促而激昂。珍珠鸡与珍珠鸟是两种完全不同的动物。珍珠鸡外观似雌孔雀，头很小，面部呈淡青紫色，喙强而尖，喙尖端呈淡黄色，后部呈红色，在喙的后下方左右各有一个心状肉垂。眼部四周无毛，有一圈白色斑纹直延至颈上部。颈细长，披一圈紫蓝色针状羽毛。脚短，小时脚呈红色，成年后呈灰黑色。行走迅速。珍珠鸡全身羽毛呈灰色，并有规则的圆形白点，形如珍珠，故有“珍珠鸡”之美称。珍珠鸡形体圆矮，没有鸡冠，头顶部无毛，而有角质化突起，称之头盔，尾部羽毛较硬略垂。

该鸡成年体重 2.2～2.6 kg，12 周龄体重 1.2 kg，28 周龄体重 1.9 kg；母珠鸡 28～30 周龄开产，产蛋 35 周可获种蛋 165～185 枚，蛋重 42～50 g，壳为褐色、有少许斑点。如图 6—102 所示。

（3）非洲黑鸵鸟

非洲黑鸵鸟为人工培育品种，是在南非利用蓝颈鸵鸟等原始品种通过杂交后长期选育而成。非洲黑鸵鸟体形较小、腿短、颈短、体躯丰厚，性情温驯，羽毛密集、分布均匀，羽小枝较长，看上去非常漂亮，便于饲养管理。其产蛋性能优于蓝颈和红颈鸵鸟，一般 4～5 岁的雌鸟年均产蛋 100 枚，优秀者可达 150 枚。如图 6—103 所示。

图 6—102　珍珠鸡

图 6—103　非洲黑鸵鸟

（4）蛋用鹌鹑

分布于欧洲、非洲和亚洲北部、中部、西部和南部等，在中国繁殖于新疆西部的莎车、裕民等地至东部的罗布泊，越冬于西藏南部和东南部，有时也到云南西北部的中甸。体小而滚圆，呈褐色带明显的草黄色矛状条纹及不规则斑纹，雄雌两性上体均具红褐色及黑色横纹。雄鸟颏呈深褐色，喉中线向两侧上弯至耳羽，紧贴皮黄色项圈。皮黄色眉纹与褐色头顶及贯眼纹成明显对照。雌鸟亦有相似图纹但对照不甚明显。常成对而非成群活动。成年公鹑体重 130～140 g，母鹑 160～180 g。6 周龄开产，年平均产蛋率 85% 左右，蛋重 11.5～13.5 g，蛋壳有斑块与斑点，每日每只鹌鹑耗料 23～25 g。料蛋比为 2.73∶1，采种日龄为 90～300 d，受精率为 90%。如图 6—104 所示。

（5）尼古拉火鸡

尼古拉火鸡是我国从美国引进的一种大型肉用鸡种成年公火鸡，尼古拉成年公火鸡体重 22～25 kg，母火鸡 11～12 kg，商品肉火鸡，16～20 周上市，平均体重 12 kg，酮体屠宰率达 85% 以上。体形大，生长迅速，抗病性强，瘦肉率高。如图 6—105 所示。

图 6—104　鹌鹑

图 6—105　尼古拉火鸡

五、其他品种

其他畜禽品种有种德保矮马、蒙古马、鄂伦春马、晋江马、宁强马、岔口驿马、焉耆马、关中驴、德州驴、广灵驴、泌阳驴、新疆驴、阿拉善双峰驼、敖鲁古雅驯鹿、吉林梅花鹿、中蜂、东北黑蜂、新疆黑蜂、福建黄兔、四川白兔。

技能要求

一、工作名称：畜禽品种鉴别

我国是地方畜禽品种资源丰富的国家，一些地方品种除了部分生产性能以外，如肉质、肉产品风味、繁殖率以及耐粗饲等方面优越于外国品种。

近年来，随着一些高性能的外来品种的引进，有些地方畜禽品种由于价格高于杂交（外来）品种而得到保留和扩大，而有些地方畜禽品种由于普通消费者无法辨别，价格也和杂交（外来）品种相当，养殖户为了眼前经济利益引入外来品种杂交改良，导致了地方畜禽品种在数量上减少或者灭绝。还有一些引进的品种，由于一些养殖户的文化知识水平的差距，实践经验少，在引进外来新品种时，容易受到一些代理商或商品代养殖场的欺骗而蒙受损失。

畜禽养殖业是农村的一项重要收入来源，农产品经纪人在经营过程中会开展购买品种的选定工作，因此，需要农产品经纪人掌握一些畜禽品种的鉴别方法，帮助养殖户进行把关和简单鉴别。

二、工作准备：畜禽品种鉴别前的准备

1. 了解引进品种养殖场（所）的基本资料

包括养殖场企业法人代表、注册资金、成立时间、占地面积、畜禽场生产许可证、良种繁育许可证明、年检时间证明，养殖品种、养殖规模、存栏数量、出栏数量、产值、利润、企业荣誉、加工产品、品牌等基本资料。

2. 了解和查找养殖场所养殖的品种、性能、养殖方式、同行业等资料。

3. 了解养殖场养殖品种近几年的市场供求状况、发展状况。

4. 了解该养殖品种的卫生防疫要求。

5. 与所要洽谈的养殖场预约时间、工作流程。

三、工作程序：畜禽品种鉴别的工作程序

1. 掌握所选品种应具备的条件

（1）来源相同。

（2）性状相似。

（3）具有良好的适应性和一定的经济价值。

（4）遗传性稳定，种用价值高。

（5）具有一定的结构。

（6）具有足够的数量。

2. 了解所选品种的类别：原始品种、培育品种（育成）、过渡品种、专用品种、兼用品种。

3. 根据我国《国家级畜禽遗传资源保护名录》查询品种及相关品种特征资料，了解性能。

四、技能要求：掌握畜禽品种的鉴定、性能的鉴定方面的相关知识

1. 畜禽品种的鉴定

畜禽的鉴定就是根据畜禽的生产力、体质外貌、生长发育及系谱资料来评定畜禽质量好坏的方法。

（1）畜禽体质外貌的鉴定

体质就是人们通常所说的机体素质，是有机体机能和结构协调性的表现。畜禽体质的类型通常分为：

1）细致紧凑型。

2）细致疏松型。

3）粗糙紧凑型。

4）粗糙疏松型。

5）结实型。

（2）外貌鉴定

1）外形。外形是指畜禽的外表形态，外形能在一定程度上反映内部机能，生产性能和健康状况。通过外形观察，可以鉴别不同品种或个体间体形的差异，判断畜禽的主要用途；正确判断畜禽的健康对生活条件的适应性。

2）外貌鉴定的步骤及程序。先概观后细察，先远后近，先整体后局部，先静后动。

3）外貌鉴定时注意。要结合理想家畜的标准，在全面的基础上进行局部观察、局部与整体相结合，同时，要注意膘情、妊娠、年龄等对外貌的影响，同时注意观察家畜的各种缺陷。

（3）畜禽生长发育鉴定

生长发育鉴定最常用的方法是测量体重、体尺。常用的测量用具有：地磅或杆秤、测杖、卷尺、圆形测定器等。

1）称重。家畜体重的衡量以直接称重最为准确。在称量大家畜时，如缺乏设备，也可用公式间接估测。

2）体尺测量。体尺是畜体不同部位尺度的总称。通常测量的体尺主要有四项：

a. 体高：鬐甲顶点至地面的垂直距离。

b. 体长：大家畜称为体斜长，从肩端到臀端的距离。猪的体长则是自两耳连线中点沿背线至尾根处的距离。

c. 胸围：沿肩胛后缘量取的胸部周径。

d. 管围：左前肢管部上 1/3 最细处量取的水平周径。

2. 畜禽生产力评定

（1）畜禽生产力的种类

包括产肉力、产奶力、产毛力、产蛋力、繁殖力等。

1）产肉力的指标。主要指标有：

日增量：一般指断乳至屠宰整个肥育期间的平均日增量。

饲料利用效率：通常以平均每单位增重所消耗的饲料量来表示。

屠宰率：指胴体重占宰前空腹重的比率。

另外还有膘厚、眼肌面积、肉的品质（包括肉色、肉味、嫩度、系水力、大理石纹等）等项指标测定。

2）产奶力指标。奶用家畜主要包括奶牛和奶山羊。主要指标有：

产奶量：牛的产奶量，一般以 305 d 作为泌乳期计算。

乳脂率：即奶中所含脂肪的百分率。

3）产蛋力指标。产蛋力指标主要有家畜的产蛋量、蛋重、蛋的品质等指标。

产蛋量：指一定时间的产蛋个数，有年产蛋量、300 日龄产蛋量、500 日龄产蛋量等多种计算方法。

蛋重：蛋的大小以重量表示。

（2）评定畜禽生产力的原则

1）全面性。评定畜禽生产力时，既要看产品数量多少，又要看产品质量好坏，还应考虑生产效率和经济效益。

2）一致性。畜禽生产力的高低，受到各种内外因素的影响，只有处于同样条件下评比才能公平合理。如比较不同奶牛的产奶量时，由于乳脂率不同，应统一折算成 4% 的标准乳量进行比较。

第 2 节　畜禽肉的质量等级标准

学习目标

1. 了解畜禽肉的质量等级标准。
2. 能够对畜禽肉进行等级分类。

知识要求

一、畜禽肉的质量要求

畜禽肉类属于动物性食物，是人类优质蛋白、脂类、维生素 B 和矿物质的良好来源，也是平衡膳食的重要组成部分。由于畜禽肉类的蛋白质含量高，并且氨基酸组成更适合人体需要，所以属于优质蛋白，对于平时不喜欢喝奶也不爱吃鸡蛋的人来说，可以通过食用肉类来补充优质蛋白。

肉类中还含有较多的维生素和矿物质，如维生素 B、脂溶性维生素和铁、锌等。肉类属于动物性食物，能够在体内更好地吸收。如菠菜中的铁含量虽然高，但是由于其属于植物性食物，在体内消化吸收率只有 2%；而红肉中的铁是血红素铁，吸收率能够达到 20%，适量食用可以改善我国居民维生素营养欠佳的状况。

近年来，随着我国畜禽肉类食品需求量的增加，畜禽肉类的食品安全问题也逐渐提上议事日程。

畜禽肉类质量要求：

基本要求是新鲜、符合卫生标准，不掺杂病死畜禽。肉中含有丰富的营养物质，但不宜久存，在常温下放置时间过长，就会发生质量变化，最后引起腐败。

肉腐败的原因主要是由微生物作用引起变化的结果。据研究，每平方厘米内的微生物数量达到五千万个时，肉的表面便明显地发黏，并能嗅到腐败的气味。肉内的微生物是在畜禽屠宰时，由血液及肠管侵入到肌肉里，当温度、水分等条件适宜时，便会高速繁殖而使肉质发生腐败。肉的腐败过程使蛋白质分解成蛋白胨、多肽、氨基酸，进一步再分解成氨、硫化氢、酚、吲哚、粪臭素、胺及二氧化碳等，这些腐败产物具有浓厚的臭味，对人体健康有很大的危害。

为了保障国家的食品安全，参照国际标准，结合中国的实际情况，我国从新中国成立开始后，陆续制定了系列国家标准化法规。在我国现行的食品国家标准中：畜禽肉类等级检验的国标检验中有感官指标、理化检验、微生物检验三大指标，畜禽肉质量感官指标标准是质检员、农产品经纪人能够直接应用和判断的指标，也是必须掌握的基本知识；理化检验和微生物检验需要辅助化学仪器等检测设备，由国家有关部门指定的检测机构检验。

如何掌握畜禽肉类食品的质量要求，如何对畜禽肉类食品进行鉴别，是农产品经纪人需要掌握的一项重要技能。

二、畜禽肉的卫生与等级标准

1. 鲜猪肉

依据标准：《鲜猪肉卫生标准》（GB 2722—1981）。

感官指标见表 6—1。

表 6—1　　感官指标

项目	一级鲜度	二级鲜度
色泽	肌肉有光泽，红色均匀，脂肪洁白	肌肉色稍暗，脂肪缺乏光泽
黏度	外表微干或微湿润，不粘手	外表干燥或粘手，新切面湿润
弹性	指压后的凹陷立即恢复	指压后的凹陷恢复慢且不能完全恢复
气味	具有鲜猪肉正常气味	稍有氨味或酸味
煮沸后肉汤	透明澄清，脂肪团聚于表面，具有香味	稍有混浊，脂肪呈小滴浮于表面，无鲜味

2. 冻猪肉

依据标准：《鲜（冻）畜肉卫生标准》（GB 2707—2005）。

感官指标：

（1）色泽

一级鲜度——肌肉有光泽，色红均匀，脂肪洁白，无霉点。

二级鲜度——肌肉色稍暗红，缺乏光泽，脂肪微黄，或有少量霉点。

（2）组织状态

一级鲜度——肉质紧密，有坚实感。

二级鲜度——肉质软化或松弛。

（3）黏度

一级鲜度——外表及切面微湿润，不粘手。

二级鲜度——外表湿润，微粘手；切面有渗出液，不粘手。

（4）气味

一级鲜度——无异味。

二级鲜度——稍有氨味或酸味。

3. 鲜牛肉、鲜羊肉、鲜兔肉

依据标准：《鲜牛肉、鲜羊肉、鲜兔肉卫生标准》（GB 2723—1981）。

感官指标：

（1）色泽

一级鲜度——肌肉有光泽，红色均匀，脂肪洁白或淡黄色。

二级鲜度——肌肉色稍暗，切面尚有光泽，脂肪缺乏光泽。

（2）黏度

一级鲜度——外表微干或有风干膜，不粘手。

二级鲜度——外表干燥或粘手，新切面湿润。

（3）弹性

一级鲜度——指压后的凹陷立即恢复。

二级鲜度——指压后的凹陷恢复慢，且不能完全恢复。

（4）气味

一级鲜度——具有鲜牛肉、鲜羊肉、鲜兔肉正常气味。

二级鲜度——稍有氨味或酸味。

（5）煮沸后的肉汤

一级鲜度——透明澄清，脂肪团聚于表面，具有香味。

二级鲜度——稍有混浊，脂肪呈小滴浮于表面，香味差或无鲜味。

4．冻牛肉

依据标准：《牛肉、羊肉、兔肉卫生标准》GB 2708—1994。

感官指标：

（1）色泽

一级鲜度——肌肉色红均匀，有光泽，脂肪白色或微黄色。

二级鲜度——肉色稍暗，肉与脂肪缺乏光泽，但切面尚有光泽。

（2）黏度

一级鲜度——肌肉外表微干，或有风干膜，或外表湿润，但不粘手。

二级鲜度——外表干燥或轻度粘手，切面湿润粘手。

（3）组织状态

一级鲜度——肌肉结构紧密，有坚实感，肌纤维韧性强。

二级鲜度——肌肉组织松弛，肌纤维有韧性。

（4）气味

一级鲜度——具有牛肉正常的气味。

二级鲜度——稍有氨味或酸味。

（5）煮沸后的肉汤

一级鲜度——澄清透明，脂肪团聚于表面，具有鲜牛肉汤固有的香味和鲜味。

二级鲜度——稍有混浊，脂肪呈小滴浮于表面，香味、鲜味较差。

5．鲜、冻胴体羊肉

依据标准：《鲜、冻胴体羊肉》（GB 9961—2008）

感官指标：

（1）色泽

鲜羊肉——肌肉有光泽，色鲜红或深红；脂肪呈乳白或淡黄色。

冻羊肉（解冻后）——肌肉色鲜艳，有光泽；脂肪呈乳白色。

（2）黏度

鲜羊肉——外表微干，或有风干膜，不粘手。

冻羊肉（解冻后）——外表微干，或有风干膜，或湿润，不粘手。

（3）弹性（组织状态）

鲜羊肉——指压后的凹陷立即恢复。

冻羊肉（解冻后）——肌肉结构紧密，有坚实感，肌纤维韧性强。

（4）气味

鲜羊肉——具有鲜羊肉正常的气味。

冻羊肉（解冻后）——具有羊肉正常的气味。

（5）煮沸后的肉汤

鲜羊肉——透明澄清，脂肪团聚于表面，具特有的香味。

冻羊肉（解冻后）——澄清透明，脂肪团聚于表面，具有羊肉汤固有的香味和鲜味。

6. 鲜鸡肉

依据标准：《鲜鸡肉卫生标准》（GB 2724—1981）。

感官指标：

（1）眼球

一级鲜度——眼球饱满。

二级鲜度——眼球皱缩凹陷，晶体稍混浊。

（2）色泽

一级鲜度——皮肤有光泽，因品种不同而呈淡黄、淡红、灰白或灰黑等色，肌肉切面发光。

二级鲜度——皮肤色泽转暗，肌肉切面有光泽。

（3）黏度

一级鲜度——外表微干或微湿润，不粘手。

二级鲜度——外表干燥或粘手，新切面湿润。

（4）弹性

一级鲜度——指压后的凹陷立即恢复。

二级鲜度——指压后的凹陷恢复慢，且不能完全恢复。

（5）气味

一级鲜度——具有鲜鸡肉正常的气味。

二级鲜度——无其他异味，唯腹腔内有轻度不快味。

（6）煮沸后的肉汤

一级鲜度——透明澄清，脂肪团聚于表面，具特有香味。

二级鲜度——稍有混浊，脂肪呈小滴浮于表面，香味差或无鲜味。

7. 冻鸡肉

依据标准：鲜（冻）禽肉卫生标准。

感官指标见表6—2。

表 6—2　　冻鸡肉（解冻后）感官指标

项目	一级鲜度	二级鲜度
眼球	眼球饱满或平坦	眼球皱缩凹陷，晶体稍混浊
色泽	皮肤有光泽，因品种不同而呈淡黄、淡红、灰白或灰黑等色，肌肉切面发光	皮肤色泽转暗，肌肉切面有光泽
黏度	外表微湿润，不粘手	外表干燥或粘手，新切面湿润
弹性	指压后的凹陷恢复慢，且不能完全恢复	肌肉发软，指压后的凹陷不能恢复
气味	具有鸡肉的正常气味	无其他异味，唯腹腔内有轻度不快味
煮沸后肉汤	透明澄清，脂肪团聚于表面，具特有香味	稍有混浊，油珠呈小滴浮于表面，香味差或无鲜味

技能要求

一、工作名称：畜禽肉的质量等级鉴别

对畜禽肉类质量的等级鉴别是农产品经纪人需要掌握的一门重要技能，也是做好畜禽肉类产品营销推广的基础。

二、工作准备：畜禽肉等级分类前的准备工作

1. 了解畜禽肉类的一些分类名称

例如，对猪肉分类名称的了解：半片称为片猪；带皮的有品种猪、剥皮猪，统称白条猪；剥皮白条分为冷冻白条、预冷白条；剥皮去膘为红条，红条又分为鲜红条、预冷红条。

2. 掌握畜禽肉类的规格

例如，对于猪肉的等级规格要掌握：白条分为：品种猪一、二、三级，在一般情况下，一、二级为一个标准，三级又为一个标准。剥皮白条、红条为统级。农村供销市场对于猪肉判断标准：以猪为第六、第七根肋骨平行至第六胸椎刺突下方，除去皮的脂肪厚度为基准。例如，一级脂肪厚度为 1 ~ 2.5 cm，重量为 25 kg 左右，品种猪不限重量；二级为 2 ~ 3 cm，重量不限；三级为 3 cm 以上，重量不限。

专业从事肉类经销的农产品经纪人，还要掌握不同的畜禽养殖方式和分类，如

草食牛肉、养殖场牛肉、家庭饲养牛肉等；对于畜禽分割肉的知识和技能的掌握，还需要进行专业的技能学习和培训。

3. 了解畜禽肉类供应商的基础资料

包括当地兽医部门出具的宰前检疫证明、定点屠宰场提供的宰后畜禽肉类检验检疫证明等手续。

三、工作程序：畜禽肉质量等级的鉴别流程

1. 确定进行质量等级鉴别的畜禽肉类品种。例如，是畜禽屠宰后经检验合格的胴体，还是分割成不同规格的鲜肉块；是经冷却、包装后的冷却肉，还是冷冻肉。

2. 确定畜禽肉类的数量、包装形式。

四、技能要求：能够鉴别畜禽品种、肉的质量等级

1. 畜禽肉质量感官鉴别

（1）看其外观、色泽、组织状态，特别应注意肉的表面和切口处的颜色和光泽，再看有无色泽灰暗，是否存在瘀血、水肿、囊肿和污染等情况。

（2）闻肉的气味，不仅要感知肉表面的气味，还应感知其切口时和试煮后的气味，注意是否有腥臭味。

（3）用手指按压、触摸，以感知其弹性和黏度，结合脂肪以及试煮后肉汤的情况进行鉴别。

具体见表6—3、表6—4。

表6—3　　牛肉、羊肉、兔肉卫生感官指标

项目	鲜牛肉、羊肉、兔肉	冻牛肉、羊肉、兔肉
色泽	肌肉有光泽，红色均匀，脂肪乳白色或微黄色	肌肉有光泽，红色或稍暗，脂肪洁白或微黄色
组织状态	纤维清晰，有坚韧性	肉质紧密，坚实
黏度	外表微干或湿润，不粘手，切面湿润	外表微干，或有风干膜，或外表湿润不粘手，切面湿润不粘手
弹性	指压后凹陷立即恢复	解冻后指压凹陷恢复缓慢
气味	具有鲜牛肉、羊肉、兔肉固有的气味，无臭味，无异味	解冻后具有鲜牛肉、羊肉、兔肉固有的气味，无臭味
煮沸后肉汤	澄清透明，脂肪团聚于表面，具特有的香味	澄清透明或稍有混浊，脂肪团聚于表面，具特有的香味

表 6—4　　健康畜肉与病死、毒死畜肉感官鉴别

项目	健康畜肉	死畜肉
色泽	肌肉光泽鲜红，脂肪洁白（牛肉为黄色），具有光泽	肌肉光泽暗红或带有血迹，脂肪呈桃红色
组织状态	肌肉结实致密，不易撕开，肌肉有弹性，用手指按压后可立即复原	肌肉松软，肌纤维易撕开，肌肉弹性差
血管状况	全身血管中无凝结的血液，胸腹腔肉无瘀血，浆膜光亮	全身血管充满了凝结的血液，尤其是毛细血管中更为明显，胸腹腔呈暗红色、无光泽

2. 畜禽肉类检疫的鉴别

（1）兽医验讫章

经检疫合格，认为品质良好、适于食用的生猪、牛、羊肉，盖以圆形、正中横排“兽医验证”四字，并标有年、月、日和畜别的印章。销毁章：经检疫认定，禁止出售和食用的生猪肉，盖以“×”形对角线、线长 6 cm、内有“销毁”二字的印章。

（2）高温章

经检疫认定，必须按规定的温度和时间处理才能出售的肉品，盖以等边三角形、内有“高温”二字的印章。

（3）食用油章

经检疫认定，不能直接出售或食用，必须尽快炼成食用油的生猪肉，盖以长方形、中间有“食用油”三字的印章。

（4）工业油章

经检疫认定，不能直接出售或食用，只能炼作工业用油的生猪肉，盖以椭圆形、中间有“工业油”三字印章。

（5）识别检验检疫单

禽肉类产品来货须配有相应的检验检疫合格证明、运输工具消毒证明、非疫区证明。

3. 畜禽肉类的理化指标鉴定

参考国家有关部门的畜禽肉类综合标准以及畜禽肉类等级标准，根据不同要求的检测的指标去鉴定。如抗生素药物残留、微生物、激素、pH 值、水分、重金属等指标。

第3节　主要畜禽副产品的形状、特点、鉴别方法及规格质量标准

学习目标

1. 了解畜禽副产品的形状、特点。
2. 熟悉畜禽副产品的鉴别方法。
3. 掌握畜禽副产品的质量标准。
4. 能对畜禽副产品进行等级鉴别。

知识要求

一、畜禽副产品概述

1. 畜禽副产品的概念

我国的畜禽副产品是指畜禽屠宰后，除去胴体以外的部分。它包括头、蹄、内脏、脂肪、血液、内分泌腺体、皮毛及羽毛等。

2. 畜禽副产品的分类

畜禽副产品可以分为：

（1）可食用的部分：肝脏、心脏、舌、肾、脑、牛尾等。

（2）可食可不食的部分：肺、脾、大肠、小肠、盲肠、骨、食道、耳、头脸等。

（3）可作饲料，肥料部分（人不可食用）：角、蹄、齿、胆汁、毛等。

畜、禽副产品可分为可食部分与不可食部分，但这种分类并不是固定的，由于消费者的购买力、饮食习惯、宗教的不同，可能还有其他的分类。进而，随着技术的进步，被认为是绝对不能吃的副产品，也可能成为可食的。例如，角和蹄可以加工成蛋白浓缩物，可做汤和其他食物调制品的香料使用。

3. 畜禽副产品的用途

一般情况下，畜禽的副产品占健康年轻动物体重的65%，占瘦弱动物体重的70%。这些畜禽副产品在畜禽屠宰加工后，都是很重要的食材和原材料。

(1) 食用：如鸡爪、鸡翅、猪蹄、猪耳、牛羊猪血、羊肚、牛肚、猪肚、猪肠、羊肠等，既可以作为生鲜食品出售，又可以制作熟食。

(2) 卫生保健方面：猪血可以提取血红蛋白、血红素、珠蛋白用于制作食品。

(3) 医药用途：骨头可以用于生产，如骨宁注射液、硫酸软骨素等。

(4) 经济用途：牛羊皮可以制革、制作明胶；羽毛可以制作羽绒服等制品。

(5) 生化制药：脏器可以提取畜脑制剂、脑磷脂、胆固醇、胰蛋白酶、胰酶、胸腺制剂、胸腺肽、胃蛋白酶、肝素钠、胆制剂、人工牛黄、胆酸、胆红素等。

一些畜禽副产品加工前的价格仅为全部价的 10% ~20%，在肉食价格高的国家，甚至还不足 10%。然而，当副产品进行深加工后，其最终产品的价格，几乎可达到主要产品的价格的 25% ~45%，甚至翻倍。

4. 畜禽副产品的形状、特点

畜禽副产品的形状大小不一，有固体、液体，有毛发、有角质。其特点如下：

(1) 副产品原材料成本低。

(2) 副产品加工程序复杂，加工设备投资大，深加工技术含量高，且带专利性质。

(3) 副产品难于收集、保存期短，对环境污染压力大。

(4) 副产物中，有些物质含量很少，故提取困难（如甲状腺激素）。

(5) 副产物加工的空间很大，加工的风险非常大。

畜禽副产品在许多发展中国家未被充分利用：一是在收集、保管、运送各种副产品方面，无适当的现代化的屠宰场；二是对畜禽副产品的加工，没有相应的科学技术能力。

二、主要畜禽可食用副产品的质量标准

目前，我国还没有制定关于畜禽副食品的系列质量标准。2007 年由农业部起草的《绿色食品　畜禽可食用副食品》(NY/T 1513—2007) 于 2008 年 3 月 1 日起生效。该标准规定了“绿色食品　畜禽可食用副食品”的术语和定义、要求、试验方法、检验规则、标志、标签、包装、运输和储存等内容。在这里，仅重点介绍畜禽可食用副产品的品级鉴定及其相关知识及鉴别方法。

三、主要畜禽可食用副产品的鉴别方法

1. 产地环境：应符合 NY/T 391 的有关规定。

2. 加工条件：应符合 GB 12694 和 GB 19303 的规定。

3. 感官鉴别见表6—5、表6—6。

表6—5　　畜禽可食用的生鲜副产品感官指标

项目	指　标
外观	具有本品种特有的形态，无霉变
色泽	表皮和肌肉切面有光泽，具有该类产品应有的色泽
气味	经水煮后具有本品种应有的气味，无异味
杂质	无肉眼可见的外来杂质

表6—6　　畜禽可食用的熟副产品感官指标

项目	指　标
外观	具有本品种特有的形态，无霉变
色泽	具有该类产品应有的色泽
气味	具有本品种应有的滋味和气味，无酸败味或其他异味
杂质	无肉眼可见的外来杂质

4. 净含量：符合国家现行的有关规定。

5. 卫生指标：符合 NY/T 1513—2007 中的检测指标。

6. 标志和标签：标志应有绿色食品标志，标志的设计和使用应符合国家绿色食品的相关要求。

7. 包装、运输和储存：按照 NY/T 1513—2007 的有关规定。

技能要求

一、工作名称：主要畜禽副产品的鉴别

二、工作准备：畜禽副产品鉴别前的准备工作

1. 鉴别材料和工具准备：选择所要进行鉴别的畜禽生鲜副产品或熟食品；检验工具有刀、叉、夹、不锈钢盘等。

2. 卫生条件准备：在鉴别前要按照检验检疫人员的程序要求，进行卫生准备。

（1）农产品经纪人参与畜禽副产品鉴别时，需要具备健康的身体，并参加年度身体健康检查。

（2）进入检查车间或操作间时，要穿服务处提供的制服，且必须保持干净。

同时，还要穿着恰当的靴子、帽子、手套、围裙等。

(3) 保持头发及指甲短而干净，头发不能触及领角或下垂至肩膀。总是剃净胡须。

(4) 禁止在车间工区吸烟及进食，每次进入摊位或工作区域时应先洗手。女士要禁止涂指甲油，严格遵守工区规章与程序。

(5) 鉴别前后要用指定的洗手液洗手。

三、工作程序：畜禽副产品鉴别的流程

1. 卫生手续鉴别

需要检查畜禽副产品生产企业提供的各项屠宰、卫生检验检疫手续是否齐全。

2. 感官鉴别

掌握所要鉴别的畜禽副产品的质量标准（见表 6—7、表 6—8）。

表 6—7　猪肾、肝、肚、心的接收标准

猪肉	状态	产地	重量			包装	货架期	质量标准
			尺寸 1	尺寸 2	尺寸 3			
肾	新鲜	中国	110 ~ 140 g			装在周转箱内	3 d	呈暗红色、淡褐色，具有光泽和弹性，组织结实
肝	新鲜	中国	1 ~ 1.8 kg			装在周转箱内	3 d	呈红褐色或棕红色，润滑而有光泽，组织致密结实，有弹性，略有腥味
肚	新鲜	中国	600 ~ 900 g			10 ~ 25 kg/箱装在周转箱内	3 d	呈乳白色或淡黄褐色，组织结实且有韧性，内外无血块及污物
心	新鲜	中国	200 ~ 350 g			装在周转箱内	3 d	呈淡红色脂肪乳白或带粉红色，组织结实，有韧性和弹性，气味正常

表 6—8　鸡全翅、鸡翅根、鸡翅中、鸡爪的验收标准

鸡肉	状态	产地	重量			包装	货架期	质量标准
			尺寸 1	尺寸 2	尺寸 3			
鸡全翅	新鲜	中国	90 ~ 120 g			装在塑袋或塑盘中	3 d	无毛、外表清洁；皮肤干净、有光泽；柔软的翅骨；具有正常气味；表面微干、不粘手；肉质有弹性

续表

鸡肉	状态	产地	重量			包装	货架期	质量标准
			尺寸1	尺寸2	尺寸3			
鸡翅根	新鲜	中国	50～80 kg			装在塑袋或塑盘中	3 d	无毛、外表清洁；皮肤干净、有光泽；柔软的翅骨；具有正常气味；表面微干、不粘手；肉质有弹性
鸡翅中	新鲜	中国	30～45 g			装在塑袋或塑盘中	3 d	无毛、外表清洁；皮肤干净、有光泽；柔软的翅骨；具有正常气味；表面微干、不粘手；肉质有弹性
鸡爪	新鲜	中国	18～28 只/kg			装在塑袋或塑盘中	3 d	含骨，表面清洁，具有正常气味

3. 工具鉴别：使用刀、叉、夹、托盘等工具对样品进行视检、剖检、触检、嗅检等检验。

4. 对于大宗畜禽副产品以及常年供应的畜禽副产品，要以兽医卫生检验、感观检查和剖检为主，必要时辅之以细菌学、血清学、病理学、理化学等实验室检查方法。

第7章

水产品品级鉴别

第1节　水产品的品种、产地和特性

学习目标

1. 熟悉水产品的品种、产地。
2. 掌握水产品的品种特性。

知识要求

水产品味道鲜美、营养丰富，深受喜爱。我国幅员辽阔，水域面积广大，本单元将着重介绍我国市场上主要经营的水产品品种、产地和特性。

一、水产品的品种分类

水产品的品种很多，大体分为鱼类、甲壳类、贝类、软体类及藻类等类别。

1. 鱼类

鱼类是市面上最常见的水产品，其销售量也远远高于其他水产品。我国鱼类产品种类繁多，但总体可分为淡水鱼和海水鱼。如图7—1所示。

(1) 淡水鱼

淡水鱼统指能在盐度不超过千分之三的淡水中生活的鱼类。在改革开放之前，我国市场上出售的淡水鱼品种较少，主要以鲤鱼、鲫鱼、四大家鱼（青、草、鲢、

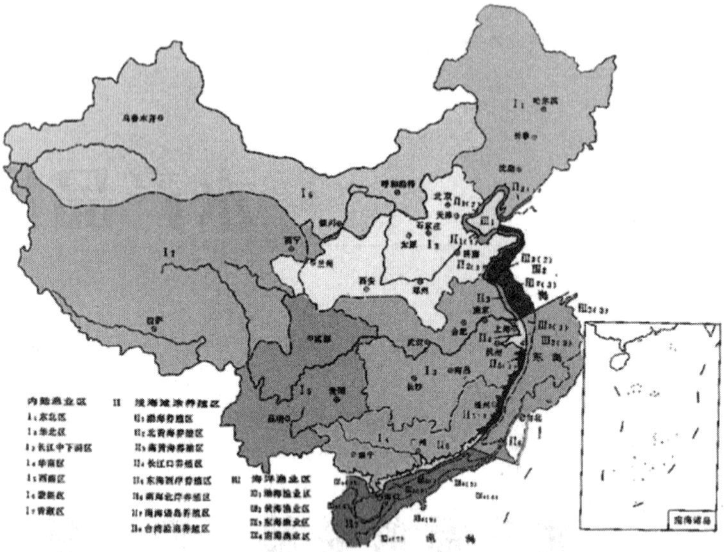

图 7—1　中国渔业资源布局

资料来源：《中国农业区划的理论与方法实践》。

鳙）、团头鲂等为主。随着人们生活水平的日益提高，市场上的淡水鱼类品种也越来越丰富了。本小节主要介绍市场上常见的淡水鱼品种。

1）鲤鱼。鲤鱼是我国最常见的食用淡水鱼种之一，原产亚洲，后引进欧洲、北美及其他地区。身体侧扁而腹部圆，口呈马蹄形，须 2 对。背鳍基部较长，背鳍和臀鳍均有一根粗壮带锯齿的硬棘。体侧呈金黄色，尾鳍下叶呈橙红色。鲤鱼平时多栖息于江河、湖泊、水库、池沼的水草丛生的水体底层，以食底栖动物为主。其适应性强，耐寒、耐碱、耐缺氧。在流水或静水中均能产卵，产卵场所多在水草丛中，卵黏附于水草上发育。鲤鱼是淡水鱼类中品种最多、分布最广、养殖历史最悠久、产量最高者之一。各地鲤鱼品种不同，野生品种如元江鲤、华南鲤、黑龙江野鲤、湘江野鲤、黄河鲤等，这些品种各地都有养殖，还有一些选育品种和杂交品种，如荷包红鲤、丰鲤等。它们的口味、形态、重量等性质都有一定差异，要能够加以鉴别和区分。如图 7—2 所示。

2）鲫鱼。主要以植物为食的杂食性鱼，喜群集而行，择食而居，肉质细嫩，肉味甜美。鲫鱼分布广泛，全国各地水域常年均有生产，以 2—4 月和 8—12 月的鲫鱼最肥美，为我国重要食用鱼

图 7—2　鲤鱼

类之一。最大体长约30 cm，栖息深度为 0 ~ 20 m，无毒，经济型食用鱼类，物美价廉。

鲫鱼头像小鲤鱼，形体黑胖（也有少数呈白色），肚腹中大而脊隆起，腹部为浅白色，背部为深灰色。大的可达一两斤重。栖息在柔软的淤泥中，能补胃。三、四月它的肉厚而且鱼子多，味道很美。鲫鱼是鱼中上品，生息在池塘、湖泊等淡水水域。体长 15 ~ 20 cm。呈流线形（也叫梭形），体高而侧扁，前半部弧形，背部轮廓隆起，尾柄宽；腹部圆形，无肉棱。头短小，吻钝。无须。鳃耙长，鳃丝细长。下咽齿一行，呈扁片形。鳞片大。侧线微弯。背鳍长，外缘较平直。鳃耙细长，呈针状，排列紧密，鳃耙数 100 ~ 200。背鳍、臀鳍第 3 根硬刺较强，后缘有锯齿。胸鳍末端可达腹鳍起点。尾鳍深呈叉形，体背呈银灰色而略带黄色光泽，腹部呈银白色而略带黄色，各鳍呈灰白色。根据生长水域不同，体色深浅有差异。如图 7—3 所示。

3）青鱼。又叫黑鲩，全身有较大的鳞片。外形很像草鱼，但全身的鳞片和鱼鳍都带灰黑色。青鱼的名字也由此而来。鳞片大而粗。它的尾部比草鱼要细长。背鳍、胸鳍、腹鳍和尾鳍都比草鱼长且硬挺。青鱼主要分布于我国长江以南的平原地区，长江以北较稀少；它是长江中、下游和沿江湖泊里的重要渔业资源和各湖泊、池塘中的主要养殖对象，为我国淡水养殖的“四大家鱼”之一。如图 7—4 所示。

图 7—3　鲫鱼

图 7—4　青鱼

4）草鱼。草鱼的俗称有鲩、油鲩、草鲩、白鲩、草鱼、草根（东北）、混子、黑青鱼等。身体长而“秀气”，体色为青黄色，腹部略显白色。鳞片大而粗。它的背鳍、胸鳍、腹鳍和尾鳍都比青鱼小而短。栖息于平原地区的江河湖泊，一般喜居于水的中下层和近岸多水草区域。性活泼，游泳迅速，常成群觅食。为典型的草食性鱼类。草鱼幼鱼期则食幼虫、藻类等，草鱼也吃一些荤食，如蚯蚓、蜻蜓等。在干流或湖泊的深水处越冬。生殖季节亲鱼有溯游习性。已移殖到亚洲、欧洲、美洲、非洲的许多国家。因其生长迅速，饲料来源广，是中国淡水养殖的四大家鱼之一。如图 7—5 所示。

5）鲢鱼。鲢鱼又叫白鲢、水鲢、跳鲢、鲢子，属于鲤形目，鲤科，是著名的四大家鱼之一。体形侧扁、稍高，呈纺锤形，背部呈青灰色，两侧及腹部呈白色。胸鳍不超过腹鳍基部。各鳍为灰白色。头较大。眼睛位置很低。鳞片细小。腹部正中角质棱自胸鳍下方直延达肛门。形态和鳙鱼相似。鲢鱼性急躁，善跳跃。鲢鱼味甘，性平，无毒，其肉质鲜嫩，营养丰富，是较宜养殖的优良鱼种之一。为我国主要的淡水养殖鱼类之一。分布在全国各大水系。鲢鱼是人工饲养的大型淡水鱼，生长快、疾病少、产量高，多与草鱼、鲤鱼混养。鲢鱼鳞片细而小，食用时一般不需去鳞片。如图 7—6 所示。

图 7—5　草鱼

图 7—6　鲢鱼

6）鳙鱼。鳙鱼又叫花鲢、胖头鱼、包头鱼、大头鱼、黑鲢、麻鲢、雄鱼，是淡水鱼的一种。有“水中清道夫”的雅称，中国四大家鱼之一。身体有点像鲢鱼，但头比鲢鱼要大得多，故又名“胖头鱼”。背面呈暗黑色，并有不规则黑点，因而俗称“花鲢”。它的鳞片与鲢鱼相似，细而小，食用时不需去鳞片。外形似鲢鱼，体侧扁。头部大而宽，头长约为体长的 1/3。口亦宽大，稍上翘。眼位低。鳙鱼生长在淡水湖泊、河流、水库、池塘里。多分布在水的中上层。能食用，有益智商、助记忆、延缓衰老的作用。如图 7—7 所示。

7）团头鲂。即武昌鱼，属鲤形目，鲤科，鲌亚科，鲂属。俗称鳊鱼、团头鲂、团头鳊、平胸鳊。肉质嫩滑，味道鲜美，是我国主要淡水养殖鱼类之一。武昌鱼主产于长江中下游，以湖北为最多，多产在 5—8 月。武昌鱼体扁侧，呈长棱形，背隆起明显，头小、口小，体侧呈灰尘色并有浅棕色光泽，背色深，腹色浅，鳞片中等大小，臀鳍较长，尾柄短，尾鳍分叉深。鲂鱼肉细嫩肥美，小鱼刺多，大鱼刺少。如图 7—8 所示。

图 7—7　鳙鱼

图 7—8　团头鲂

8）鲶鱼。鲶鱼体形长，头部平扁，尾部侧扁。口下位，口裂小，末端仅达眼前缘下方（末端达眼后缘的是大口鲶）。下颚突出。齿间细，绒毛状，颌齿及梨齿均排列呈弯带状，梨骨齿带连续，后缘中部略凹入。眼小，被皮膜。成鱼须 2 对，上颌须可深达胸鳍末端，下颌须较短。多黏液，体无鳞。背鳍很小，无硬刺，有 4 ~ 6 根鳍条。无脂鳍。臀鳍很长，后端连于尾鳍。鲇鱼体色通常呈黑褐色或灰黑色，略有暗云状斑块。鲶鱼的卵有毒，误食会导致呕吐、腹痛、腹泻、呼吸困难，情况严重的会造成瘫痪。

鲶鱼主要生活在江河、湖泊、水库、坑塘的中下层，多在沿岸地带活动，白天多隐于草丛、石块下或深水底，夜晚觅食活动频繁。秋后居于深水或污泥中越冬，摄食程度亦减弱。肉食性鱼类，捕食对象多为小型鱼类，如餐条、鲫鱼、鰕虎鱼、麦穗鱼、鲤鱼、泥鳅等，也吃虾类和水生昆虫。以吞食为主，牙齿的作用主要是防止食物逃脱。如图 7—9 所示。

图 7—9　鲶鱼

9）鲈鱼。鲈鱼喜栖息于河口咸淡水，也能生活于淡水。体长，侧扁，背部稍隆起，背腹面皆钝圆；头中等大，略尖。体长可达 102 cm，一般重 1. 5 ~ 2. 5 kg，最大个体可达 15 kg 以上。吻尖，口大，端位，斜裂，下颌稍突出于上颌，上颌伸达眼后缘下方。两颌、犁骨及口盖骨均具细小牙齿。前鳃盖骨的后缘有细锯齿，其后角下缘有 3 个大刺，后鳃盖骨后端具 1 个刺。体被小栉鳞，侧线完全、平直。体背部呈青灰色，两侧及腹部呈银白色。体侧上部及背鳍有黑色斑点，斑点随年龄的增长而减少。背鳍两个，仅在基部相连，第 1 背鳍为 12 根硬刺，第 2 背鳍为 1 根硬刺和 11 ~ 13 根软鳍条。臀鳍硬棘 3 枚，臀鳍软条 7 ~ 9 枚，背鳍、臀鳍鳍条及尾鳍边缘为灰黑色。如图 7—10 所示。

10）鲮鱼。鲮鱼，鲤形目、鲤科。一般体长 15～25 cm。体长两侧扁，背部在背鳍前方稍隆起，腹部圆而稍平直。头短小，吻圆钝，吻长略大于眼径。口小，下位，呈弧形。上唇边缘呈细波形，唇后沟中断，下唇边缘布满乳突。上下颌具角质锐缘。须 2 对，吻须较粗壮，颌须较短小或退化仅留痕迹。下咽齿 3 行。鳞中等大，圆形。侧线平直，侧线鳞 38～42 枚。背鳍无硬刺，其起点至尾基的距离大于至吻端的距离。胸鳍尖短，尾鳍宽，呈深叉形。体呈青白色，有银白色光泽。胸鳍上方、侧线上下有 8～12 个鳞片的基部有黑斑，堆聚成菱形斑块。幼鱼尾鳞基部有一黑色斑点。

由于鲮鱼有饲料来源广、适应较肥水体环境、抗病力较强、群体产量高等优点，因而成为南方池塘养鱼的必养品种。鲮鱼能吃掉水底的着生藻类和有机碎屑，故又称为池塘的“清道夫”，肥水塘更是非养鲮鱼不可。如图 7—11 所示。

图 7—10　鲈鱼

图 7—11　鲮鱼

（2）海水鱼

我国海岸线长、海域面积大，海水鱼的品种也很多，市场上常见的海水鱼品种主要有带鱼、大黄鱼、小黄鱼、鲅鱼、海鲈鱼、鲆鱼、鲽鱼、鲐鱼、鲱鱼、鳕鱼、鲷鱼等。

1）带鱼。又叫刀鱼、裙带、肥带、油带、牙带鱼等，属于脊索动物门下脊椎动物亚门中的硬骨鱼纲鲈形目带鱼科，性凶猛。带鱼的体形侧扁如带，呈银灰色，背鳍及胸鳍呈浅灰色，带有很细小的斑点，尾巴呈黑色，带鱼头尖口大，至尾部逐渐变细，身高为头长的 2 倍，全长 1 m 左右。性凶猛，主要以毛虾、乌贼为食。主要分布于西太平洋和印度洋，在中国的黄海、东海、渤海一直到南海都有分布，和大黄鱼、小黄鱼及乌贼并称为中国的四大海产。如图 7—12 所示。

2）大黄鱼。硬骨鱼纲，鲈形目，石首鱼科，黄鱼属。又名黄鱼、大王鱼、大鲜、大黄花鱼、红瓜、金龙、黄金龙、桂花黄鱼、大仲、红口、石首鱼、石头鱼、黄瓜鱼。为中国四大海产之一。大黄鱼为我国近海主要经济鱼类。

体呈黄褐色，腹面呈金黄色，各鳍呈黄色或灰黄色。唇呈橘红色。鳔较大，前端圆形，具侧肢 31 ~33 对，每一侧肢最后分出的前小枝和后小枝等长。头颅内有 2 块白色矢耳石。椎骨为 26 ~27 个，有时为 25 个。如图 7—13 所示。

图 7—12　带鱼

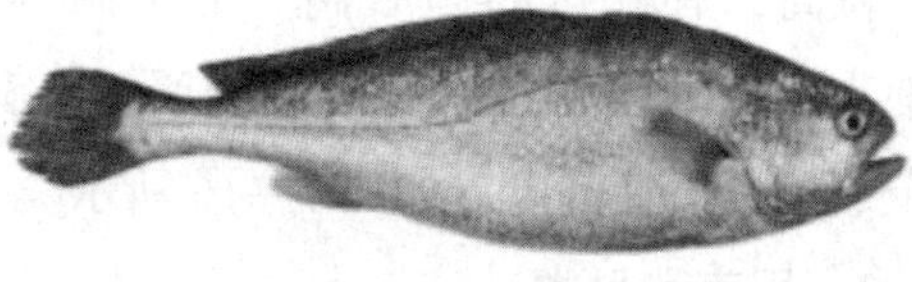

图 7—13　大黄鱼

3）小黄鱼。脊椎动物，鱼纲，石首鱼科。又名小鲜、大眼、花色、小黄瓜、古鱼、黄鳞鱼、小春色、金龙、厚鳞仔、黄花鱼、小黄花。体形似大黄鱼，但头较长，眼较小，鳞片较大，尾柄短而宽，椎骨为 28 ~30 块。耳石较大。体长 20 余 cm。体背呈灰褐色，腹部呈金黄色。为近海底层结群性洄游鱼类，栖息于泥质或泥沙底质的海区。

大小黄鱼的主要区别是：大黄鱼的鳞较小而小黄鱼的鳞片较大而稀少；大黄鱼的尾柄较长而小黄鱼尾柄较短；大黄鱼臀鳍第二鳍棘等于或大于眼径，而小黄鱼则小于眼径；大黄鱼骸部具 4 个不明显的小孔，小黄鱼具 6 个小孔；大黄鱼的下唇长于上唇、口闭时较圆，小黄鱼上、下唇等长，口闭时较尖。如图 7—14 所示。

4）鲅鱼。鲅鱼学名马鲛。硬骨鱼纲，鲭科。种类很多，常见的有中华马鲛、蓝点马鲛、斑点马鲛、康氏马鲛等，马鲛的俗称还有燕鱼、板鲅、竹鲛、尖头马加、青箭等。体长而侧扁，体色银亮，背具暗色条纹或黑蓝斑点，口大，吻尖突，牙齿锋利，游泳迅速、性情凶狠。一般长 0.26 ~ 0.52 m，最长可达 1 m，重 20 kg，分布于北太平洋西部，我国黄海、渤海均有。属暖性上层鱼，以中上层小鱼为食，夏秋季结群洄游，部分进入渤海产卵，秋汛常成群索饵于沿岸岛屿及岩礁附近，为北方经济鱼之一。如图 7—15 所示。

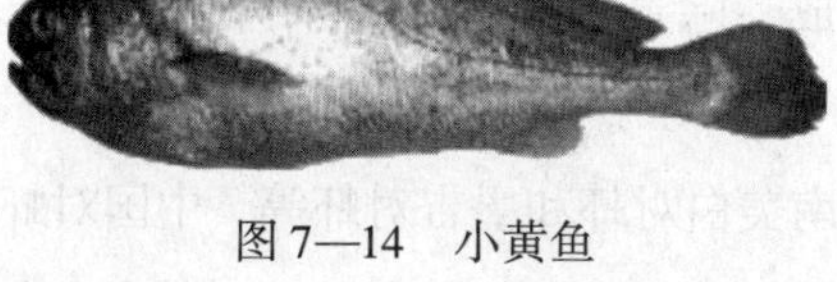

图 7—14　小黄鱼

图 7—15　鲅鱼

5）鲐鱼。鲐鱼，鲈形目，鲭科，鲐属。又名青花鱼、油胴鱼、鲭鱼、花池鱼、花巴、花鳀、青占、花鲱、巴浪、鲐鲅鱼。体粗壮，呈纺锤形，尾柄结实；尾鳍基部每侧有纵隆起嵴两个。头大，前端尖细，呈圆锥形。眼大，位高，有发达的脂眼睑。上下颌等长；牙细小，上下颌齿各一行。侧线明显。背鳍两个。体背呈青蓝色。如图 7—16 所示。

图 7—16　鲐鱼

2. 甲壳和贝类

甲壳类和贝类水产品味道鲜美，营养丰富，是人们餐桌上不可或缺的美食。而这类水产的种类也很多，如螃蟹、对虾、龙虾、虾蛄、扇贝、牡蛎、蛤蜊等。

（1）螃蟹

螃蟹隶属于节肢动物门、甲壳纲、十足目、爬行亚目。螃蟹的种类很多，我国蟹的种类就有 600 种左右，有梭子蟹，河蟹、青蟹、蛙蟹等。

河蟹，学名中华绒螯蟹，属甲壳动物，分类学上隶属于节肢动物门，甲壳纲，方蟹科。海水中繁殖，淡水里生长，喜掘穴而居，常匿居于江河、湖池的岸边，或隐藏在石砾、水草丛中。目前市场上比较出名的大闸蟹和盘锦稻田蟹均属于河蟹。

梭子蟹，有些地方俗称白蟹。因头胸甲呈梭子形，故名。甲壳的中央有三个突起，所以又称三疣梭子蟹，属于甲壳动物。雄性脐尖而光滑，螯长大，壳面带青色；雌性脐圆有绒毛，壳面呈赭色，或有斑点。梭子蟹肉肥味美，有较高的营养价值和经济价值。如图 7—17 所示。

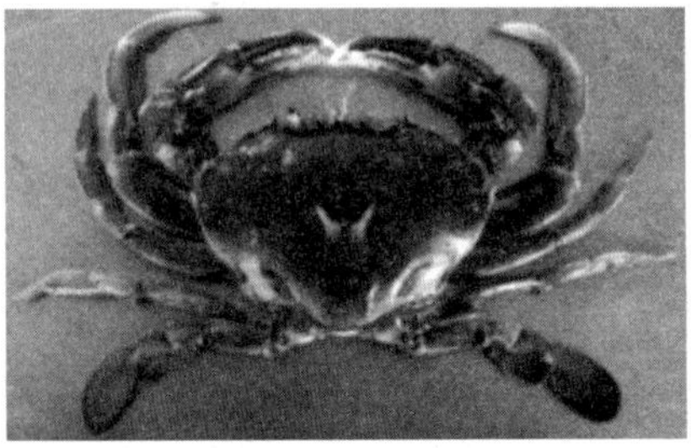

图 7—17　螃蟹

（2）对虾

对虾属于节肢动物门、有鳃亚门、甲壳纲、软甲亚纲、十足目、游泳亚目、对虾科、对虾属。对虾身体长而略侧扁，雌雄异体，成体雌虾大于雄虾，体色也有所不同。对虾体外包被着一层几丁质的外骨骼甲壳，它由其下方的表皮细胞分泌而成，身体可分为头胸部和腹部，共有 21 节构成。除最前和最后一节外，各节皆具一对附肢。

我国水产市场上的对虾主要有中国对虾、南美白对虾和墨吉对虾等。中国对虾雌虾体色灰青，雄虾体色发黄。南美白对虾外形酷似中国对虾、墨吉对虾，平均寿命至少可以超过 32 个月。成体最长可达 24 cm，甲壳较薄，正常体色为浅青灰色，全身不具斑纹。步足常呈白垩状，故有白肢虾之称。墨吉对虾，俗称大虾、明虾、黄虾等。联合国粮农组织通称香蕉虾。呈棕黄色，透明甲壳较薄。额角上缘 8 ~ 9 齿，下缘 4 ~ 5 齿。额角基部很高，侧视呈三角形。额角后脊伸至头胸甲后缘附近，无中央沟。第一触角鞭与头胸甲大致等长。雌交接器前片顶端疣突相当大，约为纳精器的 3/7。性成熟的虾雌虾大于雄虾。分布甚广，在南半球自东非至澳大利亚；在北半球东南亚及印度洋；在我国广东、海南及广西沿海均有分布。如图 7—18 所示。

图 7—18　对虾

（3）龙虾

龙虾是节肢动物门甲壳纲十足目龙虾科 4 个属 19 种龙虾的通称。又名龙头虾、虾魁等。它头胸部较粗大，外壳坚硬，色彩斑斓，腹部短小，体长一般在 20 ~ 40 cm 之间，重 0.5 kg 上下，无螯，是虾类中最大的一类。最重的能达到 5 kg 以上，人称龙虾虎。体呈粗圆筒状，背腹稍平扁，头胸甲发达，坚厚多棘，前缘中央有一对强大的眼上棘，具封闭的鳃室。主要分布于热带海域，是名贵海产品。中国已发现 8 种。

另外，市场上还有生长于淡水的盱眙龙虾，又称小龙虾，学名克氏原螯虾。原产于美国，20 世纪二三十年代传至我国的南京一带，再进入盱眙境内的陡湖、洪泽湖，进而进入天泉湖、猫耳湖、天鹅湖、八仙湖等河湖水塘，在盱眙境内生长、繁育、壮大，成为盱眙一道亮丽的风景线。盱眙龙虾，以陡湖、天泉湖、猫耳湖、天鹅湖、八仙湖的五湖龙虾最为有名，每年 5—9 月是旺季，年产量可达 5 000 t。如图 7—19 所示。

（4）虾蛄

虾蛄，也叫皮皮虾、濑尿虾、虾爬子，在中国各海域中均有分布。南海种类最多，已发现 80 余种。身体窄长呈筒状，略平扁，头胸甲仅覆盖头部和胸部的前四节，后四胸节外露并能活动。如图 7—20 所示。

图 7—19　龙虾

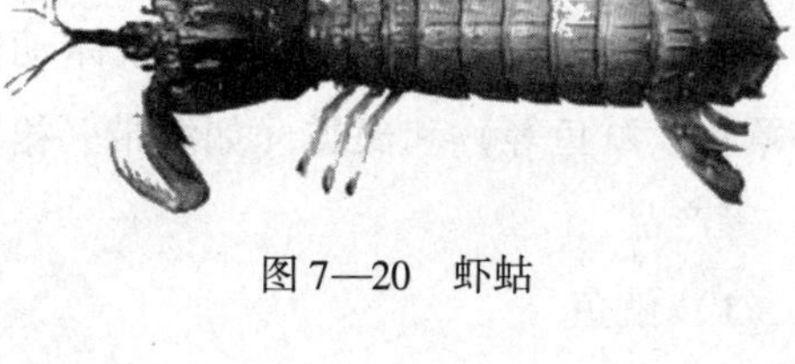

图 7—20　虾蛄

（5）扇贝

扇贝是扇贝属的双壳类软体动物的代称，有400余种。该科的60余种是世界各地重要的海洋渔业资源之一，壳、肉、珍珠层具有极高的利用价值。很多扇贝作为美食食用。颜色鲜艳呈辐射状花纹的扇贝受收藏者喜爱，花纹被采纳为艺术品的图案。扇贝为双壳纲翼形亚纲珍珠贝目中的一科。广泛分布于世界各海域，以热带海的种类最为丰富。中国已发现约45种，其中北方的栉孔扇贝和南方的华贵栉孔扇贝及长肋日月贝是重要的经济种。扇贝又名海扇，其肉质鲜美，营养丰富，它的闭壳肌干制后即是“干贝”，被列入八珍之一。如图7—21所示。

（6）牡蛎

牡蛎，又名生蚝。属牡蛎科（真牡蛎）或燕蛤科（珍珠牡蛎），双壳类软体动物，分布于温带和热带各大洋沿岸水域。牡蛎的两壳形状不同，表面粗糙，呈暗灰色；上壳中部隆起；两壳的内面均为白色，光滑。如图7—22所示。

图7—21　扇贝

图7—22　牡蛎

（7）蛤蜊

蛤蜊，软体动物，壳呈卵圆形，呈淡褐色，边缘呈紫色，生活在浅海底，有花蛤、文蛤、西施舌等诸多品种。其肉质鲜美无比，被称为“天下第一鲜”“百味之冠”，而且它的营养也比较全面，含有蛋白质、脂肪、碳水化合物、铁、钙、磷、碘、维生素、氨基酸和牛磺酸等多种成分，低热能、高蛋白、少脂肪，能防治中老年人慢性病，实属物美价廉的海产品。如图7—23所示。

图7—23　蛤蜊

3. 其他类

目前，市场上的水产品还有软体动物（如章鱼、鱿鱼等）和藻类（如海带、裙带菜）等产品。

（1）鱿鱼

鱿鱼又称柔鱼、枪乌贼，是软体动物门头足纲管鱿目开眼亚目的动物。身体细长，呈长锥形，有十只触腕，其中两只较长。触腕前端有吸盘，吸盘内有角质齿环，捕食食物时用触腕缠住将其吞食。如图 7—24 所示。

（2）海带

海带叶片似宽带，梢部渐窄，一般长 2 ~ 5 m，宽 20 ~ 30 cm。叶边缘较薄软，呈波浪褶，叶基部为短柱状叶柄与固着器（假根）相连。海带通体呈橄榄褐色，干燥后变为深褐色、黑褐色，上附白色粉状盐渍。如图 7—25 所示。

图 7—24　鱿鱼

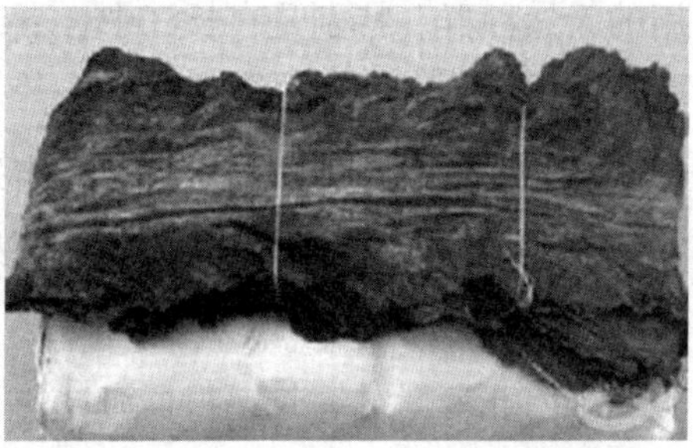

图 7—25　海带

二、水产品的产地

我国物产丰富，市场上经营的水产品品种也很多，除了常见的水产品品种，各地还分别有很多地方特色品种。

1. 淡水水产品的产地分布

淡水鱼是我国水产品的主要组成之一，我国淡水鱼市场具有品类多、分布广、鲜活度高等特点。四大家鱼（青鱼、草鱼、鲢鱼、鳙鱼）、鲤鱼、鲫鱼和团头鲂等传统常见鱼种在国内分布广泛，几乎覆盖了所有地区。同时，随着生产技术的革新和物流配送的发展，也大大促进了地方特色淡水鱼产品的流通。比如在北京的批发市场也能找到像黄河金钱鲤、乌鳢、鳜鱼等鱼种。鳗鲡、罗非鱼等品种在南方市场是较为常见的，而北方不多。

河蟹、河虾是我国淡水中生长的主要甲壳类动物，地理分布很广，凡是通海河川的沿海省市都有踪迹，如鸭绿江、辽河、大清河、黄河、长江、钱塘江、瓯江和闽江的下游地区都有一定的资源，由于栖息地生态环境的不同，形成的生态种群也有不同。目前资源盘较大的有长江水系、辽河水系、黄河水系和瓯江水系、闽江水系五个种群，其中长江水系种群因栖息地的地理位置优越，水温适宜，饵料丰盛，水质良好，湖河水库大，水面多，浅滩广阔，特别有利河蟹、河虾生长发育。目前，长江水系的阳澄湖大闸蟹可以说是河蟹的翘楚，而河虾的价位和普及率则远低于海虾。

淡水小龙虾在20世纪20年代作为养殖牛蛙的饲料从美国引入日本，30年代从日本传入我国，最初在江苏的北部，随着自然种群的扩展和人类的养殖活动，该虾现广泛分布于我国的新疆、甘肃、宁夏、内蒙古、山西、陕西、河南、河北、天津、北京、辽宁、山东、江苏、上海、安徽、浙江、江西、湖南、湖北、重庆、四川、贵州、云南、广西、广东、福建及台湾等20多个省、市、自治区，形成可供利用的天然种群。特别是在长江中、下游地区生物种群量较大，是我国淡水小龙虾的主产区。

淡水贝类因口味和寄生虫问题，作为使用的品种不多，如螺蛳、泥蚶等，一般有河流或池塘的地区都有。而很多地区只是将淡水贝类作为生产珍珠的材料。

2. 海水水产品的产地分布

我国南北海岸线绵长，根据海域的不同，海水鱼的种类也有一定的差别。带鱼和鲐鱼在中国沿海各省均可见到；而大黄鱼主要分布于黄海中部以南至琼州海峡以东的海域；鲅鱼和小黄鱼主要分布在我国渤海、黄海和东海，主要产地在江苏、浙江、福建、山东等省沿海；海鲈鱼分布较广，主要产于黄海、渤海；鲆鲽类鱼（如大菱鲆、牙鲆、鲽鱼等）为冷水鱼，主要产于黄、渤海和东海北部，但经过技术改良，在福建也有养殖，而鳕鱼、鲱鱼等鱼种也属于冷水鱼，产地主要和鲆鲽类相似；南方海域也有很多特色品种，如石斑鱼、黑棘鲷等。

在我国所有海域都有海蟹和对虾的踪迹，北方以中国对虾为主，而南方以南美白对虾和墨吉对虾为主。因为南美白对虾可在淡水中饲养，且其生长性能好、抗病能力强，北方部分地区也在养殖。

海水贝类品种多、分布广，而市场上常见的品种，如扇贝、牡蛎、鲍鱼、蛤蜊等南北海域均有分布，不过品种分布会有一定的差异，如鲍鱼在南方多为九孔鲍，而北方则以皱纹盘鲍为主。鱿鱼、章鱼、海带、海蜇等海产品也是沿海地区均有分布。

三、水产品特性

1. 种类多样

无论是淡水水产品还是海水水产品都具有种类多样性的特点，目前我国有1 700多种海水鱼、800多种淡水鱼、1 000多种甲壳类、2 000多种贝类以及近100种头足类。

2. 原料易腐

水产品腐败变质的原因主要是水产品本身带有的或储运过程中污染的微生物，在适宜条件下生长繁殖，分解水产品的蛋白质、氨基酸、脂肪等成分产生有异臭味和毒性的物质，致使水产品腐败变质；或水产品本身含有的酶在一定环境条件下能促使其腐败变质。

3. 营养价值高

水产品富含蛋白质、无机盐、脂类、维生素等营养成分。其蛋白质具有含量高纤维细短、属完全蛋白质、利用率高、呈味氨基酸含量高等特点，水产品中的蛋白质不但丰富且平衡，而且含有人体所需的全部氨基酸，尤其是富含酪氨酸和色氨酸；而脂类则有含量差异大、体内分布不均匀、呈液态吸收率高、不饱和脂肪酸含量高、胆固醇含量低等特点，其中深海鱼类更是富含 DHA 和 EPA；而水产品也富含矿物质和维生素，如钙、磷、碘、锌、铜、铁、镁、核黄素、尼克酸、维生素 A、维生素 D 等。一些贝类和甲壳类水产品还富含牛磺酸、三甲胺、次黄嘌呤核苷酸等物质，不但能够改善视力，还能提升水产品的风味。

技能要求

一、工作名称：水产品的品种识别和产地判断

水产品的品种识别和产地判断是农产品经纪人必须掌握的一项知识和技能，是农产品质量安全体系工作中的重要一环。

近年来，我国农产品开始实施可追溯体系建设以及农产品产地准入制度。2015 年农业部办公厅印发了《2015 年农产品质量安全监管工作要点》，在工作要点第七条中提出了“探索构建产地准出市场准入机制：（十五）建立准出准入衔接机制。落实农业部与食品药品监管总局合作协议，制定产地准出市场准入指导意见，探索产地准出与市场准入衔接机制，贯通农产品质量安全全程监管链条。（十六）探索产地质量证明制度。研究制定农产品产地质量证明管理办法和技术规范，选择部分农产品生产企业、专业合作社、家庭农场、销售企业开展试点，充分发挥质量证明在产地准出和全程管控过程中的导向作用，全面落实生产经营者质量安全主体责任”。之前，山东、江苏、浙江、福建、湖北等一些省市县主管部门已经开始进行水产品产地准出质量证明制度，对于保护产地特色水产品产业、提高水产品质量，起到了积极的作用。

二、工作准备

1. 根据水产品抽样标准要求，选好要鉴别的水产品样品。
2. 事先设计列出所要检验的水产品的检验项目和内容。
3. 掌握所要鉴别的水产品品种的特征检测、其他检测方法。
4. 做好水产品的品种、产地的检验工具准备、品级鉴定记录单。

三、工作程序

1. 品种鉴别

确定水产品类型：根据水产养殖单位提供的水产品名称，按照水产品分类中的鱼类、甲壳类、贝类、软体类及藻类的类别特征，对所要鉴别的水产品进行分类识别。如所要鉴别的水产品是鱼类，鱼类中还要标明是淡水鱼还是海水鱼，是哪一种鱼类品种。如果水产品是新品种，还需要提供水产品新品种证书（复印件）证明。如图7—26所示。

水产新品种

（2008）新品种证字第 5 号

证　书

新品种名称：杂交青虾“太湖1号”　品种登记号：GS02-002-2008

培育单位：中国水产科学研究院淡水渔业研究中心

该品种业经审定，根据农业部《水产原、良种审定办法》，特发此证。

二〇〇九年　月二　五日

图7—26　水产品新品种证书

2. 产地鉴别

水产品进入市场，需要由供方提供由县级以上主管部门开具的产地准出证明、入市产地证明。如图7—27所示。

进入市场销售的水产品，必须经县级以上具有检验资质的水生动物疫病监测部门检验，并提供出具检验合格证明和产地证明。对北京市场销售的水产品，如半年内出现三次检测结果不合格，将实行产地区域退出制度。

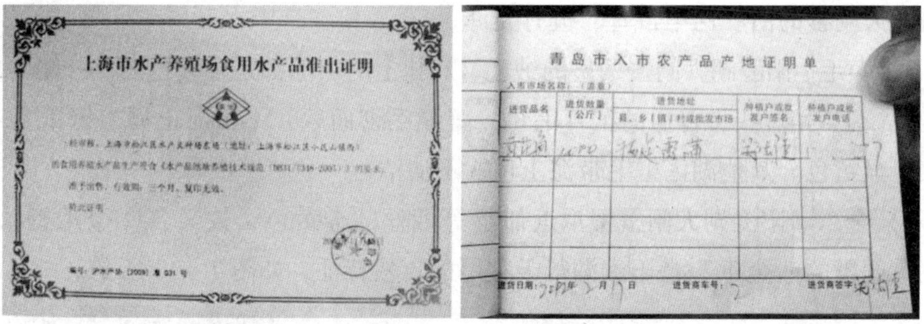

图 7—27　产地准出证明、入市产地证明

3. 品种特征鉴定

对于一些在形态、特征上很难鉴别的水产品，除了产地、经销商出具的证明外，农产品经纪人还需要熟练掌握更多的特色农产品知识和熟练的鉴别技能和方法。如阳澄湖大闸蟹的鉴别方法如下：

（1）了解品种

阳澄湖大闸蟹又名金爪蟹，产于苏州阳澄湖。蟹身不沾泥，俗称清水大闸蟹，体大膘肥，青壳白肚，金爪黄毛。肉质膏腻，十肢矫健，置于玻璃板上能迅速爬行。

（2）了解产地身份

正宗的阳澄湖大闸蟹产区分属不同的行政区域，行业协会有两个：一个是苏州阳澄湖大闸蟹蟹业协会，另一个是昆山市巴城镇阳澄湖蟹业协会。两个协会分别为各自属下的养殖户颁发正宗阳澄湖大闸蟹防伪戒指——正宗阳澄湖大闸蟹身份证，即阳澄湖大闸蟹防伪证书也有两种，每只螃蟹都有一个唯一编码的证书。如图 7—28 所示。

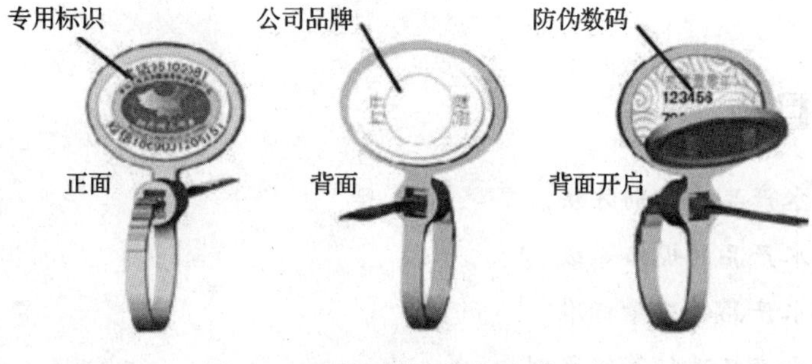

图 7—28　阳澄湖大闸蟹防伪证书

（3）掌握特征

1）青背。青背是阳澄湖大闸蟹的一大特征，它既不似安徽巢湖蟹那样呈黄灰色，也不像崇明蟹那样呈黑灰色，而是呈青灰色，故又称“蟹壳青”。如图 7—29 所示。

2）白肚。阳澄湖底有茂密的猪鬃草和其他水草，栖息在这里的阳澄湖大闸蟹常在水草上爬行，与水草发生摩擦，犹如器皿在清水中不停地洗涮、上光。因此，阳澄湖大闸蟹的白肚白中带青、极有光泽。

3）黄毛。阳澄湖大闸蟹两螯的绒毛、八腿上的须毛都是金黄色的，公蟹长度达 3 ~4 cm，母蟹稍短些，普通的蟹茸毛短。蟹绒毛密而软，不带泥土屑。蟹爪上毛须清爽，显黄色。其他湖区蟹毛带泥土色，不清洁。

4）金爪。阳澄湖大闸蟹蟹爪近似上等烟丝的金黄色，故又名“金爪蟹”。阳澄湖大闸蟹的“金爪”是阳澄湖得天独厚的自然特征。如图 7—30 所示。

图 7—29　阳澄湖大闸蟹青背

图 7—30　阳澄湖大闸蟹金爪

同样的，其他水产品也可以采用阳澄湖大闸蟹的特征鉴别方法进行鉴别。

第 2 节　水产品鉴别方法及规格质量标准

学习目标

1. 了解水产品的鉴别方法。
2. 熟悉水产品的规格等级。
3. 掌握水产品的质量标准。
4. 能对水产品进行等级鉴别。

知识要求

一、鱼类

1. 活鱼鉴别

活鱼鲜活度高、口感好，所以深受消费者喜爱。活鱼品质的鉴别要注意以下几点：

（1）外表

鱼的口、眼、鳃、鳞、鳍完整无短缺，无病害伤迹，体表无血斑、洞眼。

（2）游动

在水中游动正常。体质好的鱼都在水的下层游动，体质差的鱼在水的上层，鱼嘴贴近水面，尾身呈下垂现象游动。如果鱼体侧身漂浮在水面上，说明这条鱼即将死亡。

（3）手触

用手在水中抓鱼，反应敏锐的鱼，能很快挣脱跑掉，这种鱼的生命力强，体质好；没有挣扎能力的鱼，说明已经濒临死亡。

2. 鲜鱼鉴别

（1）体表

新鲜鱼有光泽，鳞片完整，不易脱落。如果鱼体表面光泽较差。鳞片不完整、易脱落，则是质量较差的鱼。

（2）鱼鳃

鳃盖紧闭，不易打开，鳃片鲜红，鳃丝清晰，此种鱼质量新鲜。如果鳃盖不紧，容易打开，鳃片呈淡红、紫色或暗红，鳃丝粘连，稍有异臭，但无腐败臭的，则为质量差的鱼。

（3）鱼眼

新鲜鱼的眼球饱满凸出，角膜透明，眼面发亮。如果眼球平坦或稍陷，角膜混浊，色泽灰暗，有时溢血发红，则是质量差的鱼。

（4）肌肉

新鲜鱼的腹部和肌肉组织紧密而有弹性，肋骨和脊骨处的鱼肉组织很结实，手拿鱼头悬空搁置时，鱼体略有弯曲。如果鱼体松软，弹性差，则是质量差的鱼。

（5）肛门

新鲜鱼的肛门呈紧缩状态，雌鱼产卵期除外。如果肛门稍凸出，则是质量差的鱼。

（6）肚子

新鲜鱼的肚子紧而不胀气，无破裂，色泽正常不发绿。如果肚内有胀气或破裂，则是质量差的鱼。

3. 冻鱼鉴别

（1）体表

质量好的冻鱼，色泽光亮，与鲜鱼一样鲜艳，体表清洁，肛门紧缩。质量差的冻鱼，体表灰暗无光泽，肛门凸出。

（2）鱼眼

质量好的冻鱼，眼球饱满凸出，角膜透明，洁净无污物。质量差的冻鱼，眼球平坦或稍陷，角膜混浊发白。

（3）组织

质量好的冻鱼，体型完整无缺，用刀切开检查，肉质结实不离刺，脊骨处无红线，胆囊完整不破裂。质量差的冻鱼，体形不完整，用刀切开后，肉质松散，有离刺现象，胆囊破裂。

二、甲壳和贝类

1. 虾类

（1）新鲜和较新鲜

头尾完整，有一定的弯曲度，色泽、气味正常，外壳有光泽，呈半透明状，紧附着虾体，虾体肉质坚实，有弹性，体表呈青绿、青黑或青白色，色素斑点明显。

（2）不新鲜

头尾脱落或易离开，不能保持原来的弯曲度，外壳失去光泽，甲壳黑变较多，体色变红，甲壳易与虾体分离，虾肉组织松软，有陈腐气味或氨臭味。

2. 蟹类

（1）新鲜和较新鲜

色泽鲜艳，外壳呈青绿色或黄绿色，腹面色泽洁白，蟹体肥壮，腿肉坚实，螯足挺直。

（2）不新鲜

色泽暗淡，外壳呈暗红色，腹面出现灰褐色斑点和斑块，蟹肉松软，腿肉空松瘦小，螯足下垂。

3. 贝类

（1）新鲜和较新鲜

贝肉色泽正常，呈浅乳黄色、浅姜黄色或浅黄褐色，有的局部有玫瑰紫色斑点，肌肉坚实，富有弹性，手摸有滑溜感。

（2）不新鲜

贝肉色泽减退，呈灰黄色、灰白色或黄白色，肌肉较松软，弹性差，手摸有黏滞感，有酸臭味。

三、其他

1. 头足类

（1）新鲜和较新鲜

贝肉色泽正常，呈浅乳黄色、浅姜黄色或浅黄褐色，有的局部有玫瑰紫色斑点，肌肉坚实，富有弹性，手摸有滑溜感。

（2）不新鲜

贝肉色泽减退，呈灰黄色、灰白色或黄白色，肌肉较松软，弹性差，手摸有黏滞感，有酸臭味。

2. 海蜇

优质海蜇皮呈白色、有光泽，松脆无泥沙。附血膜，有破碎的是较次的海蜇皮。肉干完整，色淡红、光亮，无泥沙杂物为优质品；肉干完整，色较红，无泥沙杂物的次之；红色无泥沙，不完整的海蜇头为较次级。

3. 海带

第一海带含的碘和甘露醇，多附在它的表层，尤其是甘露醇，呈白色粉状附在海带的表面。因此，白色粉末附着的多少是测定海带质量高低的首要条件；第二，海带的叶子以肥厚，够长够宽为佳；第三，海带的颜色以紫中微黄，近似透明为优；第四，海带经加工捆绑后，以无杂质、整洁干净、无霉变的为合格品。

四、水产品的规格质量标准

水产品质量分级是指根据水产品质量标准将不同质量的水产品进行分级、归类。水产品分级是产品进入流通的第一个环节，直接关系到水产品的包装、运输、储藏和销售的效果和效益。

我国的水产品标准制定和发布由不同部门负责制定相关标准，如卫生部主要负责制定食品安全国家标准，农业部主要负责农业标准（包括水产品标准），有时候由 2 个以上部门共同制定标准。中国现行水产品国家标准和行业标准有 650 余项，已形成了基本体系结构。

总体来说，中国涉及质量分级的水产品标准有 33 项之多，包含种类有鲜海水鱼、冻制品、鱼粉、干制品、盐渍产品、熟制品、调味品等。标准主要依据感官要素进行等级划分，与理化和微生物指标一起包含在同一标准中，也有些标准依据感官和理化要素同时进行等级规定。单个水产品标准一般包含范围、规范性引用文件、要求（感官、理化、微生物等）、试验方法、检验规则和标志、包装、运输和储存等项。由表 7—1 可以看出，中国质量分级标准涵盖的种类较全面，基本包括了中国贸易种类，但就标准内容而言，分级要素的描述不够详细，修订不够及时，有些标准不能很好地满足现在市场和贸易的需要。

表 7—1　　　　中国水产品质量分级规定

Pishery products quality grading standards of China

标准编号 Standard number	产品名称 Commxlity	分级要素 Factors ratel	等级划分 Rating	标准编号 Standard number	产品名称 Commxlity	分级要素 Factors ratel	等级划分 Rating
GB/T 18108—2008	鲜海水鱼	鱼体（完整性、色泽和鱼鳞完好性）、肌肉质地、眼球、鳃、气味、杂质、蒸煮后特性、挥发性盐基氨	一级、二级、三级	SC/T 3202—2012	干海带	外观、叶体长、叶体最大宽度、黄白边和黄白稍多少、水分、泥沙杂质	一级品、二级品、三级品
GB/T 18109—2000	冻海水鱼	冰衣、鱼体完整性、排列情况	一级、二级、三级	SC/T 3204—2012	虾米	色泽、组织及形态、口味及气味、水分、盐分、完整率	一级品、二级品、三级品
GB/T 19164—2003	鱼粉	色泽、组织、气味、粗蛋白、粗脂肪、水分、盐分、灰分、砂分、赖氨酸、蛋氨酸、胃蛋白酶消化率、挥发盐基氨、油脂酸价、尿素、组胺	特级、一级、二级、三级	SC/T 3205—2000	虾皮	色泽、组织及形态、水分、盐分、水产夹杂物	一级品、二级品、三级品
SC/T 3111—2006	冻扇贝	规格、外观及色泽、组织形态、杂质、滋气味、完整率、净含量	一级品、二级品、三级品	SC/T 3206—2009	干海参	色泽、气味、外观、杂质、复水后特性、蛋白质、水分、盐分、水溶性还原糖、复水后干重率、含砂量	特级、一级、二级、三级

1. 规格标准

我国的水产品国家标准的等级一般划分为：特级、一级、二级、三级等级别。一些质量验收标准进入市场时，执行销售企业（大型连锁超市）制定的标准。

大型连锁超市的规格标准根据不同的水产品来制定，例如，小黄鱼按大于 × g/条，鱿鱼大于 × cm/条，螃蟹大于 × g/只，贝类 × 个/500 g，海蜇按长、宽划定规格。

2. 质量等级标准

如《淡水鱼卫生标准》（GB 2736—1994），其他的水产品标准也在增补完善中。

技能要求

一、工作名称：水产品的鉴别

农产品经纪人鉴别水产品及其制品的质量优劣时，主要是通过体表形态、鲜活程度、色泽、气味、肉质的弹性和洁净程度等感官指标来进行综合评价的。

对于水产品来讲，首先是观察其鲜活程度如何，是否具备一定的生命活力；其次是看外观形体的完整性，注意有无伤痕、鳞爪脱落、骨肉分离等现象；再次是观察其体表卫生洁净程度，即有无污秽物和杂质等；最后是看其色泽，嗅其气味，有必要的话还要品尝其滋味。

二、工作准备：水产品鉴别前的准备工作

1. 鉴别材料和工具准备：选择所要进行鉴别的生鲜、冷冻水产品；检验工具：刀、叉、夹、不锈钢盘、吸水纸、竹签等。

2. 卫生条件准备：在鉴别前要按照卫生标准的程序要求，进行卫生准备，如洗手、换衣服、消毒等。

3. 做好要检验的水产品的品级鉴定记录单。

三、工作程序：水产品鉴别的流程

由于水产品的种类繁多，本章节的水产品仅以鱼类、对虾的鉴别流程为案例。

1. 鲜鱼的质量鉴别

在进行鱼的感官鉴别时，先观察其眼睛和鳃，然后检查其全身和鳞片，并同时用一块洁净的吸水纸，漫吸鳞片上的黏液来观察和嗅闻，鉴别黏液的质量。必要时用竹签刺入鱼肉中，拔出后立即嗅其气味，或者切割小块鱼肉，煮沸后测定鱼汤的

气味与滋味。

（1）眼球鉴别

新鲜鱼——眼球饱满突出，角膜透明清亮，有弹性。

次鲜鱼——眼球不突出，眼角膜起皱，稍变混浊，有时眼内溢血发红。

腐败鱼——眼球塌陷或干瘪，角膜皱缩或有破裂。

（2）鱼鳃鉴别

新鲜鱼——鳃丝清晰呈鲜红色，黏液透明，具有海水鱼的咸腥味或淡水鱼的土腥味，无异臭味。

次鲜鱼——鳃色变暗呈灰红或灰紫色，黏液轻度腥臭，气味不佳。

腐败鱼——鳃呈褐色或灰白色，有污秽的黏液，带有不愉快的腐臭气味。

（3）体表鉴别

新鲜鱼——有透明的黏液，鳞片有光泽且与鱼体贴附紧密，不易脱落（鲳、大黄鱼、小黄鱼除外）。

次鲜鱼——黏液多不透明，鳞片光泽度差且较易脱落，黏液黏腻而混浊。

腐败鱼——体表暗淡无光，表面附有污秽黏液，鳞片与鱼皮脱离殆尽，具有腐臭味。

（4）肌肉鉴别

新鲜鱼——肌肉坚实有弹性，指压后凹陷立即消失，无异味，肌肉切面有光泽。

次鲜鱼——肌肉稍呈松散，指压后凹陷消失得较慢，稍有腥臭味，肌肉切面有光泽。

腐败鱼——肌肉松散，易与鱼骨分离，指压时形成的凹陷不能恢复或手指可将鱼肉刺穿。

（5）腹部外观鉴别

新鲜鱼——腹部正常、不膨胀，肛孔呈白色，凹陷。

次鲜鱼——腹部膨胀不明显，肛门稍突出。

腐败鱼——腹部膨胀、变软或破裂，表面发暗灰色或有淡绿色斑点，肛门突出或破裂。

（6）水产品鲜度的快速检验法

通过 pH 值的测定，可以快速识别鱼的新鲜度。

操作：与肉品新鲜度检验中的 pH 值相同。

新鲜鱼——pH 值为 6.5 ~6.8。

次鲜鱼——pH 值为 6.9 ~7.0。

变质鱼——pH 值为 7.1 以上。

2. 冻鱼的质量鉴别

鲜鱼经 -23℃低温冻结后，鱼体发硬，其质量优劣不如鲜鱼那么容易鉴别，冻鱼的鉴别应注意以下几个方面：

（1）体表

质量好的冻鱼，色泽光亮、如鲜鱼般的鲜艳，体表清洁，肛门紧缩。质量差的冻鱼，体表暗无光泽，肛门突出。

（2）鱼眼

质量好的冻鱼，眼球饱满突出，角膜透明，洁净无污物。质量差的冻鱼，眼球平坦或稍陷，角膜混浊发白。

（3）组织

质量好的冻鱼，体形完整无缺，用刀切开检查，肉质结实不离刺，脊骨处无红线，胆囊完整不破裂。质量差的冻鱼，体形不完整，用刀切开后，肉质松散，有离刺现象，胆囊破裂。

3. 鲜对虾的质量鉴别

（1）色泽鉴别

新鲜对虾——虾体清洁，色泽鲜艳，外壳呈半透明且具有光泽，虾黄呈自然色。

次鲜对虾——虾体呈暗灰或青灰色，缺乏光泽，但虾体尚未变红。

腐败对虾——虾体色泽变红，无光泽，甲壳变黑。

（2）体表鉴别

新鲜对虾——虾体完整，甲壳与虾体连接紧密，头胸部和腹部连接膜不破裂；虾体清洁，允许渗出清水和局部渗血水。

次鲜对虾——虾体基本完整，允许甲壳断节，但不脱落，头胸部和腹部的连接膜可有不完全的破裂；虾体清洁，允许渗血水。

腐败对虾——甲壳与虾体分离，头胸部和腹部脱开，虾体污秽不洁。

（3）肌肉鉴别

新鲜对虾——虾体肉质紧密，富有弹性。

次鲜对虾——虾体肉质稍软，弹性稍差。

腐败对虾——虾体肉质松软。

（4）气味鉴别

新鲜对虾——具有鲜虾固有的气味，无异味。

次鲜对虾——无异常的臭味。

腐败对虾——具有明显的腥臭或氨臭味。

4. 规格等级鉴别

某超市水产品水产分类及验收标准：

（1）数量验收标准

1）来货量超过订货量，按定货量验收；来货量少于其订货量的 20%，则知会采购部。

2）送货品种必须与订货品种一致，单位、成本必须与采购变价相一致。

3）活鲜鱼翻肚率在 5% 内予以验收，但应扣除相应数量；翻肚率为 5% ~ 10%，该品种为畅销品，按比例扣除相应数量，予以验收，同时知会采购部；翻肚率大于 10%，不予验收，知会采购部。

4）冰鲜类掉鳞及呈现不新鲜的鱼在 5% 以上，不予验收，在 5% 内予以验收，但应扣除相应数量。

5）鱼干不合格率在 5% 以上不予验收，在 5% 内予以验收，但应扣除相应数量。

（2）分类及质量验收标准

1）活鲜：鱼类、虾类、蟹类、贝类、其他水产类（见表 7—2）。

表 7—2　活鲜类质量验收标准

品名		质量验收标准	扣称标准
鱼类	淡水	游水生猛，对外界刺激敏感，无翻肚；无嘴烂及其他外表损伤。鱼鳞完整有光泽，不易脱落，眼隔膜有光泽、透明，眼球突出；腹部坚实不膨胀，肛门内部洁净无异常红尾。大小均匀	翻肚率在 5% 内的翻肚原则上拒收，根据实际扣除后予以收货
	海水		
虾类		游水快，对外界刺激敏感；头尾完整，有一定弯曲度；虾眼突起，虾身较挺，肉质坚实；虾壳发亮、发硬，呈青绿色或青白色	不生猛虾在 5% 内的，可按 5 折收货
蟹类		蟹腿坚实，肥壮，手捏有硬感；脐部饱满，体重；翻扣在地上能很快翻转过来；外壳呈青色冷亮，腹部发白	
鳖		体色正常，体态完整，四肢、尾、颈、裙边等完好，无腐烂，用手翻个后能很快翻过来	
蛙类		大小均匀，没有伤痕，没有异味，表皮光滑，有较强的跳动活力	死蛙类扣除后予以收货
黄鳝		体色正常，体态完整，在水中头朝上直立，捞离水后，挣扎有力，身上黏液较多，个体较大	
贝类		肉质新鲜，无臭味，两贝壳相碰发出实响，且响声均匀，在静水中会伸出触角；表面清洁完整，无寄生物，外观完美，有光泽	先扣质量不好的，再扣 1% ~2% 的泥沙

2）冰鲜类（见表 7—3）

表 7—3　　冰鲜类质量验收标准

品名	质量验收标准	扣称标准
冰鲜鱼	体表黏液透明，滑而不黏，气味正常，鳃盖紧闭；淡水鱼鳃鲜红或粉红，海水鱼鳃紫色或紫红；鱼眼澄清透明，眼球突出；鱼鳞完整，不易脱落；鱼腹发白，不膨胀，肛内内缩；鱼体肌肉有弹性，不易压出凹陷或凹陷能迅速复平；大小均匀，体表无伤痕	1% ~2%
冰鲜虾	头尾完整，有一定弯曲度，虾身较挺，半透明不发红，外壳有光泽，稍湿润，气味正常	
冰鲜蟹	蟹腿坚实，蟹壳纹理清楚、光亮，用手夹持背腹两面平直，腿不下垂，体重、气味正常	
冰鱿鱼	色鲜艳，皮微红，有光泽，多黏液，体形完整，肌肉柔软光滑，有弹性	

3）海蜇类（见表 7—4）

表 7—4　　海蜇类质量验收标准

品名	质量验收标准	扣称标准
海蜇头	乳白色，有光泽，松脆而有韧性，端头有似花状的棕黑色，无沙或极少沙	1% ~2%
海蜇皮 海蜇丝	乳白色，有光泽，松脆而有韧性	
海参	个头整齐均匀，体形完整，肉肥厚，肉刺齐全无损伤，开口端正，水发量大	

4）鱼干（见表 7—5）

表 7—5　　鱼干质量验收标准

品名	质量验收标准	扣称标准
鱼干	表面洁净有光泽，表面无盐霜，呈白色或淡黄色，具有鱼干的正常香味，鱼体外观完整，肉质韧度好，干燥，剖割刀口平滑，无裂纹，无破碎，无残缺	

5）规格标准（见表7—6）

表7—6　　规格标准

	名称	规格		名称	规格
冰鲜	小红衫	大于125 g/条	河鲜	大闸蟹	公：大于150 g，母：大于100 g
	大红衫	大于200 g/条		特级大闸蟹	公：大于175 g，母：大于155 g
	目连鱼	大于150 g/条		膏蟹	大于250 g/条
	小带鱼	大于200 g/条		肉蟹	大于200 g/条
	白鱼	大于150 g/条		白鲫鱼	150～250 g/条
	泥猛	大于150 g/条		鲈鱼	大于300 g/条
	大扒皮	大于250 g/条		桂花鱼	大于300 g/条
	池鱼	大于125 g/条		甲鱼	大于300 g/条
	乌鲳	大于250 g/条		白鳝	大于400 g/条
	箭头鱼	大于8 cm/条		鲩鱼	大于750 g/条
	白鲳鱼	大于100 g/条		黄鳝	大于100 g/条
	马鲛鱼	大于450 g/条		河虾	18只/500 g
	鱿鱼	大于10 cm/条		泥鳅	7cm/条
	墨鱼	大于100 g/条		牛蛙	125～300 g
	九肚鱼	大于50 g/条		黄骨鱼	大于10cm/条
	鳗鱼	大于1 000 g/条		塘虱	75～200 g/条
	黄鱼	大于250 g/条		埃及塘虱	400～750 g/条
	龙利	大于100 g/条		非洲鲫	350～800 g/条
	沙尖	大于30 g/条		鳊鱼	300～500 g/条
	一级生蚝	10个 g/条		鲤鱼	400～750 g/条
	鲨鱼	大于2 500 g/条		大头鱼	大于750 g/条
	红乃鱼	大于1 500 g/条		九节虾	20～28只/ g
	黄花鱼	大于150 g/条			
	乌头鱼	大于350 g/条			
	海参	30～40只/500 g			
海蜇类	海蜇头	大于10 cm	贝类	小鲍鱼	30～40个/500 g
	海蜇皮	大于20～30 cm		沙白	15～20个/500 g
	海蜇花皮	长大于20 cm，宽大于1 cm		花甲	20～30个/500 g
	海蜇丝	长大于10 cm，宽大于0. 5 cm		田螺	大：10～20个/500 g，小：30～40个/500 g
				青口	15～20个/500 g
				扇贝	15～20个/500 g
				沙蚬	25～35个/500 g

第 8 章

其他农副产品品级鉴别

学习目标

1. 了解其他农副产品的概念。
2. 熟悉其他农副产品的种类。
3. 掌握其他农副产品的规格质量标准。
4. 能够对所经营的其他农副产品进行品级鉴别。

知识要求

一、我国其他农副产品的概念

农民通过种植获得的粮食、蔬菜、水果、家禽、家畜等称为农产品。而在农产品之外的其他产品如稻草、家禽和家畜粪便、荞麦皮（做枕头内填充物）等都是农副产品。

我国最新的《国民经济行业分类》（GB/T 4754—2011）中无“其他农副产品”这一行业。行业分类将第一产业分为：01. 农业　02. 林业　03. 畜牧业　04. 渔业　05. 农、林、牧、渔服务业五个大类。并无农副产品这一行业。只有“511. 农、林、牧产品批发”说明中有“农副产品”这一提法。根据《农产品经纪人》基础部分及提纲分类的范围所指，本教材的其他农副产品主要是指烟叶、茶叶、蜂产品、棉麻四大类农产品。这个分类是延续新中国成立以来我国统购统销时期的农产品收购的分类方法。

二、我国其他农副产品的分类及范围

1. 烟草

烟草原产于南美洲，具有喜温、喜光、好肥、怕旱、怕涝等特点，生长期间对热量、水分、土壤、肥料等条件要求高。我国烟草生产无论在面积和产量方面都居世界第一位，由于我国烟区辽阔，烟草资源的区域分布情况十分不均衡，从国家烟草种植资源库的编目数据来看，山东、贵州、湖北、河南、四川、黑龙江、山西、云南是资源较为丰富的省份，上述 8 个省份的资源占全国资源总量的 71%，陕西、辽宁、吉林、湖南、广东、安徽 6 个省份的烟草资源数量处于中等水平，占全国总量的 23%，其他省份仅占 6%。

按初加工的方法和品种不同，可分为：

（1）烤烟

我国是世界上主要的烤烟生产国，其烤烟产量占烟叶总产量的 80% 以上，生产主要集中在云南、贵州、四川、河南、湖南、福建等省。我国烤烟种植资源也十分丰富，主要分布在河南、山东、贵州、安徽等传统烟草种植区，占国内现有烤烟资源的 68%。山东地方品种“小黄金”“大黄金”，河南的“长脖黄”“蔓光”“黑苗”，云南的“红花大金元”，福建的“永定一号”等均是品质优良的烤烟品种。

（2）晾晒烟

我国绝大部分省份都有晾晒烟分布，其中分布比较集中的省份分别为：湖北、贵州、四川、黑龙江、山东、广东、云南、陕西、湖南等省，占总数量的 82%。晾晒烟在我国有悠久的栽培历史，各地烟农不仅具有丰富的栽培经验，并且因地制宜地创造了许多独特的晒制方法。四川的“泉眼”“大烟”“毛烟”“柳烟”，广东南雄产的晒黄烟和高鹤产的晒红烟，广西的“大宁烟”“大安烟”“良丰烟”，江西的“紫老烟”，河南的“邓片”，山东的“沂水绺子”，云南的“刀烟”，吉林的“关东烟”等早已驰名中外。

（3）香料烟

香料烟的香气浓郁，吃味芬芳，是混合型卷烟的调香配料。我国香料烟主要集中在浙江省新昌、云南省保山、湖北省郧西和新疆伊犁等地，目前我国的香料烟种植几乎全部是从国外引入的。

（4）白肋烟

白肋烟原产于美国，是马里兰型阔叶烟一个突变种。我国于 1956—1966 年先后在山东、河南、安徽等省试种。进入 20 世纪 80 年代以来，又先后在湖北、重庆等地种植，烟叶品质有所提高，已用于生产混合型卷烟。

（5）黄花烟

黄花烟与红花烟（普通烟草）在植物分类上属于不同的种，所以有较大的差异。黄花烟的植株比红花烟矮小，生长期短，耐寒力强，所以我国种植黄花烟的地区都在北方，在湖北神农架地区也有部分黄花烟资源。其中著名的有兰州黄花烟（即兰州水烟）、东北蛤蟆、新疆伊犁莫合烟（又称马合烟）。

（6）雪茄烟

我国目前保存的雪茄烟种植资源不多，且多为引进种质，地方品种极少，其中最为著名的是浙江桐乡的“督叶尖干种”。世界上生产雪茄烟的国家主要有古巴、菲律宾、印度尼西亚、美国等。我国雪茄包叶烟主要产于四川和浙江，数量以四川为多，而品质以浙江桐乡所产为上。近年来海南也开始试种包叶烟。

2. 茶叶

我国是茶叶原产地，已有 2 000 多年的历史。明清时期，就成为我国重要的出口物资，曾长期独占世界市场。后来生产遭到严重破坏，1949 年年产仅 4. 1 万 t。新中国成立后，我国茶叶生产恢复和发展很快，1996 年茶叶产量达 59 万 t，仅次于印度，居世界第二位。

我国茶区辽阔，广泛分布在秦岭—淮河以南的广大山地和丘陵地带，以浙江、湖南、安徽、四川、福建五省产量最多，是我国著名的五大产茶省，其次是云南、广东、湖北等省。

茶叶的分类方法有很多，中国茶类的划分目前尚无统一的方法，在初级教程里，着重介绍“根据各种茶叶的制作过程中”将茶叶归纳为六大类的茶叶，即绿茶、红茶、白茶、青茶（乌龙茶）、黑茶和黄茶。这六大茶类被称为基本茶类。其中绿茶的茶多酚氧化最轻，红茶氧化最重。

（1）绿茶

绿茶是一种不经发酵制成的茶。因其叶片及汤呈绿色，故名。具清香或熟栗香、甜花香，滋味鲜醇。包括炒青绿茶、烘青绿茶、晒青绿茶、蒸青绿茶。

（2）红茶

红茶是一种经过发酵制成的茶。因其叶片及汤呈红色，故名，冲泡后具有甜花香或蜜糖香。中国著名的红茶有安徽祁红、云南滇红、湖北宜红、四川川红。

（3）白茶

白茶是指一种采摘后，不经发酵亦不经杀青或揉捻，只经过晒或文火干燥后加工的茶。白茶白毫显露。基本工艺包括萎凋、烘焙（或阴干）、拣剔、复火等工序。萎凋是形成白茶品质的关键工序。白茶具有外形芽毫完整，满身白色茸毛，毫香清鲜，汤色黄绿清澈，滋味清淡回甘的品质特点。属轻微发酵茶，是我国茶类中的特殊珍品。因其成品茶多为芽头，满披白毫，如银似雪而得名。其中以银针白毫最为名贵。

白茶为福建特产，主要产区在福鼎、政和、松溪、建阳等地。比较出名的出自福建北部和宁波的白毫银针，还有白牡丹。此外，中国浙江的安吉白茶和贵州正安白茶因自然变异整片茶叶呈白色，不同于带有白色绒毛的一般白茶。白茶主要品种有白毫银针（芽茶）、白牡丹（大白叶茶、水仙种）、贡眉（小白叶茶）。

（4）青茶（乌龙茶）

乌龙茶是一种半发酵茶，特征是叶片中心为绿色，边缘为红色，外形条索粗壮，色泽青灰有光，茶汤金黄，香气馥郁芬芳，花香明显，俗称绿叶红镶边。主要产于福建、广东、台湾等地。但其实乌龙茶只是总称，还可以细分出许多不同类别的茶，例如铁观音、大红袍、乌龙、水仙、单枞等。它有红茶的醇厚，而又比一般红茶涩味浓烈；有绿茶的清爽，而无一般绿茶的涩味，其香气浓烈持久，饮后留香，并具提神、消食、止痢、解暑、醒酒等功效。

（5）黑茶

依据成品茶的外观呈黑色，故名黑茶，属六大茶类之一，全发酵茶。主产区为四川、云南、湖北、湖南等地。最早的黑茶是由湖南安化县生产的，安化素有加工烟熏茶的习惯，茶叶通过高温火焙，色泽变得黑褐油润，故称“黑茶”。黑茶也是利用菌发酵的方式制成的一种茶叶。由于黑茶的原料比较粗老，制造过程中往往要堆积发酵较长时间，所以叶片大多呈现暗褐色，因此被人们称为“黑茶”。

黑茶按照产区的不同和工艺上的差别，可以分为湖南黑茶、湖北老青茶、四川边茶和滇桂黑茶。

（6）黄茶

黑茶是人们从炒青绿茶中发现，由于杀青、揉捻后干燥不足或不及时，叶色即变黄，于是产生了新的品类——黄茶。黄茶的品质特点是“黄叶黄汤”。这种黄色是制茶过程中进行闷堆渥黄的结果。黄茶按其鲜叶的嫩度和芽叶大小，分为黄芽茶、黄小茶和黄大茶三类，湖南岳阳为中国黄茶之乡。

茶叶中发酵程度的轻重不是绝对的，当有小幅度的误差，依其发酵程度大约红茶95%发酵，黄茶85%发酵，黑茶80%发酵，乌龙茶60%～70%发酵，包种茶30%～40%发酵，青茶15%～20%发酵，白茶5%～10%发酵，绿茶完全不发酵。

3. 蜂产品

我国是养蜂大国，现有蜜蜂700多万群，名列世界榜首。年产蜂蜜20多万吨，蜂王浆1 000多吨，蜂花粉1 500多吨，蜂胶300多吨等。蜂产品产量也是世界第一，但占总产量一半以上的产品均出口到了国外。

蜜蜂产品作为纯天然的保健食品和广谱性祛病良药，经历了上千年的市场淘沙而越来越被深入的研究和珍视。我国饲养蜜蜂的历史有几千年了，早在汉朝时期，蜂蜜、花粉、蜂幼虫等就被当作贡品或孝敬老人的珍品，古典医著《神农本草经》《本草纲目》等均对蜂产品给予了极高的评价。

蜂产品来源于蜜粉源植物，以蜂产品的性质和来源，可将其分为直接产品：蜂蜜、蜂花粉和蜂胶等；间接产品：蜂王浆、蜂蜡、蜂毒等。

(1) 蜂蜜

凡蜜蜂采集之蜜统称为蜂蜜，但溯其源可分为三种：一是花蜜蜂蜜，它是蜜蜂采集蜜源植物花内蜜腺分泌的花蜜酿制而成。其主要特点是蜜味芳香，灰分较低，我国生产的蜂蜜主要是这一类。二是露蜜蜂蜜，是蜜蜂采集蜜源植物花外蜜腺分泌的甜汁酿制而成的。其主要特点是无香味或香味很淡。三是虫蜜蜂蜜或叫甘露蜂蜜，是蜜蜂采集蚜虫、介壳虫、叶蝉等昆虫分泌或排泄于植物表面的含糖物质酿制而成的。

(2) 蜂花粉

当蜜粉源植物开花散粉时，蜜蜂飞进花丛，用上颚和前足将花粉刮落下来，同时用带来的蜂蜜将花粉湿润，使花粉粘接并装进花粉篮。一部分花粉由蜜蜂带回巢内食用，一部分被养蜂者截留在巢外，成为产品——蜂花粉。花粉是蜜蜂必不可少的食品之一，它是蜜蜂蛋白质、脂肪、维生素和矿物质的自然来源，全部幼虫及幼蜂主要靠花粉中的营养来发育成长。

(3) 蜂王浆

蜂王浆是蜂群中蜂王的终生食品。蜂王浆是工蜂上颚腺和下咽头腺分泌的乳白色糊状物质。当蜜蜂采集或食用了花蜜、花粉等蜜粉源植物的有效成分，在消化道内充分消化、吸收后，转化为营养源进入头部，在舌腺加工成为蜂王浆，因此蜂王浆是蜂蜜和花粉在工蜂体内代谢形成的。

(4) 蜂胶

蜂胶是工蜂从胶源植物（赤杨树、桦树、松树、柏树、柳树、槐树等）的幼芽或树皮等处采集的树脂，混入颚腺分泌物和蜡腺分泌物以及其他一些有效成分加工而成。蜂胶是蜂群的良药和防腐填隙材料，在蜂群中主要有以下用途：抗菌防腐，封存易腐物以免变质；涂抹巢房，使巢房清洁光亮，避免病菌感染，防治幼虫病害，保护冀巢内所储存的花粉、蜂蜜等，防止发生霉变；填补蜂巢的缝隙，在气候寒冷地区用蜂胶缩小巢门，以防外敌入侵；加固稳定巢脾、巢框等。

(5) 蜂蜡

蜂蜡是重要的养蜂生产资料和工业原料。蜂蜡是工蜂蜡腺分泌的脂肪性物质，是蜜蜂用来建筑巢脾和封闭巢房的原料。花蜜和花粉是工蜂泌蜡的生物源，在蜜粉源植物泌蜜和散粉的季节，泌蜡蜂饱食花蜜和花粉，蜡腺便充分发育。它们在泌蜡区勾连成串，约经一昼夜的生化过程，蜡液由蜡腺泌出，蜜蜂将其咀嚼软化，塑造巢脾或蜂房等。养蜂人将巢脾、蜡盖等熔化，榨取而得蜂蜡。

4. 棉花

我国是世界主要产棉国之一。棉花是重要的经济作物，其种植面积居经济作物之首，约占经济作物播种面积的1/3。棉花是纺织工业的重要原料，国防、化工、医药等工业也离不开棉花，棉秆可造纸，棉籽可榨油，棉籽饼是优质饲料。所以棉花生产在国家建设和人民生活等方面都有重要意义。我国棉花产地分布广泛，按照自然条件、栽培管理水平和种植的历史条件，将全国划分为三个主要棉区。

（1）黄河流域棉区

包括秦岭—淮河以北、长城以南、六盘山以东的山东、河北、河南、山西、陕西及北京、天津七省市。棉花产量以山东、河南、河北三省最多。本区植棉历史悠久，自然条件优越，区内地势平坦，秋雨少，日照充足，有利于棉花的生长，成为我国最大的棉花产区，其种植面积占全国棉田面积的1/2。

（2）长江流域棉区

本区包括上海、浙江、江苏、安徽、江西、湖南、湖北等省市，湖北、江苏两省产量最多。本区植棉历史悠久，技术水平较高，劳动力充足，区内纺织业发达，运输条件便利，使该区成为全国棉花单产和商品率最高的棉区，也是我国第二大产棉区。但秋天雨多，湿度大，日照较少，影响棉花吐絮，棉花质量不如黄河流域棉区。

（3）西北内陆棉区

包括新疆和甘肃河西走廊地区。本区地处干旱地区，降水少，光照条件优越，温差大，病虫害少，棉花品质好，是我国第三大产棉区，也是我国优质长绒棉产区。

5. 麻

麻类是一种古老的纤维作物。我国是世界上主要产麻国之一，也是麻类品种最多的国家，主要品种有黄麻、红麻、苎麻、亚麻、剑麻等。

（1）黄麻

黄麻喜温湿多雨，要求深厚肥沃的土壤，主要分布于广东、广西和浙江等地。黄麻纤维吸湿性强，结构疏松，是织麻袋的优质材料。

（2）红麻

红麻是从国外引进的品种，对气候、土壤适应性较强，用途与黄麻类似。分布十分广泛，南自广东，北到辽宁，东起浙江，西达新疆，都有栽培。

（3）苎麻

苎麻是我国的特产。有“中国草”之称。性喜温湿，是多年生的宿根作物，主要产于江南各省，以湖南、湖北、四川、江西等省为最多。如图 8—1 所示。

图 8—1　苎麻

（4）亚麻

亚麻是人类最早使用的天然植物纤维，距今已有 1 万年以上的历史。亚麻是纯天然纤维，由于其具有吸汗、透气性良好和对人体无害等显著特点，越来越被人类所重视。同时，亚麻还是油料作物，亚麻油含多量不饱和脂肪酸，故用来预防高血脂症和动脉粥样硬化。

亚麻起源于近东、地中海沿岸。早在 5 000 多年前的新石器时代，瑞士湖栖居民和古代埃及人已经栽培亚麻并用其纤维纺织衣料，埃及各地的“木乃伊”也是用亚麻布包盖的。亚麻喜凉爽、湿润的气候。亚麻纤维具有拉力强、柔软、细度好、导电弱、吸水散水快、膨胀率大等特点，可纺高支纱，制高级衣料。

油用型亚麻又叫作胡麻。胡麻在中国至少有 1 000 年栽培历史。纤维型亚麻是 1907 年从日本引入的。亚麻原产地中海地区，欧、亚温带多有栽培。

我国亚麻主要产于东北，以黑龙江产量最多，集中于哈尔滨附近，其次是吉林，集中于延边地区。

（5）剑麻

剑麻又称西色尔麻，属龙舌兰科，原产于中美洲。世界上剑麻的主要生产国有巴西和坦桑尼亚，我国的剑麻主要产自南方省份。剑麻是多年生草本植物，一般两年后当叶片长至 80 ~ 100 cm、有 80 ~ 100 片叶片时开始收割。开割太早，纤维率低，强度差；开割太迟，因叶脚干枯影响质量。但是，剑麻的耐海水腐蚀性强，适于做船用缆绳和网具及编织一些帽、包等工艺品。近年来，我国开发了以剑麻布代替棉布制作抛光轮，其经济效益和环保方面的社会效益均很显著。目前，开发的剑麻地毯，在国际市场上很受欢迎，已成为我国麻类产品重要出口创汇项目。

三、我国其他农副产品的品种等级

1. 烟叶的标准分类及品级

世界上各国的烟叶分级标准都是按以下体系进行：分类→分型→分组→分级。

（1）分类

如按烟叶调制方法、性质或主要用途进行类别划分，将烟草分为烤烟、晒烟、晾烟、白肋烟、香料烟、黄花烟等。

（2）分型

指同一类烟叶的再区分，即根据其生产地区、土壤、气候、品种、栽培方法等因素形成的烟叶质量和使用价值的差异划分为若干型。同一型的烟叶有某些共同特征、特性和相关等级。如传统烤烟分为浓香型、清香型、中间香型。国际上分为主料型烟叶、填充型烟叶。

（3）分组

烟叶分组概念是依据烟叶着生部位、颜色以及其他和总体质量相关的主要特征，将同一类型内的烟叶进一步划分，目的是使同一组内的烟叶具有主要的共同特征，内在质量较为接近。如烤烟国标分组体系——正组和副组。正组是为那些生长发育正常、调制适当的烟叶而设置的。正组分组因素（依据）：部位、颜色。副组主要是指那些生长发育不良、采收不当或调制失误以及其他原因造成的低质烟叶。如图 8—2 所示。

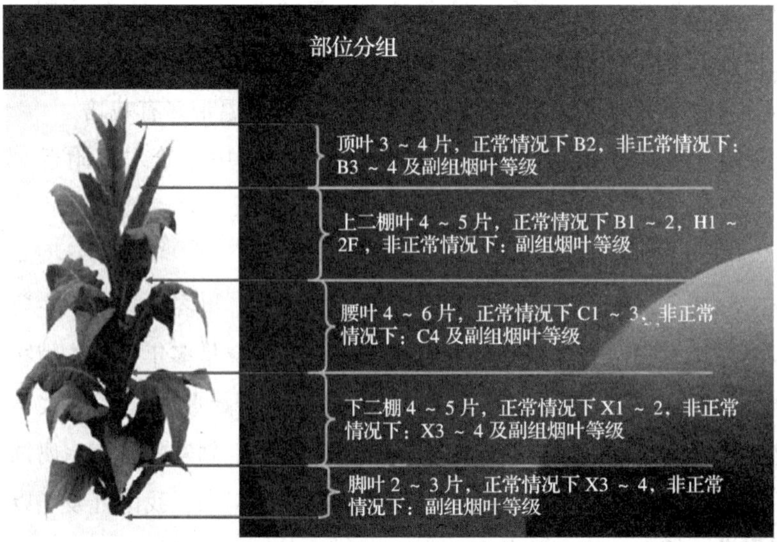

图 8—2　烟叶分组示意

（4）分级

烟叶分级是建立在感官基础之上的对烟叶内在质量性质、特点、好坏程度的等级划分。因为烟叶内在质量往往是看不见、摸不着的东西，只好通过烟叶内在质量所表现出的外观特征，如烟叶大小、颜色、成熟度等，来确定烟叶的等级。之所以要划分烟叶等级，其原因主要有二：一是贯彻国家的价格政策，做到优质优价，以质论价，增加烟农的收入；二是利于卷烟工业合理利用烟叶，并保持卷烟产品质量的稳定。

1992 年 8 月 15 日我国“国家烤烟 40 级标准”发布，1992 年 9 月在全国烟区实施。2000 年 4 月 4 日在 40 级的基础上增加了 C4F、C4L，全国烤烟的等级达到了 42 个级别。

（5）烟叶的品级

烟草的品级要素：烟叶每个因素划分成不同的程度档次，和有关的其他因素相应的程度档次相结合，以勾画出各等级的质量状况，确定各等级的相应价值。品级要素及档次见表 8—1。

表 8—1　　烟叶的品级要素及档次

品级要素		程度档次				
		1	2	3	4	5
品质因素	成熟度	完熟	成熟	尚熟	欠熟	假熟
	叶片结构	疏松	尚疏松	稍密	紧密	—
	身份	中等	稍薄、稍厚	薄、厚	—	—
	油分	多	有	稍有	少	—
	色度	浓	强	中	弱	淡
	长度（cm）	45	40	35	30	25
控制因素	破损	以百分比表示				
	残伤	以百分比表示				

成熟度鉴别：指调制后烟叶的成熟程度（包括田间和调制后成熟度），成熟度划分为下列档次（见图 8—3）。

1）完熟：指上部烟叶在田间达到高度的成熟，且调制后熟充分。

2）成熟：烟叶在田间及调制后熟均达到充分成熟。

3）尚熟：烟叶在田间刚达到成熟，生化变化尚不充分或调制失当后熟不够。

4）欠熟：烟叶在田间未达到成熟。

5）假熟：泛指脚叶，外观似成熟，但未达到真正成熟。

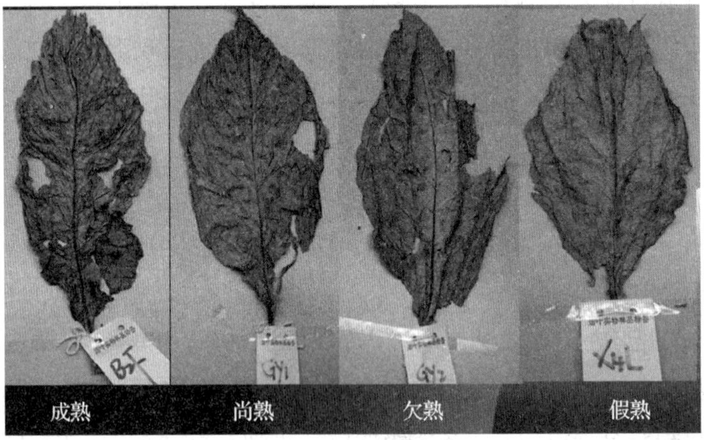

图 8—3 烟叶成熟度示意

烟叶的成熟度越高，等级越高。

叶片结构鉴别：叶片结构是指烟叶细胞的疏密程度，分为下列档次：疏松（open）、尚疏松（firm）、稍密（close）、紧密（tight）四个档次（见图 8—4）。

图 8—4 烟叶疏密度示意

烟叶的疏密度越紧凑，等级越高。

2. 茶叶的品级

茶叶是我国人民最常见的一种饮品，在国民经济产值中所占的比例也很大。

茶叶标准化，就是指为了保证茶叶产品的质量，制定、发布并实施与茶叶相关的基础、产品、卫生、技术和管理标准，使茶叶在生产、加工及管理等方面获取最佳的秩序和效益，使叶的卫生与质量符合消费者的需求。同样茶叶标准化也是一个过程，包括制定茶叶标准并在实践中加以实施的全部活动过程。茶叶的标准化建设为茶叶品种、等级的鉴别提供了依据。

我国的茶叶按照标准的适用领域和有效范围，可以将标准分为国家标准、专业标准、地方标准和企业标准。国家标准的代号是 GB。专业标准的代号一般由国务院所属部（局）名的两个汉字拼音字表示，如商业部就以 SB 为代号。地方标准一般代号为 DB。企业标准的代号是 Q，前面再加上省（市、自治区）的简称汉字，如安徽的企业标准就称为皖 Q。

（1）我国茶叶标准的基本要求

制定茶叶产品标准的基本内容和要点至少应包括主题内容和适用范围、引用标准、定义（什么样的产品）、分级和技术要求等几个方面，其中技术要求中又包括：

1）基本要求：一般色、香、味、品质要求。

2）感官品质指标：就是对实物标准样的设立、制配等加以说明。特征指标按照感官 8 项因子（形状、色泽、整碎、净度、香气、滋味、汤色、叶底），茶叶品质特征的表达和形容尽量精练，并采用国家标准规定的评茶术语。

3）理化品质指标：重点指标是水分、灰分、粉末，其他指标如粗纤维、水浸出物等，对某些茶叶品种也需要订出要求。

4）卫生指标：以《茶叶卫生标准》（GB 9679—1988）规定为主。

5）试验方法：建议采用国家推荐标准。

6）检验规则：其中出厂检验（交货检验）项目一般为感官品质和水分、包装，有条件的也可规定灰分等。

7）标签执行：《预包装食品标签通则》（GB 7718—2011），建议采用国家或行业推荐标准。

作为农产品经纪人在茶叶的购销业务过程中，除了掌握茶叶的基本要求和感官鉴别外，还要了解其他检验和鉴别的相关标准。

（2）茶叶的品级

初级农产品经纪人需要掌握的技能可以参考中国劳动社会保障出版社《茶叶审评师》中相应的茶叶评审师五级职业技能标准进行学习和掌握。

3. 蜂产品的标准等级

我国目前最新的蜂产品主要执行下列几个标准：

《蜂王浆》（GB 9697—2008）;

《蜂蜜》（GB 18796—2005）;

《地理标志产品　饶河（东北黑蜂）蜂蜜、蜂王浆、蜂胶、蜂花粉》（GB/T 19330—2008）;

《蜂王浆冻干粉》（GB/T 21532—2008）;

《蜂胶》（GB/T 24283—2009）;

《蜂蜡》（GB/T 24314—2009）;

《蜂花粉》（GH/T 1014—1999）;

《绿色食品　蜂产品》（NY/T 752—2012）;

《无公害食品　蜂王浆与蜂王浆冻干粉》（NY 5135—2002）;

《无公害食品　蜂胶》（NY 5136—2002）;

《无公害食品　蜂花粉》（NY 5137—2002）。

4. 棉花的品种等级

棉花是离瓣双子叶植物，属锦葵目锦葵科木槿亚科棉属。喜热、好光、耐旱、忌渍，适宜于在疏松深厚土壤中种植。棉花栽培历史悠久，约始于公元前800年。我国是世界上种植棉花较早的国家之一，在我国的棉花栽培历史上，先后种植过四个栽培品种：海岛棉（长绒棉）、亚洲棉（粗绒棉）、陆地棉（细绒棉）和草棉（粗绒棉）。在不同历史时期，我国的主要栽培品种也不一样，亚洲棉引入历史最久，种植时间最长，同时栽培区域较广；陆地棉引入我国的历史较短，但发展很快，19世纪50年代即取代了亚洲棉。目前广大棉区所种植的棉花多为陆地棉种（细绒棉），新疆还种植有少量海岛棉（长绒棉）。

（1）我国棉花标准

棉花所利用的主要成分是棉纤维。棉纤维是由受精胚珠的表皮细胞经伸长、加厚而成的种子纤维，不同于一般的韧皮纤维。棉纤维以纤维素为主，占干重的93%～95%，其余为纤维的伴生物。由于棉纤维具有许多优良经济性状，使之成为最主要的纺织工业原料。衡量棉花质量的主要指标——长度、长度整齐度、纤维细度、纤维强度、纤维成熟度。

我国的棉花标准分为国家标准、地方标准和企业标准。其中，国家标准：《棉花　细绒棉》（GB 1103—2012），地方标准：《长绒棉》（新疆），企业标准：《彩色棉》，企业标准：《机采棉》。我国的棉花在收购、加工、储存、销售几个环节都有相应的不同的标准。

（2）棉花的主要质量指标

棉花分级是为了在棉花收购、加工、储存、销售环节中确定棉花质量，衡量棉花使用价值和市场价格必不可少的手段，能够充分合理利用资源，满足生产和消费的需要。

棉花等级由两部分组成：一是品级分级，二是长度分级。

1）品级分级。一般来说，棉花品级分级是对照实物标准（标样）进行的，这是分级的基础，同时辅助于其他一些措施，如用手扯、手感来体验棉花的成熟度和强度，看色泽特征和轧工质量，依据上述各项指标的综合情况为棉花定级，国标规定，三级为品级标准级。

2）长度分级。长度分级用手扯尺量法进行，手扯纤维得到棉花的主体长度（一束纤维中含量最多的一组纤维的长度），用专用标尺测量棉束，得出棉花纤维的长度。各长度值均为保证长度，也就是说，25 mm 表示棉花纤维长度为 25.0 ~ 25.9 mm，26 mm 表示棉花纤维长度为 26.0 ~ 26.9 mm，以此类推。同时国标还规定，28 mm 为长度标准级；五级棉花长度大于 27 mm，按 27 mm 计；六、七级棉花长度均按 25 mm 计。品级分级与长度分级组合，可将棉花分为 33 个等级，构成棉花的等级序列。如国标规定的标准品是 328，即表示品级为 3 级，长度为 28.0 ~ 28.9 mm 的棉花。见表 8—2。

表 8—2　　棉花等级分类

品级 长度（mm）	一级	二级	三级	四级	五级	六级	七级
31	131	231	331	431			
30	130	230	330	430			
29	129	229	329	429			
28	128	228	328	428			
27	127	227	327	427	527		
26	126	226	326	426	526		
25	125	225	325	425	525	625	725

3）马克隆值。这是反映棉花成熟程度和细度的综合指标，国家标准规定分为 A、B、C 三个级，标准级是 B 级。各级的范围是：

A 级：3.7 ~ 4.2；

B 级：3.5 ~ 3.6，4.3 ~ 4.9；

C 级：3.4 及以下，5.0 及以上。

4）回潮率。过去叫作含水率，为了与国际接轨，改叫回潮率。但这两个词的概念是不一样的。含水率是指棉花中所含的水分与湿纤维重量的百分比，而回潮率是指棉花中所含的水分与干纤维重量的百分比。国家标准规定，棉花公定回潮率为 8.5%，回潮率最高限度为 10.5%。

5）含杂率。国家标准规定，棉花标准含杂率：皮辊棉为 3.0%，锯齿棉为 2.5%。

6）危害性杂物。要求棉花中严禁混入危害性杂物；棉花加工过程中，不得混入危害性杂物。

7）短纤维率。限量规定：品级标准级以上（即 1、2 级）的棉花应小于、等于 12%，最高不得超过 18%；品级标准级及下一级（即 3、4 级）的棉花应小于、等于 15%，最高不得超过 20%；其他品级棉花不做要求。

8）棉结。限量要求：锯齿棉标准级以上每百克不超过 500 粒，标准级每百克不超过 700 粒，标准级以下不做要求。

5. 麻的品种等级

麻是人类最早用于纺织的材料之一，常用的主要有苎麻、亚麻、大麻、黄麻、红麻、剑麻、蕉麻（又名马尼拉麻）七种，麻纤维具有天然纤维之王的美誉，是轻纺工业极为重要的优质原料。随着麻类脱胶工艺的不断完善、麻类纤维制品印染后整理技术的突破、高科技纺织手段的应用以及麻类作物综合利用技术的提高，麻类产品的经济价值明显提高，麻纤维织物越来越成为高级时装设计师手中的理想面料。但是不同的麻纤维价格相差极大，黄麻价格只有 3 600 ~ 4 000 元/吨，而亚麻则高达 19 000 ~ 24 000 元/吨，这也是不少不法商人为了获取暴利，用价值较低的麻类来冒充价值较高的麻类的原因。

我国《麻类纤维质量监督管理办法》经 2004 年 12 月 24 日国家质量监督检验检疫总局局务会议审议公布，自 2005 年 7 月 1 日起施行。

该管理办法对我国纤维麻类收购质量标准和加工半成品标准，所收购纤维麻类的品种、类别、季别、等级、重量等有所规定。

《苎麻落麻》（GB/T 31811—2015）标准是 2015 年由中国纤维检验局，湖南省纤维检验局、国家苎麻产品质量监督检验中心主持，湖南苎麻技术研究中心、湖南明星麻业有限公司等单位参与起草。该标准首次确定了苎麻落麻纤维线密度、平均长度、15 mm 及以下短纤维率、40 mm 及以上长纤维率、硬条率等 5 项质量指标，并明确确定了苎麻落麻一等品、二等品、三等品的评定标准。

技能要求

一、工作名称：其他农副产品的品级鉴定

二、工作准备

1. 鉴别材料和工具准备：选择所要进行鉴别的皮棉品种；检验工具有剪子、直尺、玻璃杯、托盘、白纸、记录笔等。

2. 卫生条件准备：在鉴别前要按照卫生标准的程序要求，进行卫生准备，如洗手、换衣服、消毒等。

3. 做好要检验的产品的品级鉴定记录单。

三、工作程序：其他农副产品鉴别的工作流程

其他农副产品的鉴别包括：抽样→感官鉴别→样品分析→签署鉴别意见→仪器检验或送第三方检验等流程。为了详细地介绍其他农副产品的鉴别流程，下面以棉花、蜂蜜的鉴别为例加以说明。

1. 棉花的等级鉴别

我国的棉花检验项目分为：籽棉收购检验项目和成包皮棉检验项目。农产品经纪人所涉及的项目侧重于籽棉的收购检验，本章节主要技能为籽棉的等级鉴定。

籽棉收购检验的顺序是：籽棉先倒包检验异性纤维，拣净异性纤维后方可收购。然后称量籽棉→按标准规定抽样→称量试样的重量→用试轧机轧出皮棉并称量→从轧出的皮棉中抽取一部分样品进行回潮率检验→抽取另一部分样品进行含杂率检验→马克隆值（仪器）检验，其余样品供品级检验→长度检验→马克隆值感官检验。

（1）抽样

1）抽样应具有代表性。

2）收购棉籽采取多点随机取样方法。收购棉籽每 500 kg（不足 500 kg 的按 500 kg 计）抽样数量不少于 1.5 kg。

3）成包皮棉中大包棉采取逐包检验抽样，使用专用取样装置，在每个棉包两侧面中部分别切取长 260 mm、宽 105 mm（或 124 mm），重量不少于 125 kg 的切割样品。

（2）定品级

1）根据棉花的成熟程度、色泽特征、轧工质量、棉花品级分为七个级，即1～7级，三级为标准级。

2）主体品级：按批检验时，主体棉花品级须占80%及以上品级。

3）检验棉花品级应在具备模拟昼光或北向昼光条件的棉花分级室内进行；检验时手持棉样压平、握紧，使棉样密度与品级实物标准密度相近，在实物标准旁进行对照确定品级。

4）黄棉、灰棉、拔秆剥桃棉，最高品级不超过四级。

5）近年来，由于棉花市场的无序竞争激烈，加上不法商贩的骚扰、掺瓣、混等级现象日趋严重。这也是造成加工品级下降的原因，在实际收购中对品级要从严掌握。

（3）长度检验

1）棉花长度检验可采取手扯尺量法检验和HVI检验，以HVI检验为准。HVI测定的棉花上半部平均长度。

2）棉花纤维长度以1 mm为级距，分级如下：

25 mm　　包括25.9 mm以下；

26 mm　　包括26.0～26.9 mm；

32 mm　　包括32.0 mm及以上。

3）如以28 mm为长度标准，标准品级为328。

（4）含杂率

1）棉花标准含杂率：皮辊棉为3%，锯齿棉为2.5%。

2）收购时可机检或估检，估检结果经常与机检结果对照。

（5）回潮率

1）棉花公定回潮率为8.5%，棉花回潮率最高限度为10%，这样有利于棉花加工和仓储。收购时，对回潮率超过10%的棉花，应做晾晒处理。

2）超水棉的危害性：水分大、增加虚重、加大费用、易腐烂变质、不易保管、严重时会自燃。

（6）衣分检测

1）马克隆值是籽棉收购检验的重要质量指标，衣分常用指标为衣分率，即轧出棉纤维重量占籽棉重量的百分比。

2）公定衣分率：

L公定＝G皮重（100－Z）×（100＋8.5）/
　　　G籽重（100－2.5）×（100＋R）

3）棉检收购主要靠估验，即手感、目测、口咬等感观估验法，要经常与试轧结果对照，以试轧为准。有条件的可以使用小型轧棉机进行检验。

（7）马克隆值

1）马克隆值是棉花成熟度和细度的综合指标。

2）马克隆值分三级五档（见表 8—3）。

表 8—3　马克隆值分级

分级	分档	范围
A 级	A	3.7～4.2
B 级	B_1	3.5～3.6
	B_2	4.3～4.9
C 级	C_1	3.4 及以下
	C_2	5.0 及以上

3）棉纤维马克隆值检验可以使用 175 型、MC 型便携式马克隆值仪进行检验。

（8）断裂比强度

棉纤维的断裂比强度与成纱质量有密切关系，纤维的断裂比强度越高，成纱的能力也越好，另外，纤维的断裂比强度越高，纤维在纺纱加工过程中越不易断裂、落棉少、制成率高、节约原料消耗。

（9）长度整齐度指数

1）长度整齐度指数是指棉花平均长度和上半部平均长度的比值，以百分数表示，分为很高、高、中等、低、很低五档，大于 86% 的为很高，小于 77% 的为很低。

2）长度整齐度指数与棉花使用价值直接相关。

（10）危害性杂物

1）危害性杂物是指混入棉花中的对棉花加工、使用和棉花质量有严重影响的硬杂物和软杂物。如金属、砖石、异性纤维等。

2）异性纤维的危害性最大，尤其以“三丝”问题最为常见和突出。“三丝”指的是麻丝、塑料丝、尼龙丝。异性纤维严重影响棉花质量，提高了厂方“检三丝”费用成本。

3）成包皮棉异性纤维含量检验，采用手工挑拣方法。

（11）色泽特征

1）为推行仪器化检验以及取代品级指标奠定基础。

2）棉花样品表面反射率和黄色深度的测试结果，在棉花色特征图上的位置所对应的色特征级，即为该棉花样品的色特征级。

2. 蜂蜜的鉴别

由于蜂蜜产品的保健作用越来越被更多的人所认识，随着社会经济的发展，生活水平的提高，人们的保健意识也就随着提高，对蜂蜜等蜂产品的需求也越来越大。

由于市场的监督机制不完善，假蜂蜜充斥市场。常见的蜂蜜质量问题主要有以下几种：

（1）掺假：一是在高价蜂蜜中掺低价蜂蜜以高价品种出售；二是在蜂蜜中掺入其他物质。

（2）造假：主要是用糖浆等假材料冒充蜂蜜。

1）白糖浆：用白砂糖化浆或再勾兑香精转化糖。

2）转化糖：用白糖浆加酸转化。

3）果葡糖：用淀粉经酶转化后生产的糖浆，用大米淀粉做成的果葡糖浆，用最先进的“碳同位素”法也无法检出。

4）麦芽糖浆：多用大米为原料。

5）异麦芽糖浆：又称为“双歧因子”。

6）香精、色素和增稠剂加少量糖浆。

（3）真假蜂蜜的简易鉴别方法

1）看标签。纯正的蜂蜜名称是以“植物名＋蜂蜜”或“植物名＋蜜”组成，如洋槐蜂蜜或洋槐蜜等，凡在后面有浆、膏、露等结尾的不是蜂蜜，基本上是糖浆，如洋槐蜜露等。

2）看配料表。纯正的蜂蜜配料表一般标的是“蜂蜜”或“植物名＋蜂蜜”，如果还有其他的（如低聚果糖、维生素 D 等），就不是蜂蜜。

3）看标准。真正的蜂蜜执行标准应符合《蜂蜜》（GB 18796—2005）要求。凡用 Q 字头的标准，一般来说不是蜂蜜而是蜂蜜制品。

4）看内含物。包括透明度：真正的蜂蜜因为含有蛋白质和果胶等物质，呈现不同程度的混浊，假蜂蜜一般是用蔗糖水，或蔗糖水加酸转化而成的转化糖，或是用玉米淀粉为原材料加工而成的果葡糖浆，一般呈现出极高的透明度。

黏度：真正的蜂蜜黏度很高，摇晃包装瓶时，可见蜂蜜在瓶壁上形成一薄层，流动缓慢，而假蜂蜜流动快速，没黏性。

颜色：不同蜂蜜颜色不同，从水白色到棕褐色都有。假蜂蜜不管什么品种，颜色都很近。

看结晶：真正的蜂蜜在温度较低（12～17℃）时，经历 3 d 时间，就会出现结晶现象，不同的蜂蜜结晶程度不同，有的可以较硬，有的只是加深混浊度而已。假蜂蜜一般不结晶。

此外，蜂蜜的鉴别还要品尝其香气和口感，才能鉴别真假蜂蜜。

第9章 农产品储运

第1节　农产品储存

学习目标

1. 了解所经营农产品的仓储知识。
2. 掌握农产品储运的方法。
3. 能对所经营农产品进行储存、保管和养护。

知识要求

一、仓储的基本知识

1. 仓储的概念

“仓”也称为仓库，为存放物品的建筑物和场地，可以为房屋建筑、大型容器、洞穴或者特定的场地等，具有存放和保护物品的功能；“储”表示收存以备使用，具有收存、保管、交付使用的意思。仓储是伴随着社会产品出现剩余和产品流通的需要而产生，是物品在供需之间转移中存在的一种暂时的滞留。当产品不能被及时消费，需要专门的场所存放时，就产生了静态的仓储，而将储存物进行保管、控制、加工、配送等的管理，便形成了动态仓储。农产品仓储指农产品离开生产过程，尚未进入流通领域之前，在流通过程中的停留。由于农产品有产地集中、季节性强以及易腐烂等特点，在农产品流通的各个环节上都有不同程度的对农产品进行仓储的需求。仓储的时间不同，要求不同，可以在产地仓储，也可以在销地仓储。是农业生产的延续，是农业再生产不可缺少的环节。

2．农产品仓储的性质

（1）不创造使用价值，增加价值

农产品的仓储活动是为了保留存货与保存产品，仓储活动主要通过改变农产品的时间来创造价值。农产品仓储活动一般不改变农产品本身的功能、性质和使用价值，只是保持和延续其使用价值，是农业生产的延续，它和农业生产一样创造社会价值，农产品由生产地向消费地转移，是依靠仓储活动来实现的。

（2）具有不均衡和不连续性

农产品生产是成批、连续进行的，而仓储活动是服务于生产和销售，根据用户需要进行相关业务活动，因此，具有不均衡性和不连续性。

（3）具有服务性质

农产品仓储是联系生产和消费的桥梁，具有服务的性质。

3．农产品仓储的主要特点

（1）农产品仓储具有专业性

由于农产品所具有的生化品质特性，使得农产品物流具有很强的专业性。这就要求农产品储运条件和技术手段具有专业性。同时，农产品物流的设施、设备和仓储、运输技术和管理方法也具有专业性。

（2）农产品仓储具有特殊性

农产品是具有生命的动物性和植物性产品，这样的鲜活产品在物流过程中，对包装、装卸、运输、仓储和防疫等均有特殊的要求。

（3）农产品仓储难度大

农产品生产具有季节性和区域性，因此要求物流的及时性。同时要求一些农产品具有较好的储藏特性和较长的储运期，以利于扩大农产品市场的供应时间和空间，反映出农产品物流具有难度相对较大、要求相对较高的特点。

4．农产品储藏的基本原理

一是防止微生物繁殖造成农产品腐败，二是防止农产品自身呼吸消耗养分和散失水分。基本上所有的保鲜手段都是围绕这两个目的的。

5．农产品储存的方式

（1）常规储存

常规储存是指在构造相对简单的储藏场所，不配备其他特殊技术设施的储存方式。其特点是简单易行，适宜储存水分含量较少的干性耐储农产品，应注意通风和储存时期不宜过长。

（2）沟藏或堆藏

沟藏是将农产品堆放在沟或坑内，达到一定的厚度，面上一般只用土覆盖。沟藏的保温保湿性能比堆藏好，广泛运用于我国北方地区，多用来储藏根菜，如北京萝卜的储藏，山东、江苏、浙江等地姜的储存。沟越深，保温越好，降温则越困难。沟（埋）藏使用时可就地取材，成本低，并且充分利用土壤的保温、保湿性能，使储藏环境有一个较恒定的温度和相对稳定的湿度。寒冷地区宜深些，过浅果蔬易受冻；温暖地区宜浅些，防止果蔬伤热腐烂。沟的宽度一般以 1.0 ~ 1.5 m 为宜，它能改变气温和土温作用面积的比例，对储藏效果影响很大。加大宽度，果蔬储藏的容量增加，散热面积相对减少，尤其储藏初期和后期果蔬容易发热。

堆藏是将农产品直接堆放在田间地面或浅坑中，或者在荫棚里堆成圆形或长条形的垛，表面用土壤、席子或秸秆等覆盖，储藏堆的宽度和高度应根据当地气候特点、产品本身的种类和用途而定。堆藏使用方便，成本低，覆盖物可以因地制宜，就地取材。但是由于堆藏是在地面以上直接堆积，受外界气候影响较大，秋季容易降温而冬季保温却较困难，所以储藏的效果很大程度上取决于堆藏后对覆盖的管理，即根据气候的变化及时调整覆盖的时间、厚度等。这种储藏方式一般用于入库前的预冷或短期储藏。

（3）窑窖储存

窖藏是在沟藏的基础上演变和发展起来的一种储藏方式，形式繁多，有棚窖、井窖和窑窖等。这是民间的传统储存农产品方法，其特点是：储存环境氧气稀薄，二氧化碳浓度大，既能抑制微生物活动和各种害虫的繁殖，又不易受外界温度、湿度和气压变化的影响，可采用散堆、架堆和筐储。产品中间应保持适当的空间距离，以利于空气流通和散热，可测定其温度，并把温度控制在适宜的范围之内。

（4）通风库储存

通风库是砖、木、水泥结构的固定式建筑。利用空气对流的原理，引入外界的冷空气而起降温作用，在建造时设置了完善的通风系统和隔热结构，可以常年和长期使用，主要适用于北方地区，但上海、南京等地也有使用。

（5）冷藏储存

冷藏保鲜是现代化农产品储藏的主要形式之一。它包括：

1）冰藏。主要在华北、东北地区采用较多，西北地区也有使用。产品在加冰储藏时，散发出的热量被冰块吸收。冰不断融化就使产品温度不断下降。目前蒜薹多用冰窖储藏或恒温库气调储藏，冰窖最好建在冰源附近。

2）机械冷藏。指的是利用制冷剂的相变特性，通过制冷机械循环运动的作用产生冷量并将其导入有良好隔热效能的库房中，使库内温度降低并保持在有利于延长农产品的储藏时间之内。其特点是效果好，但费用较高。常见的有冷库、冷藏车、冷藏柜和电冰箱，一般多用于储存动物类鲜活农产品和鲜果类农产品。

（6）气调保鲜储存

气调保鲜储存是调整储存环境的气体成分的冷藏方法，是技术含量最高，成本最高的储藏方式。它是一种由冷藏、减少环境中氧气、增加二氧化碳构成的综合保鲜方法。在适宜的低温下，改变储藏库或包装中的正常空气的组成，降低氧气含量，增加二氧化碳的含量，以减弱鲜活食品的呼吸强度，抑制微生物的生长繁殖和食品中化学成分的变化，从而达到延长储藏期和提高储藏效果的目的。适用范围较广，特别适宜储存鲜活农产品，如果品、蔬菜等。随着塑料工业的兴起和发展，果蔬自发气调储存的容器已被各种类型的塑料薄膜代替，并且迅速推广。

（7）低温储存

定义：指低于常温15℃以下环境中储藏食品的方法。

优点：延缓微生物的繁殖速度，抑制酶活性，减弱食品的理化变化，在储藏期之内能够较好地保持原有的新鲜度、风味品质和营养价值。

（8）辐射保藏与电磁场处理

随着微波能技术的研究与应用，在果蔬保鲜领域，可利用诸如电磁波、电磁场等微弱能源对生产对象进行节能、高效及高品质的处理。

6. 仓库的分类

仓储仓库按不同的标准可进行不同的分类。按用途、结构、保管方式、仓库功能及仓库选址等方面的情况，可将仓库分类如下：

（1）按用途分类

1）自有仓库。自有仓库，是指各企业为了保管本公司的物品（原料、半成品、产成品）而建设的仓库。

2）营业仓库。按照仓库业管理条例取得营业许可，保管他人物品的仓库称营业仓库。营业仓库是社会化的一种仓库，面向社会，以经营为手段、以营利为目的。与自有仓库相比，营业仓库的使用效率要高。

3）公共仓库。国家或公共团体为了公共利益而建设的仓库称为公共仓库，即为公共事业配套服务的仓库。

4）保税仓库及保税堆货场。根据有关法律和进出口贸易的规定取得许可，专门保管国外进口而暂未纳税的进出口货物的仓库，称保税仓库。堆货场是指为了销货、中继作业等临时放置货物的设施。保税堆货场是为了搬运进出口货物、通关，进行临时保管货物的建筑物。

（2）按结构和构造分类

1）平房仓库。平房仓库是指仓库建筑物是平房，结构很简单，有效高度一般不超过5～6 m的仓库。这种仓库建筑费用很便宜，可以广泛采用。

2）多层仓库（或楼房仓库）。仓库为两层以上的建筑物，是钢筋混凝土建造的仓库。建造多层仓库可以扩大仓库实际使用面积。

3）高层货架仓库（或立体仓库）。利用高层货架配以货箱或托盘储存货物，利用巷道堆垛起重机及其他机械进行作业的仓库。

4）散装仓库是指专门保管散粒状或粉状物资的容器式仓库。

5）罐式仓库是以各种罐体为储存库的大型容器型仓库。如球罐库、柱罐库等。

（3）按技术处理方式及保管方式分类

1）普通仓库。

2）冷藏仓库。

3）恒温仓库。

4）危险品仓库。

（4）按仓库功能分类

1）生产仓库。为企业生产或经营储存原材料、燃料及产品的仓库，称生产仓库，也称为原料仓库或成品仓库。

2）储备仓库。专门长期存放各种储备物资，以保证完成各项储备任务的仓库，称储备仓库。如战略物资储备、季节物资储备、备荒物资储备、流通调节储备等。

3）集配型仓库。以组织物资集货配送为主要目的的仓库。

4）中转分货型仓库。主要是在不同运输方式、不同运输方向的交接点用于重新组配、分货、暂存待运货物的仓库。

5）加工型仓库。以流通加工为主要目的的仓库称为加工型仓库。一般的加工型仓库是集加工厂和仓库的两种职能，将商品的加工仓储业务结合在一起。

6）流通仓库（类似配送中心）。专门从事中转、代存等流通业务的仓库。这种仓库主要以物流中转为主要职能。在运输网点中，也以换载为主要职能。

（5）按仓库选址分类

1）港口仓库。港口仓库是指以船舶发到货物为储存对象的仓库，一般仓库地址选择在港口附近，以便进行船舶的装卸作业。

2）内陆仓库。

3）枢纽站仓库。

二、仓储的功能与作用

仓储是农产品流通不可或缺的重要环节，它的功能与作用主要表现在：

1. 空间效用

农产品生产与消费的矛盾主要表现在生产与消费地理上的分离。农产品的生产主要在农村区域，而消费农产品的人则遍及整体市场。农产品仓储通过选择靠近人们生活区的位置建立仓库，防止人们购买农产品时出现短缺现象，拉近农产品产地与市场的距离，为人们提供满意的仓储服务，体现出明显的空间效应。

2. 时间效用

由于自然条件、作物生长规律等因素的制约，农产品的生产往往具有季节性，而作为人们生活的必需品，人们的需求却是长年的、持续的。为使农产品满足消费者的需求，农产品生产经营者利用仓库储存农产品进行调节，以确保在农产品生产的淡季也能满足人们日常需求，创造了明显的时间效应。许多产品在进入最终卖场以前，要进行挑选、整理、分装、组配等工作，这也需要农产品仓储来实现农产品在流通中的停留。

3. 调节供需矛盾

生产与消费的矛盾还表现在品种与数量方面。随着社会分工的进一步发展，专业化生产将越来越广，人们都把自己的资源集中到生产效率最高的项目上，人们生产的产品品种越来越集中，农产品生产者必须把农产品放到市场上进行交换来满足自己其他方面的需求，这就要求通过农产品仓储来调解生产与消费方式上的差别，通过仓储这一方式来解决供需矛盾。

4. 规避风险

市场经济条件下的农产品价格变化莫测，经常给农产品生产经营者带来价格风险。而大宗农产品的中远期交易市场正是提供给广大生产者、贸易商和原材料需求商规避库存带来的价格风险的场所。

5. 实现农产品增值

农产品仓储活动是农产品在社会再生产过程中必然出现的一种状态，农产品仓储是加快资金周转、减少流通费用、降低物流成本、提高经济效益的有效途径。

6. 流通配送加工的功能

农产品仓库从储存、保管货物的中心向流通、销售的中心转变。仓库不仅要有储存、保管货物的设备，而且还要增加分拣、配套、捆装、流通加工、信息处理等设施。这样，既扩大了仓库的经营范围，提高了物资的综合利用率，又方便了消费，提高了服务质量。

7. 信息传递功能（适用于现代化仓储管理）

伴随着以上功能的改变，导致了仓库对信息传递的要求。在处理仓储活动有关的各项事务时，需要依靠计算机和互联网，通过电子数据交换（EDI）和条形码等技术来提高仓储物品信息的传递速度，及时而又准确地了解仓储信息，如仓库利用水平、进出库的频率、仓库的运输情况、顾客的需求以及仓库人员的配置等。

技能要求

通过掌握农产品的储藏、保管和养护技能，能对所经营农产品的进行储存、保管和养护。

一、农产品储存前的准备工作

农产品采收后到储运前，根据种类特性和储运目的的不同，还要进行一系列的处理方能实现商品化，达到良好的效果。农产品收获后到储藏、运输前根据种类、储藏时间、运输方式及销售目的还要进行一系列的处理。

1. 清洗

农产品由于受生长或储藏环境的影响，表面常带有大量泥土污物严重影响其商品外观。所以农产品在上市销售前常需进行清洗。在农产品的清洗过程中应注意清洗用水必须清洁。产品清洗后，清洗槽中的水含有高浓度的真菌孢子，需及时将水更换。清洗槽的设计应做到便于清洗，可快速简便排出或灌注用水。另外可在水中加入漂白粉或 50～200 mL 的氯进行消毒，防止病菌的传播。

2. 预冷

预冷是农产品采收之后，在运往市场销售、冷藏或加工之前，所采用的一种将产品本身田间热量迅速移除，使产品的温度降至合理的低温的一项处理步骤。恰当的预冷可以减少产品的腐烂，最大限度地保持产品的新鲜度和品质。预冷的方式有很多种，应根据果蔬的种类数量、包装状况来采用适宜的方式。预冷的方式主要有空气冷却法（室内冷却法、室内冷却法）、水冷却（喷淋式冷却法、浸渍式冷却法）、真空预冷。

3. 涂蜡

涂蜡是将蜡微粒均匀地分散在水或油中形成稳定的悬浮液。农产品表面有一层天然的蜡质保护层往往在采后处理或清洗中受到破坏。涂蜡即人为地在农产品表面涂一层蜡质。涂蜡后可以增加产品光泽改进外观，同时对农产品的保存也有利。蜡的组成：果蜡的主要成分是天然蜡、合成或天然的高聚物、乳化剂、水和有机溶剂等。天然蜡如棕榈蜡、米糠蜡等高聚物包括多聚糖、蛋白质、纤维素衍生物、聚氧乙烯、聚丁烯等。乳化剂包括脂肪酸蔗糖酯、油酸钠、吗啉脂肪酸盐等。

4. 分级

分级是产品商品化、标准化的重要手段，并便于产品的包装和运输及市场的规范化管理。产品收获后根据大小、色泽、重量、成熟度、新鲜度、感病或机械损伤情况等商品性状按照不同销售市场所要求的分级标准进行大小或品质分级。国家只对少数出口产品制定了分级标准，大部分产品尤其是内销品无明确的规格标准，一般参照地方标准。分级的方法：农产品由于供食用的部分不同，成熟标准不一致，所以没有固定的规格标准。在许多国家果蔬的分级通常是根据坚实度、清洁度、大小、重量、颜色、形状、成熟度、新鲜度以及病虫感染和机械损伤等多方面考虑。我国一般是在形状、新鲜度、颜色、品质、病虫害和机械伤等方面已经符合要求的基础上，按大小和重量进行分级。

5. 包装

农产品包装是指采用不同形式的容器或物品对农产品进行包装和捆扎，泛指盛装产品的容器和包装物。农产品包装是标准化、商品化，保证安全运输和储藏的重要措施。包装是增加商品价值和实现商品价值的一种手段，是有形商品进入流通领域的必备条件。有利于提高农产品的价值和市场竞争力，保护农产品的质量与减少损失，能有效地防止机械损伤，减少水分消耗，能提供有利于储运的环境条件等。

农产品的包装可分为外包装和内包装。外包装材料最初多为植物材料，尺寸大小不一，以便于人和牲畜车辆运输。现在外包装材料已多样化，如高密度聚乙烯、聚苯乙烯、纸箱、木板条等都可以用于外包装。农产品的包装要做到科学、经济、美观、牢固、方便、适销、利于长途运输，需具备以下几种性能：

（1）保护性。在装饰、运输、堆码中有足够的机械强度，防止农产品受挤压碰撞而影响品质。

（2）通透性。利于产品呼吸热的排出及氧、二氧化碳、乙烯等气体的交换。

（3）防潮性。避免由于容器的吸水变形而致内部产品的腐烂。

（4）清洁、无污染、无异味、无有害化学物质。另外，需保持容器内壁光滑。

二、农产品的储存、保管和养护

根据各种农产品的特性，选择符合不同农产品的储存方式，从温度、湿度、通风等方面满足农产品储存需要的条件，实施全程控制，进行严格的质量控制，确保农产品品质、质量达到规定要求，定期检查，落实工作人员管理制度。

农产品仓储保管不仅是技术问题，也存在管理问题。要保证农产品的质量、数量、包装的完好，不仅需要技术措施的保证，也有赖于管理水平的提高。制定必要的管理制度和操作规程并严格执行是各项管理工作的基础。“以防为主，以治为辅，防治结合”是农产品保管工作的方针。农产品仓储管理也需要建立以下管理措施：

（1）严格验收入库农产品。

（2）适当安排储存场所。

（3）科学堆码苫垫。

（4）控制好仓库温湿度。

（5）认真进行农产品在库检查。

（6）搞好仓储清洁卫生。

第 2 节　农产品运输

学习目标

1. 了解农产品运输知识。
2. 掌握农产品运输特点。
3. 能将所经营农产品安全地送到目的地。

知识要求

一、农产品运输的概述

运输是连接商品与销售之间的桥梁，也是商品流通不可缺少的环节。农产品由于受气候等因素的影响，在时间和空间上分布不均，要做到均衡供应，调剂余缺，必须加强运输、流通、调运环节的管理。果蔬类产品在运输过程中质量变化受运输环境的影响大，若管理不善或稍有疏忽，就会造成极大的霉烂损失，粮食类也会因散包、泄漏或受潮霉变等而损失。因此，搞好农产品运输，对于保持农产品质量，减少损失具有重要的作用。

1. 农产品运输的定义

农产品运输以农业产出物为对象，通过农产品产后加工、包装、储存、运输和配送等物流环节，做到农产品保值增值，最终送到消费者手中。农产品运输的发展目标是增加农产品附加值，节约流通费用，提高流通效率，降低不必要的损耗，从某种程度上规避市场风险。

2. 农产品运输的特点

农产品运输在农产品的经营中占有具有重要地位，农产品的运输相比于一般产品的运输，更具有装卸的多次性、运输的不均衡性，以及对运输的技术性要求相对较高等特点。

首先，由于农业生产点多面广，消费农产品的地点也很分散。因此，农产品运输和装卸比多数工业品要复杂得多，常常需要两个以上的储存点和两次以上的装卸工作，单位产品运输的社会劳动消耗大。

其次，由于农业生产的季节性，在农业运输上，不管是农用生产资料的运输还是农产品的运输都具有时间性强和不均衡性的特点。

最后，农产品是有生命的有机物，多数易损易腐，因此必须根据它们的物理化学性质安排合适的运输工具。否则如引起农产品的霉烂变质，会造成经济损失。

3. 农产品运输的类型

农产品运输需要根据农产品的地理分布、市场的地理位置等选择合理的运输路线，并结合农产品的特性，选择合理的运输工具和符合农产品运输特点的方式。运输方式可分为：

（1）铁路运输

铁路运输主要包括国内的铁路运输、国际铁路货物联运等。其特点是运输量大，约占我国农产品运输的30%，运价低，受季节性的变化影响小，运输速度快，连续性强等，适于大宗货物的中长距离运输。目前铁路运输中一般采用普通厢车、机械保温车、加冰冷藏车厢进行运输。

（2）公路运输

农产品的公路运输是目前最重要的运输方式。汽车运输虽然有成本高、载运量小、耗能大、劳动生产率低等不利方面，但是它具有投资少、灵活方便、货物送达速度快等特点，特别适宜于短途运输，可以更好地深入到乡村的田间地头。

（3）航空运输

航空运输具有交易迅速、简化包装、减少保险和仓储费用，以及能够保证运输过程中农产品质量不受地面条件限制的特点，但运输成本高、运量小、耗能大，目前在农产品运输上只能用于一些特需或经济价值很高的农产品的运输。

（4）水路运输

水路运输是以船舶为主要运输工具，以港口或港站为运输基地，以水域包括海洋、河流和湖泊为运输活动范围的一种运输方式。以冷藏船为代表的水路运输是农产品出口的重要运输渠道。其特点是运输成本低，耗能少，运输过程平稳，产品所受机械损伤较轻。但因受自然条件的限制，水运的连续性差、速度慢，联运货物要中转换装等，延缓了货物的送达速度，也增加了货损。

（5）快递运输

付清快递费用后，把货物交给快递公司，收件人可以在指定的地点收到相关的货物，特别适合电子商务的运输服务。其特点是手续简便、适用于重量轻、体积小的货物。

（6）国际多式运输

主要是指在集装箱运输的基础上发展起来的一种综合性连续运输方式。其特点是简化手续，加快货运速度，方便运费计算等。

根据装载形式分类，还可分为散装运输、包装运输（主要方式）、集装箱运输。

二、农产品运输安全知识

农产品在运输过程中，如果存在不合理运输以及运输中的技术缺陷等问题，会造成运输成本高，运输效益低，农产品成本高，安全隐患大，所以掌握一定的农产品运输安全知识是有必要的。

首先，加强对司乘人员的安全教育，严防不具备从业资格的人员违章驾驶，严防疲劳驾驶、酒后驾驶。

其次，要对各类运输工具技术性能和状态进行全面检查。防止带隐患运营，严禁农用车载客，严禁车船超载、超限。

按照农产品运输的特点、要求及合理化原则，合理选择农产品运输方式、运输路线和运输工具。对所采用的运输路线和运输工具，就其运输的时间、里程、环节、费用等方面进行综合对比计算，选择最经济、最合理的运输方式、运输路线和运输工具。

最后，启动应急预案与处理，针对影响运输正常运输典型的潜在风险，应采取措施予以防控，如天气、运输工具故障、交通事故等应急方案。

技能要求

一、工作名称：如何将农产品安全运送至目的地

如何将农产品安全运送至目的地，就是指以最快的速度，走最短的里程，经过最少的环节，花最少的费用，及时安全地把农产品运送到目的地的运输。合理组织农产品运输的关键是使运输方式、运输时间、运输距离、运输环节、运输费用等几个方面都达到合理化。

二、工作准备

1. 电脑和互联网准备：能够上网的电脑或平板电脑。

2. 准备好已经签署的农产品供货合同，了解发货地、收货地、收货人、联系方式。

3. 与收货地点的人员联系好发货的时间，明确是通过物流企业运输还是企业自身运送货物。

三、工作流程

1. 选好适合运输的农产品外包装物

农产品包装可以缓冲过高或过低环境温度对产品的不良影响，防止产品受到尘土和微生物的污染，减少病虫害的蔓延和产品失水萎蔫。在运输过程中，包装可减少产品间的摩擦、碰撞和挤压造成的损伤，使产品在流通中保持良好的稳定性，提高商品率。

统一农产品包装所用的材料、结构造型、规格、容量及农产品的盛放、衬垫、封装方法、名词术语、印刷标志和检验要求等，根据产品的理化、生物性质、形状、体积、重量，在有利于农产品的生产、流通、安全和节约的原则下，制定的统一标准，使同种同类产品的包装趋于一致。

2. 选择合理运输方式、路线、工具

运输方式是指交通运输的性质（海、陆、空），运输路线是指交通运输的地理

途径，运输工具是指运输承载物。运输方式是运输路线和运输工具的表现形式，运输路线和运输工具是运输方式的载体。三者是不能孤立存在的，是影响农产品运输的 3 个密切相关的因素。

合理选择农产品运输方式、运输路线和运输工具，就是在组织农产品运输时，按照农产品运输的特点、要求及合理化原则，对所采用的运输路线和运输工具，就其运输的时间、里程、环节、费用等方面进行综合对比计算，消除增大运输时间、里程、环节、费用等各种不合理因素和现象，选择最经济、最合理的运输方式、运输路线和运输工具。

各自不同的运输工具，具有不同的运输特点。在选择运输工具时，要根据不同农产品的不同特点、不同的距离、不同地区的地理条件与交通条件进行选择。同时，按照农产品的数量、农产品的价值、性质特点、距离的远近，以及市场的需求时间，合理地选择并使用运输工具。

对于大宗农产品远程运输，适宜选择火车。因为火车具有运量大、运费低、运行快、比较安全、准确性和连续性较高等特点。

对于短途农产品运输，适宜选择汽车。因为汽车运输具有装卸便利、机动灵活、可直达仓库、对自然地理条件和性质不同的农产品适应性强等特点。

对于鲜活农产品，可根据鲜活性、成熟度，选择具有相应保养条件的运输快的运输工具和运输方式。大宗耐储运农产品运输，适宜轮船。因为轮船运输运量大、运费低，但速度慢一些。

对于特殊性急需的农产品运输，可利用飞机，因为飞机速度快。但由于运费太高，一般情况下不宜采用。

液体农产品的特殊运输，可利用管道。

3. 提高运输时间效率

在节约成本的前提下，要用更少的运费，装运更多的农产品，节约运输的效力。

4. 推广“冷藏链”运输

“冷藏链”运输是指对农产品从始发地运送到接受地，每一环节的转运或换装都保持在规定的低温条件下进行。“冷藏链”运输能抑制微生物繁殖和菌的活动，防止农产品腐变和减少在途损耗。如长距离运输蔬菜，采用一般运输，损耗率大于 20%，有的高达 50%，而采用“冷藏链”运输，损耗率可控制在 3% ~5%。同时，还能延长其储存期，有利于调节其市场供求。“冷藏链”运输对于保证农产品质量，减少农产品运输损耗，改进农产品经营很有好处，应该积极推广。

5. 农产品运输检疫

一些农产品的运输需要检验和检疫手续，因此，需要提前做好农产品运输植物检疫签证工作，提高农产品流通效率，预防检疫性有害生物传播蔓延，检疫机构按照检疫管理职责，认真做好农产品运输检疫工作。

第 10 章

核算与结算

第 1 节　核　　算

学习目标

1. 了解农产品毛利核算的一般知识。
2. 熟悉农产品成本核算的简单内容。
3. 掌握农产品毛利核算流程。
4. 能进行一般毛利核算。

知识要求

一、农产品的成本核算

1. 核算的概念

核算就是核查计算的意思，主要应用于财务处理，是计量与记录的过程。

2. 农产品成本核算

农产品成本核算就是对农产品（商品）生产中的物化劳动和活劳动所耗费的费用进行的核算。

3. 农产品成本的概念

农产品成本是以货币表现的生产农产品所消耗的物质资料费用与人工费用之和。农产品成本包括：物化劳动的价值（C），即农产品生产过程中所消耗的物质资料的价值；农业劳动者必要劳动所创造的价值（V），即补偿劳动者个人及家属生活所必需的生活资料价值和劳务价值之和，$C+V$ 就是农产品成本。

按照计算口径的不同，农产品的成本可以分为：

（1）完全成本

完全成本是指生产经营管理过程中所发生的全部费用。它包括了生产经营过程中所发生的全部物质消耗和活劳动中必要劳动消耗。不仅包括直接费用、间接费用组成的生产费用，而且也包括由管理费用、财务费用、销售费用等组成的期间费用。

（2）制造成本

制造成本是指生产过程中所发生的全部生产费用。生产费用是指在直接生产业务环节发生的、用于业务对象的费用，包括直接材料费、直接人工费和制造费用。

（3）变动成本

变动成本是指生产经营对象数量的变化而不断变化的成本。

二、农产品的毛利核算

1. 农产品毛利的概念

（1）毛利是“净利”的对称，又称“商品进销差价”，是商品销售收入减去商品进价后的余额。

农产品的毛利也叫农产品的净利润。农产品毛利 = 农产品的销售收入 - 农产品的直接生产成本。

某特定时期内的农产品净利/纯利 = 该时期内的农产品的毛利 - 该时期内发生的与农产品相关的支出（包括折旧）。

（2）毛利率（gross profit margin）的概念是建立在“毛利”概念的基础之上的。毛利占农产品销售收入或营业收入的百分比称毛利率。

毛利率一般分为综合毛利率、分类毛利率和单项产品毛利率。农产品销售毛利率直接反映合作社、农业企业、家庭农场等农业生产组织的全部、大类、某种农产品的差价水平，是核算农产品生产单位经营成果和价格制定是否合理的依据。

农产品毛利率公式：毛利率 = 毛利/销售收入。

毛利率可以在一定程度上帮助我们区分固定成本和可变成本。

2. 农产品毛利的核算方法

（1）计算直接生产费用、间接生产费用。

（2）含税成本：如果在农业生产过程中，部分农产品还要交税，那么，单位面积成本还要包括农作物生产成本与应缴纳税金之和。

（3）单位面积的农产品的毛利 = 单位面积总产值扣除产品生产成本和税金。

3. 农产品毛利的估算

由于种植业中受地块土壤状况、水分、施肥量、生产管理水平等多因素的影响，单位面积的农产品产量很不均衡，一般情况下，农民专业合作社等农业生产组织都是根据当地多年的农作物长势情况及不同地块情况来对农产品产量进行估算。在估算完产量的前提下，再根据当地的农产品收购价格来估算毛利。一般情况下，我国大部分地区的农民在核算农产品收入时，不将劳动用工费用计算到毛利当中，直接就是亩产量 × 收购价格 = 毛收入。因此，农产品的毛利估算也是根据不同的需要进行不同的核算。

技能要求

一、工作名称：农产品的核算

二、工作准备

1. 核算工具准备：准备需要进行核算的计算器、电脑、纸、笔、草纸、直尺等。

2. 准备核算用的互联网信息查询工具。

三、工作程序：农产品核算工作流程

1. 能对所经营农产品成本进行粗略的估算

农产品经纪人根据种植业、养殖业及其他产业的成本的科目内容，能够对农产品的生产成本进行粗略的估算。如果要进行详细的农产品成本核算，需要参考“财政部印发的《农业企业会计核算办法》〔2004〕5 号”进行学习和掌握。

2. 能对所经营农产品的费用进行粗略的估算

能够对所经营的农产品的费用列表，进行初步的统计和估算。

3. 能对所经营农产品的毛利进行粗略的估算

能够结合当地农产品的收购价格、农产品的等级、产量，对农产品的销售收入进行核算，然后扣除农产品的直接、间接费用，进行毛利润的核算、估算。

如某农民专业合作社的农产品生产核算统计表见表 10—1。

表 10—1　　生产核算统计

项　目		单位	品种名称（亩数）		
			小麦	玉米	……
直接生产费用	1. 种子费	元			
	2. 肥料费	元			
	其中：化肥	元			
	3. 农药费	元			
	4. 畜力费	元			
	5. 机械作业费	元			
	6. 排灌费	元			
	7. 初制加工费	元			
	8. 其他直接费用	元			
	小　计	元			
间接生产费用	1. 固定资产折旧费	元			
	2. 小农具购置费	元			
	3. 修理费	元			
	4. 农田基建费	元			
	5. 管理及其他间接费	元			
	小　计	元			
每亩直接生产费用合计		元			

农产品劳动用工合计情况见表 10—2。

表 10—2　　农产品劳动用工合计

项　目		品种名称		
		小麦	玉米	……
直接生产用工	1. 播前翻耕、整地用工			
	2. 种子准备与播种用工			
	3. 中耕除草用工			
	4. 施底肥、追肥用工			

续表

项目		品种名称		
		小麦	玉米	……
直接生产用工	5. 排灌用工			
	6. 其他田间管理用工			
	7. 植保用工			
	8. 收获用工			
	9. 初制加工用工			
	小　计			
间接生产用工	1. 集体积肥用工			
	2. 经营管理用工			
	3. 农田基建用工			
	4. 其他间接用工			
	小　计			
每亩用工合计				

合作社财务人员根据上述两张表格的每一项内容，结合当季（年月）所采购的生产资料价格、当年劳动力价格、用工数量，就可以核算出当季（年月）每亩（公顷）生产成本＝每亩（公顷）物质费用＋每亩（公顷）用工折价。

如果农业企业、合作社及家庭农场的土地是通过流转而来，那么在进行成本核算时，再加上土地的流转租金，就可以核算出合作社生产阶段所需要的成本与毛利，了解大致的盈亏情况。

第 2 节　结　　算

学习单元 1　伪钞的识别方法

学习目标

1. 了解伪钞的种类。

2. 熟悉伪钞的鉴别方法。

知识要求

一、现金的结算技能

1. 结算的概念

结算是一种会计用语，指对某一时期内的所有收支情况进行总结、核算。

2. 结算的方式

结算有两种：现金结算和转账结算。

（1）现金结算

即直接以现金进行支付。在现金结算中，买卖双方同时在场，交货与付款是在同一时间、同一处所进行的，交易双方一手交钱，一手交货，交易可以当面两清，手续也较简便。

和转账结算相比，现金结算具有以下特点：

1）直接和便利。在现金结算方式下，买卖双方一手交钱，一手交货，当面钱货两清，无须通过中介，因而对买卖双方来说是最为直接和便利的。

2）不安全性。由于现金使用极为广泛和便利，因而便成为不法分子觊觎的最主要目标，很容易被偷盗、贪污、挪用。在现实经济生活中，绝大多数的经济犯罪活动都和现金有关。

3）不易宏观控制和管理。由于现金结算大部分不通过银行进行，因而使国家很难对其进行控制。过多的现金结算会使流通中的现钞过多，从而容易造成通货膨胀，增大对物价的压力。

4）费用较高。使用现金结算虽然可以减少银行的手续费用，但人员清点、运送、保管的费用很大，适合交易额较小的业务。

（2）转账结算

即通过银行（网银）将款项从付款单位账户划转入收款单位账户。在银行办理的货币收付总额中，转账结算约占 95% 以上，是货币结算的主要形式。

转账结算的交货与付款在时间上不一致，往往是先发货后再通过银行付款，买卖双方并不同时在场，而且交易情况多种多样，对结算的条件有不同的要求，因此转账结算要制定多种结算方式，对付款的时间、地点、条件和交易双方的责任做出不同的规定。转账结算方式有：托收承付、委托收款、汇兑、信用证、限额结算、转账支票、付款委托书等。

二、人民币真伪钞的鉴别方法

随着经济的发展，假币在市场上出现频率大大增加，因此，农产品经纪人对人民币真伪鉴别方法显得尤为重要。人民币真伪辨别常见方法主要通过感官和经验进行判断，通过看、摸、听、观察和仪器检测等方法来鉴别人民币真伪。下面介绍四种简易的人民币鉴定方法：

1. 真币对照法

即将可疑币与真币进行对照，仔细观察两币之间在纸张、图案、油墨、水印、安全线等方面的差异。真币的图案颜色协调，清晰流畅，人像层次丰富，富有立体感，人物形象表情传神，花纹纹络清，色彩柔和亮丽，对印图案完整、准确，各种线条粗细均匀，直线、斜线、波纹线明晰、光洁，印制精细，假钞的票面一般颜色灰暗不匀，底纹模糊；真币安全线牢固地与纸张黏合在一起，并有特殊的防伪标记，假币的安全线或是用浅色油墨印成，模糊不清，或是手工夹入一条银色塑料线，容易在币纸边缘发现未经剪齐的银白色线头；看水印是否清晰，真币水印是在造纸过程中嵌在纸张中的，对光透视，真币水印层次丰富，立体感强，层次分明，灰度清晰，具有浮雕立体效果，假币水印则是用印模盖上或采用其他方法制作，假币一般平视即能看出水印，且水印无立体感，图像失真。

2. 手感触摸法

人民币是采用特种原料，5 元以上券别分别采用凹印技术，线条形成凸出纸面的油墨道，由印钞专用纸张印制，纸质坚挺有韧性，币面主要图景、国徽、盲文及“中国人民银行”行名字样有明显的凹凸感，手摸有凸出感，较新钞票用手指划过，有明显阻力。假币则纸质松软、平滑无弹性，手摸其字、图像和花纹没有凹凸感。

3. 纸张听法

人民币纸张是特制纸，结实挺括，纸张耐折不易撕裂，较新钞票用手指弹动会发出清脆的响声。假币纸张发软，偏薄，声音发闷，不耐揉折，容易撕断。

4. 工具检测法

借助简单工具和专用仪器进行钞票真伪的识别方法。如借助放大镜来观察票面线条的清晰度，胶、凹印缩微文字等；用简单仪器进行荧光检测，一是检测纸张有无荧光反映，人民币纸张未经荧光漂白，在荧光灯下无荧光反映，纸张发暗。假币纸张多经过漂白，在荧光灯下有明显荧光反映，纸张发白发亮。二是人民币有一到两处荧光文字，呈淡黄色，假人民币的荧光文字色泽苍白；用磁性检测仪检测黑色横号码的磁性，真币在检测时检测仪会叫或灯亮，假币则无这种反应。

识别假币最好是人机结合，机器只是起到辅助作用。目前银行在发现市面上假币的一些共性后，都会把情况反馈给制造验钞机的厂家，从而提高验钞机的识别能力。

技能要求

一、能够养成防范伪钞的习惯

1. 在日常生活中提高警惕，不断提升伪钞识别能力，一定要仔细观察水印、安全线，同时用手触摸凹凸感时，不要只摸人像的衣领处，应在面额数字、装饰图案及文字处仔细触摸。

2. 在用现金进行大宗交易时，如对现金的真伪没有把握，可到当地的银行存入现金后再交易货物。

3. 进行大额现金的取款或交易时，不要怕麻烦，至少要让点钞机过一遍。

4. 用 100 元券交易时尽量要求找零在 10 元以下。

二、能使用各种验钞工具、清点现金准确无误

1. 操作方法

点钞前应先将纸币整理，按不同的面值分开，剔除①有破损；②严重污渍；③用白纸补过或拼凑的纸币；④洗涤过的纸币。再将纸币均匀扇开成小斜坡状，成捆的纸币应先拍松再扇开，放入喂钞台进口处。

注意：点钞时出现计数显示窗闪烁，预置显示窗显示“EJ”，此时机器提示出现点钞不准，请把接钞台上的纸币重新放回喂钞台上清点。

2. 累加方式

当需要累计点钞时，按一下面板的“累加”键，“累加”灯亮，机器进入累加点钞方式；在累加工作方式下，每次点钞的计数都是在原计数显示窗显示的基础上累加计数；点钞完毕后，计数显示窗显示的数目就是多次点算纸币的数量之和，当累计显示达到 999 +1 时，计数显示窗自动回到“0”。

3. 预置数点钞方式

当需要定量点钞时，按一下“批量”键，“预置”灯亮预置显示窗显示“100”，机器进入预置点钞方式；重复按“批量”键，预置显示窗循环显示 100、

50、20、10、5；如果再按住“+1”键，预置数便自行+1，在“1～999”范围内选定预置数，也可直接按“+1”键，预置显示从“1”开始累加。把纸币放入喂钞台，机器将自动清点，当接钞台上的纸币张数与预置数相同时，自动停机。如果重复定量清点，只要取出接钞台上的纸币，机器会自动重复上述过程。

注意：可以按下“清零”键来取消预置功能。

4. 多重防伪功能

鉴伪点钞机具有多重防伪功能，可检测假币及清分不同面额纸币，用户可按点钞的要求选择鉴伪功能和调整鉴伪灵敏度。当发现假币时，机器立即停机，蜂鸣器鸣叫，预置显示窗出现错误信息，接钞台上最上面一张纸币为假币或可疑币。机器对该纸币计数。剔除假币后，按“复位”键，机器重新启动点钞。

注意：当发现假币、可疑币和不同面额纸币造成机器停机后，由于机器异常停机，因此可能造成紧跟着的下一张纸币的误判，此时应当重新清点一遍。

（1）混点功能

机器开启后，“混点”指示灯长亮，进入混点功能，此时所有有磁性币种均可混合清点计数且具有多重超强鉴伪功能。

（2）清分功能

按“混点”键，“混点”灯闪烁，进入清分功能，机器具有多重超强鉴伪能力，且能分辨不同面额的第五套人民币。

（3）快速点钞功能

再按“混点”键，“混点”灯灭，进入快速点钞功能，机器只清点计数而不检验真伪。

学习单元2　常用购销业务凭单的基本内容及填制方法

学习目标

1. 了解常用购销业务凭单的种类。
2. 熟悉购销业务凭单的使用流程。
3. 掌握常用购销业务凭单的填制方法。
4. 能熟练应用相关购销业务凭单。

知识要求

一、常用购销业务凭单的基本内容

1. 我国的农产品购销政策

1953 年 11 月，我国政府颁布了《关于实行粮食的计划收购和计划供应的命令》和《粮食市场管理暂行办法》，开始对粮食实行有计划的统一收购和统一供应，习惯上称“统购、统销”。以后又把统购的范围扩大到油料、棉花、生猪、烤烟、茶叶、出口水果以及重要的中药材。1961 年以后，政府又将农产品分为 3 大类，出现了统购、派购和议购 3 种形式。

1978 年以来，我国农产品价格改革不断推进和深化，始终坚持市场取向不动摇，在推进改革的进程中，实行调放结合，并逐步加大“放”的分量，最终实现全面放开。1985 年放开了绝大多数农副产品购销价格；1992 年放开生猪、猪肉价格；1999 年放开棉花收购价格；2004 年放开粮食收购市场和价格；自 2015 年起国家放开了烟叶收购价，农产品领域最后一个实行政府定价的品种收购价格放开，标志着我国农产品价格将全部由市场形成，政府定价彻底退出历史舞台。放开农产品的购销价格，促进了各种要素自由流动和重新组合，市场机制配置资源的作用得以发挥，农村生产力得到了大发展。

农产品价格的放开并非“一放了之”，而是在充分发挥市场机制作用的同时，将市场调节与政府调控相结合，不断加强和完善农产品价格宏观调控体系。目前国家对稻谷、小麦实行最低收购价政策，对玉米、油菜籽实行临时收储政策，对棉花、大豆开展目标价格补贴改革试点，对生猪建立了缓解市场价格周期性波动调控预案，并通过建立重要农产品储备制度、完善进出口调节机制、加大财政补贴力度等综合措施，市场调节与政府调控相结合，防止了主要农产品价格的大幅波动，保护了农民的利益。

采取上述措施以后，农产品购销已经步入多渠道直接流通的时代，有关的经营、加工和消费单位与生产者之间可直接签订收购或销售合同。

2. 农产品购销业务凭单的基本内容

随着农产品购销体制的变化，我国农产品的购销业务手续也在发生着一系列变化。在购销业务中，除了根据《中华人民共和国增值税暂行条例》规定，购进农产品要开具增值税专用发票或者海关进口增值税专用缴款书外，农产品收购发票和农产品销售发票以及运输费用结算等业务凭单也在逐渐规范和统一，农产品内部经营的手续也在逐渐健全和完善。

（1）农产品购销业务中的凭单（凭证）

农产品购销业务中的凭单是指记录农产品材料物品采购或劳务供应、产成品（商品）或劳务销售情况的原始凭证，是明确经济责任，作为记账依据的书面证明。比如收据、发票、合同等。

（2）农产品购销业务凭单的种类

农产品购销业务的凭单分为两种：

1）农产品采购的凭证：合同、请购单、付款单据、入库单等有关票据。

2）农产品销售凭单：发票、销售单、销售合同、收款凭据、出库单等有关票据。

二、常用购销业务凭单的填制方法

1. 农产品采购凭单的填制方法

（1）农产品购销合同的填制

农产品购销合同填制注意事项：

1）确定供需双方的真实身份和供方、需方的关系。

2）确定合同的标的，如购销的品种、对象。

3）交易的品种、数量、价格、购销时间、购销地点等。

4）质量要求、结算方式、双方的责权利、争议解决方式、违约责任等。

5）其他合同条款。

如某农产品的收购合同条款的一条内容如下：

第一条　品名、数量、保护价及交（提）货时间地点：

品种	规格型号	数量（kg/亩数）	基准价格	收购时间	收购地点	备注
合计人民币金额（大写）				¥：		元

（2）农产品请购单的填制

请购是指某人或者某部门根据生产需要确定一种或几种物料，并按照规定的格式填写一份要求，递交至公司的采购部以获得这些物料的单子的整个过程。所填的单据称为请购单。请购单一般为企业自制凭单。

农产品的请购单的制定是和农产品的整体收购计划相连接的，它的应用可以减少单位组织购进农产品的盲目性，增加决策的可行性、科学性，同时能够明确农产品收购的责任和权力，使某项工作的计划性更强。

如某单位的农产品请购单设计式样如图 10—1 所示。

请 购 单

编号：R-7.5-01

部门：　　　日期：

序号	农产品编号	品 名	规格/型号	数量	单位	计划单价	计划金额	需要日期	说 明

第一联 存根联

单位领导：　　部门主管：　　仓管员:　　申请人：

图 10—1　请购单

（3）农产品付款单的填制

农产品付款单填制注意事项：

1）按规定的格式和内容逐项填写，不得省略或漏填。

2）文字工整，易于辨认。

3）金额前要写货币符号，阿拉伯数字不得连写，中间不留空位。

4）大写金额与小写金额应一致；数字大写：

壹、贰、叁、肆、伍、陆、柒、捌、玖、拾、佰、仟、万、零、圆（元）、角、分、整。

5）凭证必须按规定使用的笔填制（如复写、单页凭证钢笔填写）。

6）填写错误应按规定的方法更正，不得涂改。

7）现金和银行存款等收付凭证填写错误，应注销留存，重新填写。

8）《会计法》规定：原始凭证记载的各项内容均不得涂改；原始凭证有错误的，应当由出具单位重开或者更正，更正处应当加盖出具单位印章。原始凭证金额有错误的，应当由出具单位重开，不得在原始凭证上更正。

如农产品付款现金支票的开具式样如图 10—2 所示。

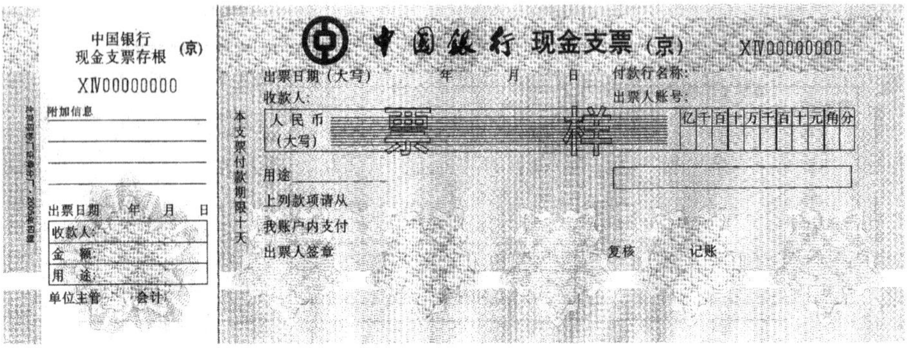
中国银行
现金支票存根（京）
XⅣ00000000
附加信息
出票日期 年 月 日
收款人：
金 额：
用 途：
单位主管 会计

中国银行 现金支票（京） XⅣ00000000
本支票付款期限十天
出票日期（大写） 年 月 日 付款行名称：
收款人： 出票人账号：
人民币（大写） 亿 千 百 十 万 千 百 十 元 角 分
用途
上列款项请从
我账户内支付
出票人签章 复核 记账

图 10—2　农产品付款现金支票式样

农产品收购转账支票的开具式样如图 10—3 所示。

中国××银行　转账支票　02270×××

出票日期（大写）贰零零年零肆月贰拾日　　付款行名称：××行营业部

收款人：×××合作社　　出票人账号：45100×××

人民币（大写）	捌万伍仟贰佰玖拾叁元整	亿	千	百	十	万	千	百	十	元	角	分
					¥	8	5	2	9	3	0	0

用途　购货款

上开款项请从

我账户内支付

出票人签章　　复核　　记账

图 10—3　农产品收购转账支票式样

农产品收购劳务付款凭单的填具式样如图 10—4 所示。

领　款　单

2008 年 12 月 10 日　　第×号

单位或姓名	李××	
领款事由	搬运产品劳务费	
今领到人民币（大写）捌拾元整		￥80.00
备注	销售产品搬运费，由本公司负担。	

核准　会计：　出纳：　领款人：李××

现金付讫

图 10—4　农产品收购劳务付款凭单的填具式样

（4）农产品入库单的填制

农产品入库单填制的要求：要有凭单名称、接收凭证单位名称、填制日期及凭证编号、经济业务内容、经办人、填制人签名等（见图 10—5）。

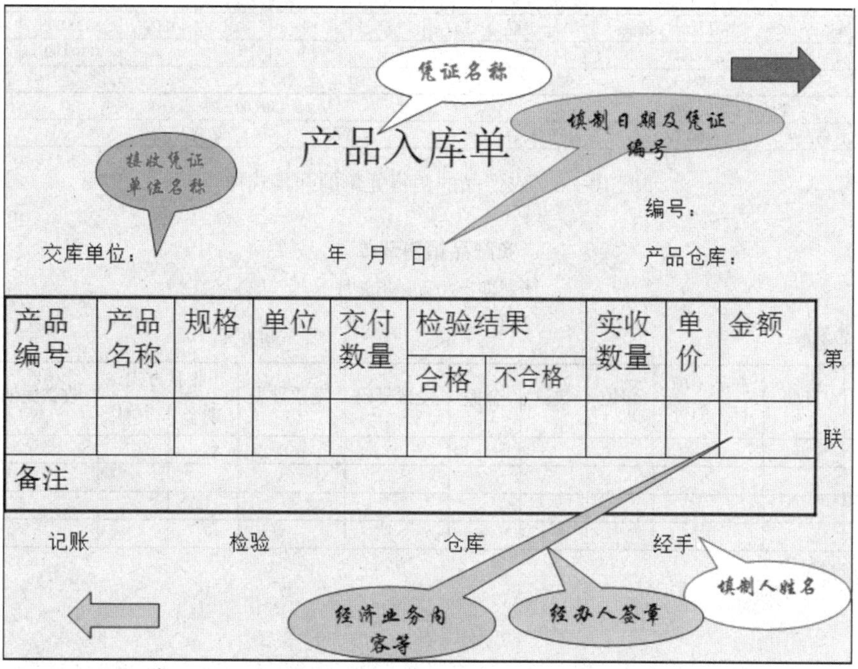

图 10—5　农产品入库单的填制

2. 农产品销售凭单的填制

（1）农产品销售合同的填制

（2）农产品销售单的开具

农产品销售凭单一般是合作社、家庭农场、产粮大户等农业生产单位自产自销的免税农产品销售凭单，由于农产品的自产自销是免税的，开具的发票，下家为一般纳税人企业可以凭发票金额的 13% 用做进项税抵扣。农产品的免税清单可查阅“财政部 国家税务总局关于印发《农业产品征税范围注释》的通知（1995 - 06 - 14）”。

农产品销售单位在销售农产品时提供给客户的单据上面通常要有所销售货物的名称、数量、单价、折扣等信息，通常作为单位对账和结款的凭据。

农产品的销售凭单的开具式样如图 10—6 所示。

免税农产品的销售如果需要抵税，还需要制作农产品销售清单，由当地所在的税务所审核。农产品销售清单如图 10—7 所示。

黑龙江正大实业有限公司销货单

单号No144965

业务员：关晶　　客户编码：HB01359　　客户：哈尔滨第一社会福利院

客户电话：　　提货方式：公司配送　　日期：2011-09-18

送货地址：　　仓库：黑大内销生品库　　摘要：

序号	产品编码	品名	规格	辅数量	辅单位	主数量	主单位	单价	金额	备注
1	A341111166	板冻去皮大胸	2.5kg*4/箱	2	箱	20	kg	18.70	374.00	
2	A353631024	单冻琵琶腿T140gup	10kg*1/箱	5	箱	50	kg	18.70	935.00	
合计						20			1309.00	
金额（大写）										

合计（大写）：壹仟叁佰零玖元整　　¥：1309.00

制单人：杨古月　　审核人：　　发货人：　　送货人：　　收货人：

图 10—6　农产品的销售凭单的开具式样

农产品销售清单

所属期：20××年×月

企业名称：　　制表人：

序号	日期	产品（项目）名称	单位	数量	金额	发票号码	发票种类	收款方式		收款凭证号码
								现金	转账	
税务所意见： 税务管理员审核签名：　　日期：										

图 10—7　农产品销售清单

（3）农产品销售发票的开具式样

农产品销售发票的开具要写清购货单位的准确名称、农产品名称、规格、数量、单价、金额（大小写）、开票人，还要盖具本单位的公章（见图10—8）。

（4）农产品收款凭证的开具

农产品的收款凭证是农产品销售单位的财务部门盖章出具的收款凭证。大多数的收款凭证是和销售部门开具的销售凭单在一起的，一式三联或四联单，由购货单位或个人到财务缴款后，财务部门收款盖章后，交给购货单位。购货单位凭收款凭单、出库单，交付给出库人员提货。

（5）农产品的出库单的开具

农产品的出库单一般是由销售部门开具，一式四联，包括业务留存、财务留存、购货方留存、仓库留存。

4200061620 湖北增值税专用发票 № 01358279

开票日期：2008年11月25日

购货单位	名称：YT设备制造有限公司 纳税人识别号：420601888888888 地址、电话：湖北省襄樊市××路×号 开户行及账号：建行×支行05101100××				密码区			
货物或应税劳务名称	规格型号	单位	数量	单价	金额	税率	税额	
甲材料			200	129.20	25840.00	17%	4392.80	
合计					25840.00		4392.80	
价税合计（大写）	叁万零贰佰叁拾贰元捌角整				（小写）¥30232.80			
销货单位	名称：ABC公司 纳税人识别号：×××× 地址、电话：×××× 开户行及账号：××××				备注			

收款人： 复核： 开票人：××× 销货单位：（章）

第三联：发票联 购货方记账凭证

图 10—8 农产品销售发票的开具式样

技能要求

一、工作名称：农产品购销业务凭单的填写

二、工作准备

1. 工具准备：到财务或业务主管部门领取所需要进行填单的业务凭单，准备好计算器、电脑、纸、笔、草纸、直尺等。

2. 准备好填单用的业务章、印泥或复写纸。

三、工作程序

1. 农产品经纪人在填制购销凭单时，首先要确定购销单位。

2. 填写购销产品的品种，核实农产品购销的规格、数量。

3. 核实所购销农产品的单价、结算价格、折扣额度。

4. 准确核实购销合计金额（大小写）。

5. 要写清购销日期、开票人等票单上需要填写的资料。

6. 核实农产品购销的联数，分别将留存联、财务联、业务联、客户留存联分

发给不同的部门。

附：黑龙江×××有限公司电子版销货单、购货单（见图10—9、图10—10）

黑龙江×××有限公司销货单

单号No144701

业务员：王越				客户编码：HB00911				客户：师大附中		
客户电话：				提货方式：公司配送				日期：2011-09-13		
送货地址：				仓库：黑大内销熟调库				摘要：		
序号	产品编码	品名	规格	辅数量	辅单位	主数量	主单位	单价	金额	备注
1	A343152020	调理翅根45-65G 4kg*3/箱	4kg*3/箱	10	箱	120	kg	21.2	2544.00	
2	A353420056	川香鸡柳(大)	2.5kg*4/箱	5	箱	50	kg	18.1	905.00	
合计						170			3449.00	
金额（大写）										
合计（大写）：叁仟肆佰肆拾玖元整				：3449.00						
制单人：杨古月		审核人：		发货人：		送货人：		收货人：		

图10—9　黑龙江×××有限公司电子版销货单

	A	B	C	D	E	F	G	H	I	J
1										
2	原料采购单									
3										
4	供应商：[黑龙江×××有限公司]								编号：[012]	
5	摘要：[摘要]								日期：[2014.10.12]	
6	商品编码	商品名称	规格型号	单位	仓库	数量	单价	折扣额	金额	备注
7	<A003>	板冻去皮大胸	2.5kg*4/箱	箱	黑003	20.00	18.70	<折扣额>	374.00	<备注>
8										
9										
10										
11										
12	合计					20		[折扣额合计]	374.00	
13	业务员：王晓		部门：[销售一部]			制单：[王晓楠]			审核：[禁畅]	
14	核算单位：[核算单位]									

图10—10　黑龙江×××有限公司原料采购单式样

参 考 书 目

1．崔富春．农产品销售与营销．北京：中国社会出版社，2005.
2．王林，郭庆海，佟景春，等．农产品市场学．长春：吉林大学出版社，1995.
3．刘慧娥，等．农村经纪学．北京：中国农业出版社，2005.